히스토리아

대논쟁

히스토리아 **대논쟁 ❺**

초판 1쇄 인쇄 2009년 12월 15일
초판 1쇄 발행 2009년 12월 22일

지은이 박홍순
펴낸이 이영선 | **펴낸곳** 서해문집
주간 강영선 | **편집장** 김선정
편집 김문정 김계옥 이윤희 임경훈 성연이 최미소
디자인 오성희 당승근 김아영
마케팅 김일신 박성욱
관리 박정래 손미경
출판등록 1989년 3월 16일 (제406-2005-000047호)
주소 경기도 파주시 교하읍 문발리 파주출판도시 498-2
전화 (031)955-7470 | **팩스** (031)955-7469
홈페이지 www.booksea.co.kr | **이메일** shmj21@hanmail.net

ⓒ 박홍순, 2009
ISBN 978-89-7483-417-3 04100
ISBN 978-89-7483-367-1 (세트)

이 도서의 국립중앙도서관 출판시도서목록(CIP)은 e-CIP 홈페이지
(http://www.nl.go.kr/ecip)에서 이용하실 수 있습니다.(CIP제어번호: CIP2009003886)

대논쟁

히스토리아

로크 vs. 마르크스
소유론 논쟁

하이에크 vs. 케인즈
시장과 정부 논쟁

글·그림 박홍순

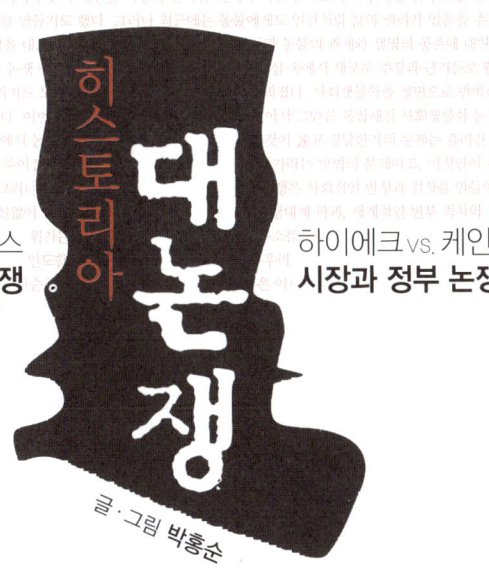

서해문집

책 머 리 에

왜 히스토리아 대논쟁인가?

현대 사회는 논쟁이 없는 사회이다. 실용주의가 최고의 가치로 인정되는 사회에서 논쟁은 설 자리를 잃어가고 있다. 어느 것이 옳고 정당한가의 문제는 흘러간 옛 노래 취급을 받고 있으며, 어느 것이 이익인가만이 현대인의 사고를 지배하고 있다. 현대인에게 목적은 이미 주어져 있다. 현대인에게 주어진 목적이란 사회적으로는 과학기술과 경제의 발전이요 개인적으로는 부의 축적, 안락한 생활이다. 남은 것은 어떻게 하면 주어진 목적을 가장 효과적으로 실현할 것인가라는 방법의 문제이고, 이것만이 관심의 대상이다.

효율성이 지배하는 사회에서 논쟁이 사라지는 것은 어찌 보면 당연하다. 그러한 사회에서 목적을 고민하는 것은 의사가 수술대 위에 있는 환자를 두고 생명의 가치에 대해 고민하는 것만큼이나 시간 낭비이자 태만으로 받아들여지는 까닭이다.

그러나 논쟁이 없는 사회는 죽은 사회이다. 논쟁은 사회적인 반성과 긴장을 만들어낸다. 특히 무한경쟁 사회로 불리는 현대 사회에서 웬만큼 스스로를 긴장시키지 않고서는 좀처럼 뒤를 돌아볼 기회를 갖기 어렵다. 원래 빠르게 달리는 차에 타고 있으면 속도감을 덜 느끼기 마련이다. 우리들은 속도감에 취해 이제 어디로 가는지, 얼마나 정신없이 달리고 있는지도 잊어버렸다. 환경과 생태계 파괴, 세계적인 빈부 격차와 기아의 확대, 되풀이되는 전쟁과 대량 살상 무기의 온존, 갈수록 고립되어 가는 개인…, 이미 우리 옆에 재앙의 그림자가 바짝 다가와 있지만 실감하는 사람은 극소수에 불과하다. 스스로를 반성하는 능력의 상실은 자정 능력의 상실을 낳았다.

세계적으로 나타나는 인문학의 위기는 논쟁이 사라진 우리 사회의 현주소를 잘 보여준다. 지금 우리에게 필요한 것은 '등에'이다. 소크라테스가 강조한 그 쇠파리 말이다. 경쟁 이외에는 다른 아무런 자극도 받지 않기에 무딘 몸뚱이를 거대하게 불려가는 현대 사회에 지속적으로 따끔한 자극을 주는 침이 필요하다. 누가 등에의 역할을 할 것인가? 선구자나 초인이 나타나 우리를 인도할 수 있는 시대는 한참 지났다. 이제는 우리 스스로 등에가 되어야 한다.

《히스토리아 대논쟁》은 이러한 취지에서 마련되었다. 지난 수천 년에 걸친 인류 역사에서 주요한 국면마다 뜨거운 대논쟁이 있었다. 주요 사상가들의 대논쟁은 인간과 사회에 대한 통찰과 문제의식을 가득 담고 있는 인류 지식의 보고이다. 하지만 《히스토리아 대논쟁》을 통해 단순히 많은 지식을 획득하고자 하는 것은 아니다. 자신의 머리와 가슴으로 문제를 의식하고 분석하며 해결 방향을 모색할 수 있도록, 다시 말해 독자적 사고를 하는 데 기여하는 것이 일차적인 목적이다. 비판적 사고, 논리적 사고, 창의적 사고의 발전을 이루는 데 활발한 토론과 논쟁만큼 빠르고 바른 길은 없다.

자, 이제 논쟁의 바다에 빠져들자!

논쟁으로의 초대 1

로크와 마르크스

불평등은 어쩔 수 없는 인간의 숙명인가? 현대 사회에 들어와서 더욱 심각해지고 있는 부익부 빈익빈, 즉 불평등 문제를 둘러싼 논쟁이 뜨겁다. 이 문제에 대한 정부, 기업, 시민사회의 대안이 저마다 달라 설득력을 얻으려는 경쟁도 팽팽하다. 그런데 불평등 문제로 시작한 논쟁은 여기서 그치지 않고 '소유'에 관한 문제로 나아간다. 이 문제의 뿌리가 사실은 소유 문제이기 때문이다.

  소유 문제를 이해하는 것은 그 사회의 성격을 이해하는 것과 맞닿아 있다. 경제적인 소유 관계와 사회의 법, 도덕, 정치가 밀접한 연관을 맺고 있기 때문이다. 그러므로 전 지구적으로 문제가 되고 있는 불평등, 빈곤, 환경 파괴, 경제 위기 같은 문제들의 원인을 분석하고 대안을 제시하려면 지금의 경제 체제를 파고들어야 한다.

  로크와 마르크스는 소유에 대한 관점의 차이가 분명한 사상가들이다. 로크는 자유주의적 소유론의 창시자이고, 마르크스는 자본주의적인 사적 소유를 폐지해야 한다고 주장했다. 이들과 함께할 이번 소유론 논쟁은, 인류의 미래를 논하는 자리와 다르지 않다.

  로크의 말대로 소유권은 누구에게나 평등하게 주어지는 신성한 기본권인가? 아니면 마르크스의 주장처럼 가진 자들이 휘두르는 무기인가? 누가 인류의 미래에 진정한 대안을 제시하고 있는가? 로크와 마르크스의 열띤 논쟁이 지금 시작된다.

논쟁으로의 초대 2

하이에크와 케인즈

2009년 세계 경제 위기는 20대의 태반을 백수로, 불황을 이유로 해고당하는 것을 일상다반사로 만들었다. 복지 정책을 비롯한 각종 정부 보조금은 축소되고 소비자들의 얇은 지갑은 날이 갈수록 얼어붙고 있다. 이른바 '자본주의 시장경제의 위기'다. 이 위기 앞에서 대안을 둘러싼 논쟁이 그 어느 때보다 활발하다. 지난 수십 년간 자본주의 경제를 지배한 신자유주의는 영원할 것만 같았다. 그러나 '자유 시장 확대'와 '정부의 역할 축소'라는 신자유주의의 슬로건은 세계 경제 위기의 광풍 앞에서 점점 설득력을 잃어가고 있다.
  이런 현실을 오래 전에 내다본 사람이 바로 케인즈다. 케인즈는 경제를 시장에만 맡기면 끝없이 되풀이 되는 자본주의의 공황을 각오해야 한다고 경고하면서, 정부가 시장에 개입하는 게 자본주의의 순기능에 도움이 된다고 말했다. 케인즈의 이 이론은 오늘날 다시 새로운 대안으로 떠오르고 있다.
  반면, 시장의 자율성에 미래를 걸어야 한다고 말하는 하이에크가 있다. 하이에크는 그동안 '복지국가'라는 이름 아래 정부가 오히려 시장에 지나치게 간섭했기 때문에 지금의 경제 위기가 빚어졌다고 말한다.
  오늘 우리는 눈앞에 닥친 경제 위기의 장막을 어떻게 거둘 것이냐를 두고 논쟁하려고 한다. 하이에크, 케인즈와 함께 논쟁으로 빠져들자!

차례

책머리에 왜 히스토리아 대논쟁인가? 4

논쟁으로의 초대 1 **로크와 마르크스** 6

논쟁으로의 초대 2 **하이에크와 케인즈** 7

1부 로크와 마르크스의 소유론 논쟁

논쟁1 사적 소유는 근면에 기초하는가, 착취에 기초하는가? ········ 12
　지식 넓히기 1 **소유론 논쟁의 의미와 배경** ········ 62

논쟁2 인류가 지향해야 할 바람직한 소유 방식은 무엇인가? ········ 76
　지식 넓히기 2 **로크와 마르크스** ········ 128

원문 읽기 ········ 136

2부 하이에크와 케인즈의 시장과 정부 논쟁

논쟁1 시장에 대한 정부의 개입은 정당한가? ⋯⋯⋯⋯⋯⋯ 160

    지식 넓히기 1 **시장과 정부 논쟁의 의미와 배경** ⋯⋯⋯⋯⋯⋯ 224

논쟁2 시장에 대한 정부의 개입은 어디까지 허용되어야 하는가? ⋯⋯⋯ 232

    지식 넓히기 2 **하이에크와 케인즈** ⋯⋯⋯⋯⋯⋯ 260

원문 읽기 ⋯⋯⋯⋯⋯⋯ 268
키워드 ⋯⋯⋯⋯⋯⋯ 290

1부 로크와 마르크스의 소유론 논쟁

사적 소유는 근면에 기초하는가, 착취에 기초하는가?
인류가 지향해야 할 바람직한 소유 방식은 무엇인가?

사적 소유는 근면에 기초하는가, 착취에 기초하는가?

박쌤 | 오늘은 전 인류에게 대사상가로 잘 알려진, 로크 선생과 마르크스 선생을 모시고 소유론 논쟁을 펼치도록 하겠습니다. 개인적으로는 이렇게 두 분을 만나 뵙는 것만으로도 가슴 벅찬 일인데요. 두 분이 벌일 뜨거운 논쟁의 장에 참여한다고 생각하니 소풍 전날의 아이처럼 무척 설렙니다.

'소유'의 문제는 두 분이 활동하시던 근대에서만이 아니라 현대 사회에서도 여전히 뜨거운 감자입니다. 논쟁이 끊이지 않는 것은 물론이고 여러 면에서 과거보다 더 현실적인 고민 과제들을 던져주고 있으니까요. 왜냐하면 날이 갈수록 소수의 사람들에게 자본과 토지가 집중되는 반면, 대다수의 사람들은 소유라고 할 만한 것이 점점 없어져가고 있거든요. 지금 전 세계 인구의 14퍼센트에 해당하는 8억 4000만 명의 사람들이 만성적인 기아에 허덕이고 있습니다. 매일 1만 1000여 명의 어린이들이 영양실조로, 제대로 먹지 못해 8초에 한 명꼴로 죽어가는 것이죠. 지금 제가 말하고 있는 이 순간에도 말입니다. '유엔개발계획(UNDP)'의 1988년 통계에 따르면, 전 세계 인구 가운데 부유한 20퍼센트의 사람들이 전 세계 소득의 79퍼센트를 차지한다고 합니다. 가난한 20퍼센트의 사람들이 차지하는 소득은 고작 0.5퍼센트에 불과하고요. 더 놀라운 사실은, 부유한 사람들과 가난한 사람들의 이 격차가 1960년에서 1988년까지 고작 30년도 안 되는 사이에 두 배로 늘어난 것이라고 하더군요. 21세기에 들어와서는 계속 늘어나고 있고요.

소득만이 아니라 토지 소유도 사정은 마찬가지입니다. 제3세계 농가의 71.7퍼센트가 보유하고 있는 토지가 거의 없다는 사실은, 소수의 손에 토지가 집중되는 현상이 얼마나 극심한지 잘 보여주고 있습니다. 선진국의 경우도 비슷합니다. 미국 의회 보고서에 따르면, 1986년에 부유한 상위 0.5퍼센트의 사람들이 미국 전체 사유지의 35.6퍼센트를 차지하고 있다고 합니다. 상위 10퍼센트는 77.8퍼센트를 차지하고 있고요. 1978년 미국 인구의 80퍼센트가 토지를 전혀 소유하고 있지 못하다는 농무부 보고서도 있습니다.

소유의 편차가 극단적으로 나타나는 이런 현상을 두고 상반된 입장이 나타납니다. 한편에서는 사적 소유권이 사회를 유지하는 전제가 되는 신성불가침의 영역이라고 여기지요. 하지만 다른 한편에서는, 특정한 집단의 이해를 보호하기 위해 만들어져 강제된 것이라고 봅니다. 현실의 빈부 격차 문제를 해결하기 위해서는 사적 소유를 넘어서는 새로운 대안이 반드시 필요하다고 여기고요.

　로크 선생은 근대적인 의미의 사적 소유권을 체계적으로 이론화한 분으로 잘 알려져 있습니다. 선생의 소유론은 오늘날까지도 자유주의적 소유권 이론의 가장 기본적인 원리를 제공하고 있어요. 그동안 몇 가지 점에서 보완되고 수정되기는 하였지만, 로크 선생의 소유론에 근거를 두지 않고는 자유주의적 소유권 이론 자체가 성립될 수 없을 정도죠.

　그런 점에서는 마르크스 선생도 마찬가지입니다. 사적 소유권의 형성 과정은 물론이고 인류 역사의 각 단계에서 소유권이 사회와 어떤 연관을 맺고 변화해왔는지를 본격적으로 분석한 최초의 사상가죠. 또 사적 소유의 부당함을 전면적으로 제기하고 자본주의를 넘어서는 새로운 소유 방식에 대한 전망을 제시하기도 했습니다. 그래서 마르크스 선생을 빼놓고는 소유 문제에 대해 의미 있는 논의가 불가능합니다.

　오늘 두 분을 모신 김에 소유론과 관련된 전반적인 쟁점들을 모두 속이 시원하게 다루었으면 합니다. 전통적인 쟁점들은 물론이고, 실천적인 차원의 쟁점도 세밀하게 논의하고자 하는데요. 이 과정에서 두 분의 저작뿐만이 아니라, 현대 사회에 이르러 새롭게 형성된 쟁점들에 대해서도 두 분의 치열한 논쟁을 기대합니다. 아마 후자의 경우는 두 분이 직접 참여해서 겪은 것이 아니기 때문에 어려운 점이 있을 겁니다. 그래도 기본적인 관점에서 좀 더 확장해서 열띤 논쟁을 해주시기를 부탁합니다.

오늘 논의 과정에서 다양한 쟁점이 나타나겠지만, 일단 다음과 같이 크게 두 부분으로 나누어 접근하고자 합니다.

- 사적 소유는 근면에 기초하는가, 착취에 기초하는가?
- 인류가 지향해야 하는 바람직한 소유 방식은 무엇인가?

앞의 논의는 사적 소유의 정당성에 대한 검토의 성격을 가지고 있습니다. 그러다 보니 아무래도 이론적인 논쟁이 불꽃 튈 것 같고요. 뒤의 논의는 대안적인 소유 방식에 대한 모색 중심으로 진행했으면 합니다. 근대 이후 사적 소유에 대한 대안으로 제시된 다양한 소유 방식에 대한 평가와 논의가 여기에 포함되겠죠. 이 논쟁은 이론적인 차원만이 아니라 실천적인 논의도 함께 전개되리라 기대합니다.

그럼 먼저 두 분이 소유 문제에 가지고 있는 기본적인 문제의식부터 확인해보도록 하겠습니다. 로크 선생부터 시작할까요?

로크 | 먼저 저에 대한 오해부터 불식시키는 것이 필요할 것 같습니다. 제가 마치 모든 사적 소유를 옹호하는 것처럼 알려져 있는 경우가 많은데요. 참으로 억울한 심정입니다. 제가 활동하던 시기는 유럽에서 본격적인 시민혁명이 일어나기 전이었습니다. 근대 이전의 소유 방식은 노예제나 중세 봉건제, 말하자면 신분제도에 기초한 폭력적이고 일방적인 성격을 가지고 있었습니다. 저는 신분제에 기초한 이런 약탈적인 소유 방식을 정면으로 비판했습니다. 그리고 정당

성을 인정받을 수 있는 사적 소유와 구분하고자 했어요. 그런 점에서 저의 소유론은 혁명적인 의미를 지니고 있다고 자평합니다.

귀족이나 지주들은 고대 노예제 아래에서는 물론이고 중세 봉건제에서도, 자신들이 토지나 부를 소유한 것이 마치 하늘로부터 부여받은 권리인 양 여기고 있었습니다. 저는 소유권이라는 문제를 신분적인 약탈이나 논리를 무시한 강제에서 구출해, 합리적인 이성의 영역으로 전환시켰습니다. 과거의 부당한 소유를 뿌리부터 흔들고자 했던 것이죠.

저는 오늘 이 자리에서 저의 소유론이 왜 진정으로 인간을 위한 것인지, 그리고 소유론이 어떤 점에서 인간의 천부적인 권리인 자유에 기초하고 있는지를 확실히 보여줄 생각입니다.

마르크스 | 허허~ 제 심정이나 로크 선생의 심정이나 비슷한 것 같군요. 이심전심이라고 해야 할까요? 저 역시 소유론과 관련해 여러 가지로 억울한 점이 있거든요. 사람들은 제가 자본주의적 소유를 구체적으로 분석한 것이나 새로운 사회의 원리에 대한 진지한 문제의식은 뒤에 밀어두고, 오직 국유화만으로 앙상하게 이해하고 있는 것 같습니다. 그것도 소련이나 동유럽 사회주의 국가의 극단적인 국유화, 집단화가 제 이론의 전부인 양 오해를 하고 있어서 답답했던 게 한두 번이 아니었거든요.

저도 오늘 이 자리에서 제 문제의식이 보다 정확하고 풍부하게 전달하려는 노력을 아끼지 않겠습니다. 저는 소유론이야말로 자본주의 사회에 대한 이론적 분석과 실천이 도달해야 할 가장 근본적인 문제가 아닌가 생각합니다. 그만큼, 무게감을 갖고 진지한 토론의 장을 만들어보겠습니다.

박쌤 | 두 분을 매개로 한 후배 사상가들의 소유론 논쟁이나 실천적 모색에 쌓인 불만들이 많은 모양입니다. 오늘 논쟁에서 그런 오해도 어느 정도 해소할 수 있지 않을까 기대해봅니다. 그럼 이제 본격적인 논의로 들어가보죠. 이왕 말이 나온 김에 로크 선생의 소유론이 어떤 점에서 약탈적인 신분적 소유 방식을 정면으로 비판하고 합리적인 소유론의 기초를 세웠다는 것인지, 좀 더 구체적으로 설명을 해주면 좋겠습니다.

로크 | 좋습니다. 저의 소유론은 대지와 대지에 속하는 모든 것은, 인간의 부양과 안락을 위한 것이라는 인식에서 출발합니다. 이 말 자체를 이해하는 것은 그다지 어렵지 않죠? 구체적으로 얘기하면 토지와 과실 등은 근본적으로 '누구의 것' 일 수 없는 만인의 공유물이라는 의미이니까요.

그런데 정말 중요한 것은 이 말 자체를 이해하는 것이 아닙니다. 왜 제가 자연의 만물이 모든 인간의 것이라는 생각에서 출발했는지가 중요하지요. 이것은 제가 《통치론》에서 제기한 정치 이론에서 소유론이 차지하는 의미가 무엇인지 보여주는 것이기도 해요. 근대 이전에 활동했던 대부분의 사상가들은 가족이 자연스럽게 확대되어 사회와 국가가 형성되었다고 규정했습니다. 가족이 씨족이 되고, 씨족이 부족이 되고, 그 부족이 자연스럽게 국가가 되었다는 것이죠.

저는 소유권을 이성의 영역으로
전환시켰습니다.
이것은 혁명적인 전환이었습니다.

사회 구성의 가장 기본적인 단위를 개인이 아니라 집단적인 가족으로 설정했던 것입니다. 그리고 가족의 본질은 가부장제라고 할 수 있죠? 가족의 대표, 혹은 어떤 경우에 주인을 아버지로 두었으니까요. 동양에 군사부일체(君師父一體)라는 말이 있듯이, 사회나 국가 구성의 주체를 '아버지'로 보았습니다. 그러면 자연스럽게 배우자나 자녀 등은 주체의 자리에서 제외되지요. 그런데 모든 아버지가 여기에 포함되는 것은 아니었습니다. 사회 구성의 권한은 일정한 신분이나 재산을 가진 아버지에게만 주어졌죠. 기본적으로 재산과 가족에 대한 소유권과 처분권이 아버지에게 있었기 때문에, 이들에게만 정치적 권한을 인정했던 것입니다.

저의 소유론은 이런 논리에 정면으로 반기를 든 것입니다. '자연 만물은 공유물'이라는 주장은 아버지만이 아니라 배우자, 자녀, 고용인 등 인간이라면 누구나 소유권의 주체라는 의미죠. 자신의 생명과 재산을 스스로 책임지고 처분할 수 있는 주체임을 분명히 한 것입니다. 이를 통해 그 전까지는 아버지의 부속물 정도로 여겨졌던 사람들이 비로소 독립적인 인격체이자 주체가 될 수 있다고 자부합니다.

저는 이성이 도달할 수 있는 인간에 대한 가장 합당한 결론은 이것임을 분명히 했습니다. 인간이 태어나면 자신의 보존에 대한 권리, 고기와 음료처럼 기타 자연이 인간의 생존을 위해서 제공하는 것에 권리를 가진다는 점 말입니다. 그리고 경제적인 소유권을 인정하는 것은 정치적 주체로서의 지위를 보장하는 근거가 되기도 합니다. 그러니까 모든 사적 소유를 합리화하는 정도로 제 소유론을 이해하는 것은 무척 협소한 규정인 것이죠. 저는 이성에 의해 정당화될 수 있는 사적 소유권을 모색하면서, 소유론을 기초에 두고 '자유로운 개인'이라는 근대적 주체를 제시하고자 했습니다. 이런 점과 함께 시대적 한계까지 고려해보면, 제 소유론이 매우 혁명적인 성격을 띠고 있었던 것으로 봐야 하지 않겠어요?

마르크스 | 과거의 신분적인 소유론에 비해 로크 선생의 소유론이 혁명적인 성격을 가지고 있었다는 점은 인정합니다. 어떤 논리도 없이 전쟁과 약탈에 의한 소유마저도 정당화하는 과거의 소유론에 일격을 가한 것이라는 점에서 그렇지요. 또 모든 개인이 재산권을 가질 수 있다는 주장으로 근대적 주체로서의 개인을 확립하고자 했다는 점도 높이 삽니다.

하지만 그렇다고 문제가 없는 것은 아닙니다. 아니, 더 정확하게 이야기하면 사실 문제는 로크 선생으로부터 새롭게 시작되는 것이라고 봐야 해요. 저는 선생의 소유론이 신분적 소유에 대해서는 혁명적인 반론이 될 수 있겠지만, 새로운 지배 세력으로 등장한 자본가의 끝없는 소유를 정당화하는 길을 터주었다는 점에서 근본적인 문제가 있다고 봅니다. 말하자면, 신분적인 착취는 부정하지만 자본주의적인 착취는 합리화하는 것이죠. 그런 점에서 보면 결국 지배계급의 착취 논리라고 할 수 있습니다. 앞으로 논쟁 과정에서 이 점이 자연스럽게 드러날 것이라고 봅니다.

박쌤 | 우선 기본적인 문제의식부터 들어봤고요. 앞으로 구체적인 논의가 되기 위해서는 '공유물로부터 정당한 사적 소유가 어떻게 성립할 수 있었는가?'에 대한 내용이 나와야 할 것 같습니다. 이미 로크 선생 때부터 공유에서 사적 소유로의 변화는 약탈적인 과정에 기초하고 있다는 비판이 제기되었거든요. 대표적으로 루소를 예로 들 수 있을 것 같습니다.

　루소도 자연의 만물은 공유물이었다는 데서 출발하기는 마찬가지입니다. 루소의 《인간 불평등 기원론》에서 잘 나타나는데요. 이 책에서 필요한 모든 것을 자연에서 얻었던 원시 상태의 인간은 각자 원하는 곳에서 자유롭게 먹고, 즐기고, 생각하며 행복하게 살았다고 설명합니다. 누구를 구속하지도, 구속받지도 않으면서요. 그러다가 점점 인간관계가 밀접해지고 공동체가 확대되자, 공동체 속의 개인이 남을 의식하기 시작해요. 루소는 바로 이때부터 인간의 존재가 상대화되기 시작했다고 말합니다. 좋고 나쁨과 선악이 나타나면서 불평등의 씨앗이 뿌려졌다는 것이죠.

　루소는 본격적인 불평등은 생산수단에 대한 사적 소유에서 비롯한다고 주장합니다. "힘이 있거나, 재주가 있거나, 말을 잘하는 사람들의 존재가 돋보이면서 다른 사람들을 압도하기 시작했다. 이들은 자기가 가진 능력으로 유리한 조건을 차지했고, 물건이나 땅 같은 사유물을 남보다 많이 가지게 되었다. 그러자 남들보다 더 많은 힘을 갖게 되었다. 힘 있는 자는 약삭빠르게 점점 더 많은 것을 소유하게 되고 약한 자는 점점 더 상대적인 박탈감을 겪게 되었다. 개인의 가치가 존재에서 소유의 개념으로 바뀌었다. 생산수단의 사유화가 인간을 소외시키고 인간을 소유에 종속시켰다."는 것입니다. 역사적으로 봤을 때 사적 소유의 본질은 힘과 약탈에 기초한 것이고, 이를 통해 인간 사회에 불평등이 강제되었다는 결론이죠.

　이런 관점이 끊임없이 제기되고 있는 사정을 고려하면, 로크 선

사적 소유권은
소수의 자유만을 보장합니다.
노동자들에게 소유권은
자유가 아니라
폭력적인 무기일 뿐이죠.

생은 어떤 점에서 공유물에서 사적 소유로의 변화가 약탈이 아닌 정당한 과정을 통해 가능하다는 것인지 구체적으로 설명을 해주어야 할 것 같습니다.

로크 | 공유물에서 사적 소유로의 변화에서 정당성이 성립하는 근거는 바로 인간의 노동입니다. 저는 자연이 제공하고 그 안에 놓아둔 것을, 그 상태에서 꺼내어 거기에 자신의 노동을 섞고 무언가 그 자신의 것을 보탠다면 그것은 그의 소유가 된다고 주장했습니다. 충분히 이해할 수 있도록 이 주장을 자세하게 설명해보지요.

  만물이 공유물이라면 왜 사적 소유권이 생겨났을까요? 이 세상의 모든 것이 공유물이지만, 단 한 가지는 그 누구도 부정할 수 없는 사적 소유권을 갖고 있습니다. 바로 나 자신이죠. 누가 뭐라고 해도 '나'는 배타적인 내 것임은 부정할 수 없잖아요? 제가 마르크스 선생이나 다른 누구의 것이 아니고, 공유물도 아니듯이 말입니다. 저는 오직 제 자신에게만 속한다는 의미에서 제 소유이죠. 그러면 당연히 제 신체의 노동과 정신적인 작업도 당연히 제 것이라고 할 수 있을 테고요.

  좀 더 자세하게 살펴볼까요? '자연이 제공하고 그 안에 놓아둔 것'은 말 그대로 산, 나무, 바다와 같은 자연 자체를 일컫는 것입니다. 또 '그 상태에서 꺼내어 자신의 노동을 섞고'는 자연이라는 공유물과 온전히 사유물인 노동이 역사적인 랑데부를 한다는 의미지요. 이 둘이 만나는 순간, 공유물과 사유물이 섞이면서 사적 소유권의 근거가 만들어지는 것입니다. '무언가 그 자신의 것을 보태면' 이라는 말은 노동을 통해 자연을 '변형' 하거나 '이동' 시키는 것을 의미해요. 이렇게 노동으로 자연에 변형을 가하면 여기에서 드디어 소유권이 발생한다는 것이죠. 어떤 사람이 한국의 명산으로 알려진 설악산을 등산한 다음에 자기가 밟았으니까 "이 산은 내 땅이야!"라고 한다면 누구나 다 그 사람을 '또라이' 정도로 여길 것입니다. 등산을 하면서 땀은 흘렸겠지만 자연에 어떠한 의미 있는 변형이나 이동도 더해지지 않았으니까요. 말하자면 노동이 섞이지 않은 것이죠. 이렇게 해서 자연에서 노동으로, 여기에서 의미 있는 변형을 거쳐 소유권의 확립이라는 관계가 성립하게 됩니다.

들이나 산에 핀 꽃을 예로 들어볼까요? 들에 핀 꽃은 당연히 자연이 제공한 공유물입니다. 그리고 당신이 그 꽃을 꺾어와서 화병에 꽂았는데 누군가가 "그 꽃은 자연의 공유물이니까 내가 가져가도 돼!"라고 하면서 당신의 동의도 없이 꽃을 가져갔다고 생각해봅시다. 당연히 자기 것을 빼앗겼다는 생각이 들면서 화가 나겠지요. 왜 똑같은 꽃인데 당신이 꺾어서 화병에 꽂은 꽃은 당신의 소유가 되었을까요? 그것은 꽃을 꺾어 화병에 꽂는 노동을 했기 때문입니다. 좀 단순한 설명일지도 모르지만, 소유권이 발생하는 기본적인 원리는 이렇습니다.

이런 개념의 제 소유론에 따르면, 노동을 통하지 않은 소유는 결코 인정될 수 없습니다. 그러면 과거 노예제 사회나 중세 봉건제 사회에서 나타나는 전쟁이나 약탈을 통한 사적 소유는 근본적으로 정당하지 않은 것이 되지요. 이렇게 되면 모든 사적 소유가 마치 약탈에 근거한 것처럼 규정하는 루소의 논리는 성립할 수 없습니다. 그

가 주장하는 부당한 사적 소유도 역사적으로 있기는 했지만, 우리는 이것과 정당한 사적 소유를 구분할 수 있어야 합니다.

마르크스 | 자유주의적인 소유권 이론의 가장 큰 문제점은, 방금 로크 선생의 논리처럼 실제적이고 역사적인 검토를 배제한다는 것입니다. 그러다 보니 추상화된 검토에 머물죠. 로크 선생은 누군가의 노동을 통해 자연을 변형시켜 소유권이 확립되는 과정을 막연하게 그리고 있잖아요? 이런 논리는 소유의 문제를 구체적인 사실관계에서 벗어난 권리로 위치짓습니다. 그러면 자연스럽게 소유권에 일종의 특권적 지위를 보장해주는 것이 되어버리죠. 혹은 루소처럼 앙상한 결론에 이릅니다. 추상적인 접근을 한다는 점에서는 루소도 마찬가지거든요. 루소는 소유권 문제에서 로크 선생과 다른 결론에 도달하고 있기는 하지만, 그 역시 가상적인 '자연 상태'를 전제로 문제를 풀고 있다는 점에서는 동일한 오류가 있습니다. 그러니 구체적인 분석은 없고 '약탈'이라는 개념만 앙상하게 남는 것이죠.

실제 역사적인 과정과 소유론을 분리하면, 어떤 형태의 재산권과 그것을 뒷받침하는 사회 체제의 역동적 교류에 침묵으로 일관하게 됩니다. 인류 역사의 각 단계에서 나타나는 다양한 소유 형태와 그 변화의 원인을 무시해버리게 되죠. 허나 생산관계나 소유관계는 역사적으로 다양한 변화를 겪어오지 않았습니까? 고대 그리스나 로마 제국의 주인과 노예 관계가 중세 봉건제 아래에서는 지주와 농노 관계로, 그리고 자본주의에서는 자본가와 노동자의 관계로 변화한 것처럼 말이죠. 당연히 소유관계도 그때마다 다른 모습을 보이면서 변화했습니다.

그런데 선생은 이 모든 것을 무시하고 그저 일반적이고 추상적인 공식으로 표현하고 있습니다. '자연→노동→변형→소유'라는 이 알량한 공식이 결코 변하지 않는 하나의 법칙인 것마냥 여기고 있죠. 노동, 토지, 자본이 뒤죽박죽 섞인 이 공식에 매달리다 보니 실제 역사에서 토지와 자본, 노동과 자본이 어떤 이유로 각각 분리된 것인가 하는 질문에 아무 대답도 할 수 없는 겁니다. 당연히 어떤 과정으로 인간에게 소유라는 개념이 형성되었는지도 설명할 수 없지요. 그래서 내리는 결론이 고작 '원래 인간은 소유욕을 지니는 존재'라는 식의 규정입니다. 인간과 인간, 집단과 집단 사이의 교환관계도 어떤 과정을 통해 왜 생겼는지 전혀 설명하지 못하고 그저 우연히 발생했다고 뭉뚱그려 정리해버리죠. 이런 상태에서 로크 선생처럼 사적 소유를 법칙으로 기정사실화하고 더 나아가 이것을 관습적, 제도적, 법적 권리로 정의하면 체제 내적인 정당화로 가버리게 되는 겁니다. 잘 되어봤자 루소처럼 사적 소유에 대한 막연한 반발에 머무르는 것이고요.

그런데 생각해보면, 구체적인 생산관계와 소유관계의 역사적 변화에 대해서는 침묵하면서 사적 소유를 자연의 법칙이나 이성의 법칙으로 규정하는 로크 선생과 같은 논리는 사실 아주 익숙한 것이 아닌가 합니다. 노예주나 봉건 지주들처럼 과거에 몰락한 지배계급의 논리와 상당히 유사하지 않습니까? 이들도 소수가 토지와 부를 독점하고 나머지는 무산자로 살아야 했던 대다수 사회 구성원들의 삶을 변하지 않는 하나의 법칙처럼 설교했잖아요. 그 법칙을 신이 정한 것이냐, 이성이 정한 것이냐의 차이만 있을 뿐 기본적인 논리 구조는 매우 유사합니다. 결론도 그렇고요. 한두 가지 단서 조항을 달 뿐 결국 소수에 의한 생산수단의 독점을 정당한 것으로 인정하자는 것 아닌가요?

로크 | 처음부터 무지막지하게 혹평을 하는군요. 마르크스 선생의 말대로 소유 형태에 대해 역사적인 경험에 이르기까지 구체적인 분석을 했다면 더 좋았을 겁니다. 하지만 실제적인 역사적 경험에 대입해서 일일이 설명하지 않았다고 곧바로 이론적 의미가 사라지거나 설득력이 떨어지는 것은 아닙니다. 현실의 다양한 전개 과정에서 기본적인 공통점을 찾아 추상화해서 원리를 이끌어내는 것도 충분히 설득력을 가질 수 있어요.

또한 선생이 법칙 운운했는데, 그러는 선생도 사회 현상을 하나의 원리 차원으로 단순화해서 설명하지 않았나요? 끊임없이 발전하는 경향이 있는 생산력과 고착화된 상태를 유지하려는 생산관계 사이의 모순으로 역사의 변화를 설명한다든가, 사회경제적인 토대와 정치문화적인 상부구조의 관계를 통해 한 사회의 성격을 규정한 것으로 알고 있는데요? 아니, 내가 하면 로맨스고 남이 하면 불륜이라고, 선생이 하면 정당한 역사의 법칙이고 제가 하면 막연하고 알량하기 짝이 없는 법칙인가요?

또 제가 소수의 생산수단 독점을 정당화한다고 비판했는데요. 제 소유론에 대해 정확히 이해하지 못한 것 같습니다. 제 주장을 자세히 살펴보면 소유의 한계는 물론이고, 더 나아가서는 사유화에 대한 제한에 대해서도 비교적 명확하게 규정하고 있다는 점을 발견할 수 있을 것입니다.

사적 소유권이 노동으로 확립된다고 하면 많은 사람들이 소수에 의한 독점을 우려하는 것 같더군요. 노동을 통해 변화를 이룬 만큼 소유권을 준다면 소수가 많은 양을 독점하게 될 거라는 반론이죠. 자연의 공유물인 과일을 예로 들어 설명해보겠습니다. 무지하게 욕심이 많은 어떤 사람이 새벽부터 밤까지 매일 과일을 따다가 자기 집에 쌓아두면 다른 사람들이 가져갈 게 없어지는 것 아니냐, 말하자면 일종의 독점 상황이 발생할 수 있는 것 아니냐는 반론이 그것이죠.

저는 이런 반론에 나름의 답을 가지고 있습니다. 소유의 한계를 정하고 사유화에도 일정한 제한을 두는 것이지요. 어떤 사람이 사적으로 소유할 수 있는 한도는 그가 '즐길 수 있을 만큼', 특히 '그것이 썩기 전에 삶에 이득이 되도록 사용할 수 있는 만큼'만 보장이 된다는 점을 분명히 했습니다. 자연의 산물은 시간이 지나면 부패하는데, 그 정도로 축적하는 것은 정당한 소유로 인정할 수 없다는 얘깁니다. 그래서 썩히지 않고 먹을 수 있는 만큼을 넘는 소유는 그의 몫이 아닌 다른 사람의 몫이라고 규정을 했지요.

오로지 노동으로 자연을 의미 있게 변형시킨 부분에서만 소유권이 인정된다는 논리로 노동을 통한 소유의 한계도 제시했습니다. 한 인간이 개간하고, 파종하고, 재배한 산물을 사용할 수 있는 만큼의 토지가 그의 소유라는 규정이죠. 자신의 노동에 의거하지 않은 일체의 소유는 정당화될 수 없다는 얘깁니다. 이 원리가 지켜지면 소수가 토지를 독점해서 다른 사람들이 경작할 토지가 사라지는 일은 없지 않겠어요? 독점과 무산자가 생기는 이유는 약탈에 근거한 일방적인 소유 때문입니다.

한편 어떤 사람들은 계속 늘어나는 인구에 비해 땅이 부족한 상황이 발생하면 어떻게 할 거냐는 의문도 들 것입니다. 바보가 아닌 이상 그런 우려에 대해 생각을 안 할 수는 없겠죠. 저는 이 질문에 토지가 희소한 곳에서는 '법률'로, 그리고 '협정과 합의'로 사적인 소유권을 규제해야 한다고 답했습니다. 소유권에 사회계약 개념을 적용한 것이죠. 사실 노동을 통해 자연을 변형시킨 만큼, 썩지 않을 만큼 축적을 허용하면 모든 사람들이 저마다 토지를 소유할 수 있습니다. 하지만 토지가 부족해지면 사회계약에 따라서 일을 처리해야 되겠지요. 이 논리에 따르면 당연히 노동 정도에 따라 토지 소유에 차이가 있을 겁니다. 그러나 노동을 했음에도 토지를 전혀 소유할

수 없는 상황은 결코 발생하지 않을 것이고, 혹시라도 그런 상황이 발생한다면 계약에 의해 조정할 수 있다는 얘기죠.

마르크스 | 선생은 토지를 열심히 개간하는 행위로 사적 소유가 성립되었다고 주장하고 있는데요. 과연 그럴까요? 사적 소유의 형성은 토지 개간 같은 생산력의 단순한 확장이 아니라 분업과 밀접한 관련이 있습니다.

처음에 인간들은 자신의 필요만을 위해서 생산을 했습니다. 원시 사회가 여기에 해당하겠죠. 간혹 교환 행위가 이루어지더라도 우연히 생기는 잉여를 교환하는 정도에 머물렀습니다. 처음에는 주로 사냥이나 어로, 채취 등에 의존했고 나중에는 초보적인 목축이나 농경으로 살아갔습니다. 그러나 초보적인 농경이라도 분명히 인간의 노동이 지속적으로 결합되는 방식이었어요. 그런데 이때 로크 선생이 주장하듯이 사적 소유가 형성되었을까요? 전혀 아닙니다. 이때의 소유 형태는 부족 단위의 집단적인 방식이었습니다.

여러 부족이 정복이나 계약에 의해서 하나로 통합된 도시국가 단계에 도달하면 또 다른 소유 형태가 나타납니다. 부족 단위의 공동체를 넘어서는 고대 국가 형성기에는 거대한 국가 소유 체제가 확립되고요. 고대 그리스 도시국가처럼 생산은 주로 노예 노동에 기초했죠. 그리스에서는 국가적인 공동 소유와 함께 사적 소유도 어느 정도 발생하는데, 아직은 공동 소유에 종속된 형태였다고 볼 수 있습니다. 노동이 사적 소유권을 성립시킨다는 로크 선생의 주장과는 전혀 다른 역사적 현실이죠. 그러다가 로마제국에 이르러서 사적 소유의 집중 현상이 두드러지게 나타납니다.

　중세부터는 봉건적, 혹은 신분적 소유가 나타납니다. 봉건적 소유는 부족 소유나 공동 소유처럼 다시 공동체에 근거했지요. 이때의 직접적 생산 계급은 고대의 공동체처럼 노예가 아니라 농노라고 불리는 예속적 소농민들이었습니다. 공유지는 지속적으로 광범위하게 존재했고, 사유지라 하더라도 로크 선생의 주장처럼 배타적인 사적 권리가 아니었습니다. 농노들에게도 토지를 사용할 수 있는 점유권이 있었기 때문에 이중적인 소유관계였습니다. 봉건적 토지 소유 역시 선생이 주장하는 사적 소유와는 거리가 멀죠. 중세 도시들에서는 조합적 소유도 발달합니다. 도시에서 수공업이 발달하기 시작하는데 조합적인 방식으로 소유관계를 형성했죠. 약탈적인 귀족 연합에 대항하는 수공업자 연합의 필요성, 그리고 공인이 동시에 상인이었던 시대였기 때문에 공동의 시장이 필요했던 것 등이 종합적인 소유 형태를 만든 요인이라고 볼 수 있습니다.

　이렇듯 생산력의 발전에 따른 분업의 각 단계마다 서로 다른 소유 방식을 만들어내고, 그만큼 다양한 소유 형태가 나타난 것이 실제 역사입니다. 이 모든 걸 다 무시하고 로크 선생처럼 달랑 '자연→노동→변형→소유'라는 추상적인 도식화를 해버리면 역사의 진실은 모두 사라집니다. 그리고 공유물과 배타적인 사적 소유라는 두 개의 관념만 앙상하게 남겠지요. 나아가 사적 소유를 절대화하면서 이에 반대하는 모든 행위를 자연법과 이성을 어기는 행위라고 성급한 규정까지 합니다.

　제가 이론화 과정에서 추상화 작업을 통한 이론화 과정을 부정하는 것은 아닙니다. 핵심적 원리를 이끌어내기 위해서는 추상화를 통한 정식화가 꼭 필요하지요. 하지만 구체적인 현실에서 출발해 추상화로 나아가야 하는 것 아닙니까? 선생처럼 가상을 전제로 시작해 추상화로 치달아 결론을 도출한다면, 그것은 과학적인 이론이라기보다는 상상의 산물이라고 부르는 것이 더 어울릴 텐데요. 그런 방식의 사고는 현실을 왜곡하는 겁니다.

박쌤 | 지금 토지에 대한 사적 소유권의 확립을 놓고 논의가 이어지고 있는데요. 저는 로크 선생에게 좀 다른 차원으로 제기되는 의문을 던지고 싶어요. 선생은 농경이 이루어지기 이전의 모든 토지를 공유물로 규정한 후, 사람들이 그 땅에 노동을 투입하면서 개인 소유가 발생했다고 보고 있습니다. 그래서 최초로 토지를 소유하게 된 사람이 그 토지를 포기하거나 팔지 않는 이상 영속적으로 소유권을 가지게 된다고 하는데요.

그런데 여기에서 의문이 생깁니다. 사회는 왜 오랜 시간 동안 그 많은 토지의 소유권을 최초의 소유자에게만 허락해야 할까? 새로 태어난 사람은 똑같은 양과 질에 대한 자신의 권리를 포기해야 할까? 그들이 이전 세대보다 못한 사람들이라서? 뭐 이런 의문이 꼬리에 꼬리를 물고 이어지는 거죠. 로크 선생은 토지가 사적 소유물로 분할되고 난 뒤에 태어난 사람들의 동의 문제에 대해서는 아예 원초적으로 배제하고 있는 게 아닌가 싶어요. 만약 그렇다면 선생의 소유론은 이 문제를 다루는 데 실패할 수밖에 없는 것 아닌가요?

로크 | 제 소유론은 정치적인 문제를 중심으로 한 《통치론》의 일부로 정식화한 문제의식입니다. 이 점을 마르크스 선생이 잘 헤아리는 것이 필요할 것 같은데요. 바로 앞에서도 언급했듯이 제가 토지에 대한 소유권 확립을 이론화한 의도는, 과거의 신분적 토지 소유와 소수의 토지 집중 현상을 비판하는 데 있습니다. 정작 노동을 하는 농민들이 토지가 없는 상황을 더 이상 방치해서는 안 되겠다는 문제의식이지요. 여성들과 아이들이 아무런 권리도 보장받지 못하는 상황을 두고볼 수 만은 없다는 생각도 있었고요. 한마디로 토지에 대한 독점적인 소유를 제한하고, 일하는 사람에게만 토지가 돌아가야 한다는 발상인 것이죠. 또한 노동을 통한 소유를 명확히 해서 근면한 노동, 땀 흘린 만큼 성실한 축적이 보장될 수 있도록 하자는 것이기도 하고요. 이를 통해 개인의 이익만이 아니라 사회 전체의 생산력 향상과 부의 증대를 이루어낼 수 있다는 점도 중요하게 고려해야 합니다. 이 점을 잘 헤아리지 않고 마치 저의 소유론이 극소수의 이익을 보장하기 위한 것인 양 비판하는 것은 곤란해요.

박쌤이 얘기한 새로 태어난 사람들의 소유권 문제는 더욱 신중한 접근이 필요한 대목입니다. 그런데 만약 이후에 태어날 사람들의 권리까지 생각한다면, 아예 사적인 소유라는 개념 자체가 성립할 수 없는 것 아닐까요? 소유라는 것은 현실에서 노동이 이루어지고 있는 그 세대에서 끝나야 하니까요. 모든 것은 다 잠정적이고 일시적인 것에 머물게 되겠죠. 그러면 누가 일을 열심히 하겠습니까? 자신이 죽을 때까지 먹고살 것만 마련하면 되는데 굳이 그 이상을 생산하려고 힘쓸 사람이 과연 있을까요? 인류가 자기 세대에 필요한 만큼만 생산하는 데 머무는 것이 과연 이후 세대를 위한 것일까요? 인류의 생산력 발전은 당장에 필요한 것을 넘어서려는 노력을 경쟁하며 이루어진 것이 아니었던가요? 저는 이러한 욕구를 보장해야 지금 세대만이 아니라 이후 세대에 이르기까지 번영을 이룰 수 있다고 생각합니다. 그러기 위해서는 일단 지금 노동하고 있는 사람의 사적 소유권을 인정하는 것이 필요하고요.

또한 인간이 완전히 개별적인 존재가 아니라는 인식도 필요합니다. 인간은 개인에게 기초하되 사회적인 존재입니다. 순수한 의미의 개인으로 혼자 살아갈 수는 없는 노릇이니까요. 인간이 사회적 존재로 살아갈 때 가장 기본적인 구성단위는 가족일 것입니다. 그러니까 미래 세대는 독립적인 그 무엇이 아니라 현재 가족의 연장인 것이지요. 그렇게 보면 이후 세대의 소유권 문제는 지금 세대와 분리된 것이 아니라 가족과 상속이라는 끈으로 아주 밀접하게 연결된 것입니다. 내가 오늘 열심히 일해서 일정한 소유를 형성하는 데 성공한다면 이후 세대가 그 기반 위에서 더 나은 삶을 개척해나가겠지요. 만약 반대로 내가 나태해서 소유를 제대로 형성하지 못한다면 그 가족의 이후 세대가 고생을 하겠죠. 이후 세대를 위해서 현재를 살아가는 자신의 노력이 그만큼 더 중요함을 강조하는 것이 더 미래지향적이고 실천적인 것 아닐까요?

박쌤 | 아무래도 이후 세대의 소유권 문제는 '상속권'이라는 별도의 쟁점으로 조금 후에 논의하는 것이 흐름상 좋을 것 같습니다. 사적 소유에 의한 독점 문제에 대해서는 마르크스 선생이 추가로 구체적

인 문제제기를 해주어야 논의가 더 진전될 것 같은데요?

마르크스 | 로크 선생의 소유론에서 독점 문제는 그렇게 간단하지 않던데요? 일단 토지에 대한 사적 소유를 노동으로 정당화하면, 오늘날 엄청난 토지를 독점하고 있는 소수의 사람들이 로크 선생의 논리를 근거로 독점을 합리화할 것입니다. 먼 조상부터 대대로 열심히 일해서 축적한 것인데 왜 시비냐고 항의하겠죠. 그런데 그 먼 조상이 노동을 통해서 토지를 획득한 것인지, 약탈 등의 부당한 방법으로 빼앗은 것인지 모두 확인하는 것은 사실 불가능하지 않습니까? 그러면 그냥 현재 상태를 인정하자고 할 수밖에 없지 않겠어요? 이렇게 되면 노동에 의거하지 않은 토지 소유를 공격하려고 했다는 로크 선생의 변명은 공염불로 끝나는 것이지요.

선생의 소유론이 가진 성격은 사적 소유권의 확립이 토지에서 화폐로 넘어가는 과정에서 더 분명하게 나타납니다. 실제로 선생의 논의가 토지에 국한되어 있는 것도 아니고요. 토지에 대한 소유권 확립이라는 개념을 확장해서 금이나 화폐에 적용시키고, 화폐는 음식물과는 달리 썩지 않는다며 화폐 무한 독점의 길을 터주고 있던데요. 소유권에 대한 선생의 결론은 솔직히 말하자면 토지보다 화폐에 있는 것 아닌가요?

로크 | 맞습니다. 제 결론은 화폐에 대한 사적 소유권의 성립입니다. 먼저 제 문제의식부터 설명하며 시작하죠. 음식물은 어떤 사람이 독점을 하게 되면 다른 사람이 이용할 수 없습니다. 토지도 마찬가지

입니다. 독점이 비난받아 마땅한 이유는 소수의 독점 때문에 다른 사람들이 이용할 수 있는 기회를 박탈한다는 데 있잖아요? 하지만 금속이나 화폐는 사정이 완전히 다릅니다.

좀 더 자세히 들어가봅시다. 기본적으로 화폐를 소유하는 것은 노동으로 토지를 소유하는 것의 연장이기 때문에 정당합니다. 예를 들어 자신이 토지에서 생산한 곡물을 화폐로 바꾸었다면 화폐에 대한 사적 소유는 토지를 소유하는 것만큼이나 정당하죠. 그리고 화폐는 음식물과 달리 썩지 않기 때문에 축적에 제한이 있을 수 없습니다. 얼마나 일을 하느냐에 따라 각자 다른 재산을 가지는 것은 너무나 당연하죠? 화폐의 발명은 이처럼 사람들에게 재산을 지속적으로 늘릴 수 있는 기회를 제공한 것입니다. 특히 화폐는 상호의 합의와 동의에 의해서만 쓸 수 있기 때문에 기본적으로 사회계약에 의한 것이죠. 그래서 이것을 법으로 제정해 강제하는 것은 아무 문제가 없습니다.

마르크스 | 과연 선생이 주장하는 것처럼 화폐가 그렇게 착하고 순수한 놈일까요? 상인층과 함께 출현한 화폐는 생산자와 그의 생산을 지배하는 새로운 수단으로 작용하기 시작했습니다. 화폐와 함께 이자를 노린 대부업, 고리대금업이 나타나면서 화폐가 화폐 축적을 낳게 된 것도 또 하나의 현상이고요. 그러면서 마음만 먹으면 어떤 물건으로든 탈바꿈할 수 있는 요술 수단인 화폐를 소유한 자가 생산의 세계를 지배하게 됩니다. 모든 상품 생산자들이 화폐 앞에 무릎을 꿇고 숭배하게 되었죠. 무엇보다 심각한 것은 화폐와 고리대금업,

저당권 등이 생겨나면서 소수에게 부의 집적과 집중이 급속하게 이루어졌다는 것입니다. 그러다보니 당연하게도 대중의 빈곤은 심각해지고 가난한 사람들이 늘어갔죠.

로크 | 화폐의 축적이 "대규모로 이루어지기 때문에 부당한 것이다."라는 취급을 받아야 할 이유는 전혀 없습니다. 기본적으로 소유의 정당성 여부는 소유물의 크기가 아닙니다. 소유물 가운데 변질되어서 무익한 것이 있는지, 또는 소수가 그것을 독점해서 다른 사람이 이용할 수 있는 기회를 박탈했는지가 중요한 잣대죠. 앞에서도 말했듯이 토지는 한정된 것이니까 소수에게 집중되면 다른 사람들이 경작을 할 수 없습니다. 그래서 제한을 두는 것이지요. 하지만 화폐는 전혀 다릅니다.

마르크스 | 다시 말하지만 역사적인 현실은 선생의 기대와는 전혀 다른 방향으로 전개됐습니다. 세상은 화폐의 축적으로 자유민과 노예, 착취하는 부자와 착취당하는 빈자로 분열되었죠. 자본주의 사회는 이것을 더욱 고착화시켰고요. 화폐를 매개로 하면서 '자본'이 등장했거든요. 그러면서 과거의 전통 사회처럼 토지가 아니라 자본이 핵심적인 생산수단이 됩니다. 그리고 공장, 생산 설비, 자금 등의 생산수단을 사적으로 소유한 자본가, 또 살기 위해서는 오직 자신의 노동에 의존할 수밖에 없는 무산자인 노동자로 계급분화가 일어나죠. 그리고 고착화된 생산관계를 형성합니다. 로크 선생의 예상과는 전혀 다르게, 자본의 형성과 축적은 소수의 독점으로 다른 사람이 이

용할 수 있는 기회를 박탈하는 것으로 나타난 겁니다. 화폐라고 무한정 공급될 수 있는 것은 아니니까요. 그래서 선생의 소유론이 자본에 의한 인간 지배를 정당화하는 적극적인 역할을 하고 있다는 비판을 받는 것이죠.

로크 | 마르크스 선생은 한쪽 눈을 아예 감고 있는 게 아닌가 싶군요. 토지든 화폐든 불평등이 나타나는 것은 당연하지요. 개인마다 근면성이나 능력이 다를 수밖에 없는데 어떻게 불평등이 생겨나지 않겠어요? 불평등은 우리가 회피해야 할 문제가 아니라 오히려 인류 모두에게 이익을 주는 것이라고 보아야 합니다.

특히 화폐를 통해 재산을 지속적으로 늘릴 수 있는 기회가 생긴 것은 매우 중요합니다. 화폐가 무한하지 않다는 것도 문제가 아닙니다. 예를 들어 넓은 땅과 좋은 기후를 가진 지역이 있다고 생각해봅시다. 그런데 아무리 좋은 조건을 지니고 있으면 뭐합니까? 화폐가 없기 때문에 재산을 축적할 수 없다면 누가 자신과 가족이 필요한 만큼을 넘어서까지 생산을 하려고 할까요? 자신에게 필요한 것 이상을 생산하려는 동기는 소유물을 늘릴 수 있을 때 생깁니다. 화폐처럼 영구성이 있고 저장해둘 만큼 가치가 있는 무언가가 없다면, 인간은 마음껏 가질 수 있는 비옥한 토지가 있다고 하더라도 더 넓은 토지를 소유하려고 하지 않을 것입니다. 게다가 희소성도 없이 누구나 가질 수 있는 것이라면 굳이 그것을 얻기 위해 노력 할 필요도 없겠죠. 더 나아가서 세계의 다른 지역과 교역을 하면서 돈을 축적할 수 있다는 희망이 없다면 그것을 왜 소중하게 여기겠어요? 불평등이나 화폐가 무한정하지 않다는 것은 오히려 사람들에게 생산 의욕을 북돋아주는 긍정적인 작용을 합니다.

정리를 해보지요. 우리는 누군가가 토지나 화폐를 더 많이 소유하고, 반대로 어떤 사람들은 별로 가지고 있지 못한 상황, 즉 불균등하고 불평등한 부의 소유를 암묵적이고 자발적으로 합의했다고 여겨야 합니다. 왜냐하면 누군가가 더 많이 소유했다고 다른 사람에게 피해를 주는 것이 아니니까요. 도리어 사회 전체의 생산력을 증가시키고 전체의 물질적 부를 증가시키는 데 크게 기여한 것이기 때문입니다.

마르크스 | 아니, 토지나 화폐의 불평등한 소유를 합의한 것으로 여겨야 한다니요? 토지와 자본의 집중이 다른 사람에게 정말 피해를 주지 않을까요? 자본의 소유가 토지 소유에서 정당한 방식으로 전환된 것이고, 심지어는 근면성에 기초하고 있다고요? 정말 놀랍군요. 소유에 대한 사고가 실제 역사와 분리되면 얼마만큼 터무니없는 주장이 가능한지 로크 선생이 아주 잘 보여주고 있는 것 같습니다.

선생은 토지나 화폐를 통한 자본의 축적을 마치 옛날이야기처럼 얘기하고 있습니다. 아득한 먼 옛날에 부지런하고 저축도 잘하는 특출한 사람이 있었고, 게으르고 가지고 있는 모든 것을 탕진해버리는 불량배가 있었다는 식이죠. 이 논리는 토지나 자본을 소유하지 못한 이유를 자신이나 조상들이 게으르고 재산을 탕진했기 때문이라고 말합니다. 마치 아담의 원죄처럼 게으름 때문에 아무 것도 소유하지 못한 삶을 인정해야만 하는 운명이라는 얘기죠. 이 원죄로부터 대다수의 빈곤과 소수의 부가 유래하고 있다는 것입니다. 선생은 사적 소유를 옹호하기 위하여 이 낡아빠진 어린애 같은 이야기로 우리에게 설교하고 있습니다. 현실 역사에서 자본의 축적은 정복, 노예화, 강탈, 살인 등의 '폭력'이 큰 역할을 했습니다. 허나 선생은 그런 사실을 전혀 이야기하지 않고 있어요. 부지런함이라든가 합의라든가 하는 주장만 하고 계신데, 그건 전혀 근거를 찾을 수 없습니다. 이런 사실을 극명하게 보여주는 것이 이른바 '시초(始初) 축적'입니다.

자본주의 사회의 출발점을 이루는 자본의 축적이 처음에 어떻게 이루어졌는가를 진지하게 살펴봅시다. 화폐가 곧바로 자본인 것은 아닙니다. 자본으로의 전환 과정을 거쳐야 하죠. 이러한 전환은 몇 가지 전제조건이 충족되어야만 합니다. 첫째로는 대규모의 화폐 집중이 필요하지요. 둘째, 두 종류의 아주 다른 상품 소유자를 필요로 합니다. 하나는 이윤을 증대시키기 위해 노동력을 구매하려는 사람, 즉 화폐와 생산수단의 소유자인 자본가입니다. 다른 하나는 오직 자신의 노동력을 팔아서 생계를 유지해야 하는 노동자이지요.

유럽에서 벌어졌던 인클로저(inclosure) 운동은 이 두 가지를 모두 해결하는 시초 축적의 열쇠였습니다. 인클로저 운동은 부유한 토지 소유자들이 농지 사용권과 공유지 점유권을 가지고 있던 농민들을 농지에서 폭력적으로 내쫓고 공유지를 강탈한 역사적 사건입니다. 이 운동이 벌어진 직접적인 원인은 양모 산업의 성장과 양모 가격의 폭등이었습니다. 농민들을 토지와 공유지에서 강제로 내쫓고 그 땅에서 양을 길러 막대한 이익을 챙기려 했던 것이지요. 이 과정에서 이득을 본 사람들은 대규모 화폐 축적을 할 수 있었지만, 내쫓긴 농민들은 극심한 빈곤과 실업에 시달려야 했습니다. 이들은 살길을 찾아 공장이 있는 도시로 몰려갔습니다. 결국 인클로저 운동을 통한 시초 축적은 농민을 그가 가진 생산수단으로부터 폭력적으로 분리하는 과정, 말하자면 생산자와 생산수단 사이의 역사적 분리 과정인 것입니다.

로크 선생은 이런 역사가 합의와 관련이 있다고 보시는 겁니까? 저는 합의는커녕 노골적인 강제이자 대규모 강탈로 보이는데요. 또 계속 부지런함을 이야기하시는데, 부지런함과 무슨 관련이 있다는 겁니까?

로크 | 마르크스 선생은 인클로저 운동의 의미를 저와 상당히 다르게 해석하고 있군요. 토지는 사람들이 이용하도록 주어진 것이기 때문에 어떤 사람이 용도에 맞추어 사용할 수 있는 권리가 보장되어야 해요. 저는 인클로저 운동이 이런 전제 아래서 자연 상태의 공유지를 인간에게 더욱 유용하게 개선하는 일이었다고 평가합니다. 공유지인 한 그 누구도 토지에 대해 책임을 지지 않겠죠. 중세 봉건제 때부터 토지 점유권이라는 이름으로 막연한 공유 상태가 유지되었던 것은 반드시 개선되어야 했습니다. 누군가의 것으로 소유권을 확립해서 토지 이용도가 높아져야 모두의 이익이 되는 것이죠.

자연권으로서의 사적 소유권이란 대지의 생산성을 높여 더 많은 이익을 창출할 수 있도록 개량하는 것을 전제로 합니다. 그런 의미에서 토지 개량은 인간에게 부여된 신성한 명령이라고 할 수 있어요. 노동이 중요한 것은 자연을 변화시켜 인간에게 유용하도록 만드

는 데 있는 것이고요. 제가 노동을 통한 소유를 강조한 것도 더 많은 이익을 낳을 수 있도록 '토지를 개량하는 것'이 중요하고, 그로 인해 소유권이 발생한다는 의미였습니다. 공유지는 자연 상태 그대로인 것이잖습니까? 여기에 의미가 있는 변형이 가해지면 그때 소유권이 발생하는 것이죠. 지주가 토지를 개량하기 위해서 적극적인 노력을 한다면, 그에게 소유권이 주어지는 것은 정당한 것으로 보아야 합니다.

예를 들어 아메리카 원주민에게 개량되지 않은 자연 그대로의 공유지란 땅 자체입니다. 그리고 앞서 말한 것처럼 이러한 땅을 개량하여 사용하는 사람에게 소유권을 주는 것이 맞다면, 유럽인들이 아메리카의 토지를 개량하고 소유권을 확립한 것은 정당한 일인 겁니다. 마찬가지로 어떠한 변형도 없는 공유지를 개량해 사용하고 소유권을 주장한 인클로저 운동을 일방적인 약탈이라고 규정하는 것은 올바르지 않습니다. 공유라는 막연한 관념에 의지해 관습적으로 유지하던 이용권을 근대적인 소유권 개념으로 전환시킨 것이라고 이해하는 것이 옳지요. 개량된 토지를 소유하는 것은 개량한 자의 권리이고, 심지어 인간으로서의 의무이기도 한 것입니다.

또 제가 소유권 성립에 있어서 합의를 얘기한 것은 사회 구성원 각자에게 일일이 동의를 구해야 한다는 의미가 전혀 아닙니다. 아무려면 제가 그 많은 사람들이 소유권 문제가 발생할 때마다 서로 동의를 거쳐야 한다고 생각하겠어요? 그래서 '암묵적'이라는 말을 사용한 겁니다. 노동을 통해 개량된 땅을 소유하는 것이 정당하다는 것에 대한 사회적 공감대를 말하는 것이지요.

마르크스 | 헐~ 로크 선생은 사적인 소유권이 확립되지 않은 모든 토지를 다 '황무지' 정도로 이해하는 것 같습니다. 공유지를 그저 거기서 나는 과일을 따먹거나 수렵을 하는 곳 정도로 여기고 있어요. 한마디로 그냥 방치된 원시적인 곳 정도로 말입니다.

그러나 중세만 보더라도 공유지는 그 자체로서 전체 농업을 유지하기 위해 더 없이 훌륭한 기능을 수행하고 있었습니다. 농업이 제대로 이루어지기 위해서는 소처럼 논이나 밭을 갈 수 있는 가축이 절대적으로 필요했어요. 이를 위해서 각 농가가 모두 개별적인 목초지를 사적으로 가질 수는 없는 노릇이었죠. 그래서 공동의 목초지가 반드시 필요했던 겁니다. 그렇기 때문에 1000년이 넘는 오랜 기간 동안 공유지가 유지되었던 것이고요.

또한 선생은 공동 소유에 비해 사적 소유가 언제나 더 생산적이고 합리적이라는 고정관념을 가지고 있는 것 같습니다. 농지에 대한 농민의 사용권은 과거의 구태의연한, 원시적인 관점이 아니라 매우 현실적인 의미였습니다. 농업 생산력의 유지와 향상을 위해서도 중요한 의미를 갖는 것이었고요. 만약 일반적인 자본주의처럼 지주에게만 배타적인 소유권을 주면 어떤 일이 발생할까요? 아마도 지주는 소작 농민을 자기 땅에서 마음대로 내쫓을지도 모릅니다. 그러면 농민은 매우 불안정한 상태에서 올해에는 이 땅, 다음 해에는 저 땅으로 이리저리 옮겨 다니면서 일을 해야 했을 것이고요. 그렇게 되면 대다수 농민의 삶은 순식간에 극도의 빈곤에 빠지게 되겠죠. 이 상태에서 안정적인 농업 생산력을 기대하는 것은 불가능합니다. 그래서 소작 농민에게 땅을 사용할 수 있는 일종의 사용권을 보장해서 안정적인 농업이 가능하도록 했던 것입니다.

박쌤 | 제가 잠깐 끼어들도록 하겠습니다. 소유권 확립이 부지런함에 기초한 것인지, 아니면 강제에 기초한 것인지에 대한 두 분의 관점 차이를 이제까지의 논의에서 상당 부분 확인할 수 있었습니다. 토지의 집중이나 자본의 형성 과정에서 살펴봐 무척 흥미로웠는데요. 인클로저 운동에 대한 논의에서는 공적 소유, 사적 소유와 생산력의 관계에 대한 문제까지 나왔죠. 그런데 소유 방식과 관련된 생산력의 문제는 다음 논쟁의 주제인 인류가 지향해야 할 바람직한 소유 형태는 무엇인가, 즉 사적 소유를 넘어선 대안의 문제를 논의할 때 더 충분하게 다룰 수 있는 내용일 것 같습니다.

여기에서는 좀 아까 논의에서 제기되었지만 미뤄둔 문제 하나를 다시 꺼내보는 것이 어떨까요? 바로 상속의 문제인데요. 사적 소유의 정당성 문제를 다룰 때 빠질 수 없는 것이 상속의 정당성 문제 아닌가 싶습니다. 사적인 상속이 전제되지 않는다면 사실 부의 축적이라는 것이 의미가 없는 것이 되어버릴 테니까요. 그렇기 때문에 어떤 개인의 노력에 의해 형성된 부, 특히 사적으로 소유된 생산수단이 다음 세대로 상속되는 것이 어떻게 정당할 수 있는지를 검토하는 것이 꼭 필요할 것 같습니다.

상속은 인류에게 사유재산이 생긴 이후 지속적으로 이어져왔던 것이라 할 수 있습니다. 상속에 대한 국가의 개입도 꽤 오랜 역사가 있고요. 시작은 로마의 아우구스티누스 황제가 퇴역 군인을 위한 재원을 마련하기 위해 상속액의 20분의 1을 세금으로 거둔 것이라고 알고 있습니다. 하지만 이것은 단순한 재원 조달 수단이었다고 할 수 있겠죠. 또 신분 사회에서는 부모의 신분과 재산을 함께 물려받는 것이 자연스러운 일이었습니다. 그러나 근대로 넘어오면서 또 상속을 사회적인 불평등을 고착화시키는 원인으로 인식해서 국가가 이에 대해 세금을 부과해야 한다는 주장이 등장했지요. 영국의 공리주의자 벤담은 "상속권이라는 자연법적 권리는 인정되지 않는다." 면서 모든 상속에 국가가 일정한 권리를 가지고 있음을 주장했고요. 또 철학자 밀도 스스로 자립하는 데 필요한 재산 이상을 상속받아서는 안 된다고 했습니다. 이후 상속은 19세기말에 유행했던 사회주의 사상 등에 힘입어 불평등을 영속화시키고 근로 의욕을 떨어뜨리는 부정적인 것이라는 인식이 더욱 강해졌죠.

  20세기 소련을 비롯한 사회주의 국가에서는 전면적인 국유화로 생산수단의 상속이 아예 불가능하기도 했습니다. 그리고 대부분의 자본주의 국가에서는 사회 구성원의 공평한 출발이 정의로운 것이라는 생각으로 상속세, 증여세를 엄격히 부과하고 있죠.

로크 | 저는 사적 소유권이 그러하듯이 상속도 당연히 자연법적인 권리에 속한다고 봅니다. 어떤 사람의 노동으로 의미가 있는 변형이 일어난 것에는 그 누구도 간섭할 수 없는 권리가 생긴다면, 이것은 그 재산의 사용에 있어서도 마찬가지로 적용되어야 합니다. 자신이 축적한 토지나 재산을 타인에게 판매하든 상속하든 자유인 거죠. 자신과 가족을 위해 남들보다 더 열심히 일해서 돈을 모은다는 생각은 지극히 자연스러운 것입니다. 오늘날 물질적 진보를 이루어낸 원동

력이라고도 할 수 있고요. 그런 의미에서 상속은 당연한 권리이고 이를 국가가 간섭할 수는 없습니다.

만약 국가가 간섭한다면 그건 노력한 사람에게 벌을 주는 것이나 마찬가지예요. 열심히 일하고 절약해서 저축을 많이 한 사람에게는 국가가 벌을 주고, 소비를 즐기며 낭비한 탓에 상속할 재산이 없는 사람들은 사실상 보호해주는 셈이죠. 도무지 앞뒤가 맞지 않는 비논리적인 것 아닙니까? 이러한 상황에서는 열심히 일하고자 하는 의욕이 저하될 수밖에 없을 겁니다. 물론 보통 사람들은 타인이 막대한 재산을 상속받는 것에 질투를 느끼는 경향이 있습니다. 하지만 민주주의라는 이름으로 이들의 질투를 받아들인다면, 그것은 인간의 자연권을 심각하게 침해하는 행위죠.

마르크스 | 참 이상하네요. 상속을 통한 소유는 로크 선생의 소유론에 어긋나는 것 아닌가요? 노동으로 자연을 변형시키는 것이 소유권의 근거라고 말하는 선생이 상속권을 강하게 주장하는 것은 모순적으로 들리는데요?

토지의 상속을 역사적으로 보면 토지가 양도의 대상이 되어버렸음을 의미하기도 합니다. 세습 재산이 되어버린 것이죠.

상속의 부당함은 토지만이 아닙니다. 현대 사회에서의 부나 생산수단에 있어서도 마찬가지예요. 아니, 어떤 면에서는 과거보다 더욱 부당하다고도 할 수 있겠네요. 산업사회에서 생산수단의 획득이나 부의 축적은 다수 사회 구성원의 협력과 국가의 지원 없이 홀로 이룰 수 있는 것이 아닙니다. 자본가 개인의 노력만이 아니라 노동자들의 땅, 국방, 치안, 도로 등 사회 인프라에 해당하는 공적 시스템, 그리고 정부의 재정 지원과 경제 정책 등의 뒷받침 없이는 불가능하지요. 그런 점에서 생산은 개인적인 것이 아니라 사회적인 성격을 가지고 있습니다.

선생은 상속에 간섭할 때 발생하게 될 노동 의욕 저하에 대해서도 언급했는데요. 왜 반대로 생각하지는 못합니까? 막대한 재산 상속을 당연시하면 그런 운명의 혜택을 받지 못한 대다수가 오히려 의욕을 상실할 겁니다. 운 좋게 부자 부모에게서 태어났다는 이유만으로, 열심히 일하는 사람들은 꿈도 꿀 수 없는 막대한 부를 누리는 것이 당연시된다면 말이죠. 로크 선생, 인간의 삶을 이런 운에 맡기는 것이 과연 정의로운 겁니까?

박쌤 | 마르크스 선생의 반론과 함께 이런 문제에 대해서도 로크 선생의 답변이 필요할 것 같습니다. 좀 전에 로크 선생이 '자신이 축적한 토지나 재산을 타인에게 판매하든 상속하든 자유롭게 처분하는 것은 본원적으로 자연스러운 권리'라고 했는데요. 다른 문제들은 마르크스 선생이 반론을 했으니 됐고요. 다만 토지를 자유롭게 사고팔 수 있는 대상, 즉 상품으로 규정하는 것이 타당한가 하는 고민이 필요할 것 같습니다. 결국 상속을 비롯한 토지의 집중은 토지를 사고팔 수 있는 상품으로 여기게 된 것과 직접적인 연관이 있으니까요.

그런데 토지를 상품으로 여기는 것에 대한 반론도 만만치 않거든요. 대표적으로 칼 폴라니는 《거대한 전환》에서 노동이나 화폐처럼 토지도 근본적으로 상품일 수 없다고 비판합니다. 매매되는 것은 모두 판매를 위해 생산된 것이어야 하는데, 토지는 이에 해당하지 않는다는 것이죠. 노동이 인간 활동의 별칭이듯이 "토지는 인간에 의해 생산되지 않는 자연의 별칭이다."라고 강조합니다. 판매를 위해 생산된 것도 아니고요. 그런 점에서 노동이나 토지를 사고팔 수 있는 상품으로 규정하는 것은 완전히 허구라고 합니다. 그런데도 토지를 상품으로 인정하고 거래의 대상으로 삼게 되면 "자연은 그 구성 원소들로 환원되어버리고 주거지와 경관은 더럽혀진다. 또 강은 오염되고 군사적 안보는 위협당하며 식량과 원자재를 생산하는 능력도 파괴된다."고 주장하고 있습니다. 이에 대해서는 어떻게 생각하시나요?

로크 | 칼 폴라니의 입장에 대한 반론부터 하는 게 좋겠군요. 결론부터 말하면 토지는 자연의 별칭이 아닙니다. 노동 역시 인간 활동의 별칭이 아니고요. 저도 인간과 자연 그 자체는 상품일 수 없다고 생각합니다. 하지만 토지와 노동은 달라요.

먼저 토지와 자연을 엄격히 구분하는 것이 필요합니다. 자연은 인간의 노동에 의해 변형이 일어나기 전의 상태라고 봐야 하죠. 그러니까 토지와는 전혀 다른 개념인 것이고, 당연히 자연 그 자체에 대해서는 누구도 사적 소유를 주장할 수 없는 공유물인 겁니다. '저 하늘은 내 거야, 저 바다는 내 거야'라고 주장하는 사람이 있다면 당연히 미친놈 취급을 받겠죠. 그러나 토지는 노동을 통해 변화된 소유물이기 때문에 자연과 달리 사고팔 수 있는 대상이 됩니다. 노동도 마찬가지예요. 인간을 사고파는 것은 노예제도입니다. 저는 노예제도에 대해서는 단호히 반대해요. 하지만 노동은 다릅니다. 부지런하게 일하지 않아서 토지나 자본을 소유하지 못한 사람이 있다면 이 사람은 무엇으로 살아가야 하죠? 노동을 판매해야 먹고살 수 있겠죠? 이건 인간 활동 자체를 상품으로 취급하는 것이 아닙니다. 노동을 구매하고 판매할 뿐이죠. 거듭 강조하듯이 자기가 직접 했든 타인을 고용해서 했든, 토지를 비롯해 인간이 변형시키거나 생산한 것들에 사적 소유가 성립하고 상품으로 거래되고 축적될 수 있었기 때문에 인류가 물질적인 발전을 할 수 있었던 겁니다. 폴라니나 마르크스 선생은 여기에 동의하지 않는 겁니까? 그러면 토지나 노동을 비롯한 모든 상품이 없었던, 공동 소유를 원칙으로 하던 원시 사회로 돌아가야 한다고 생각하는 건가요?

이번에는 마르크스 선생의 반론에 대한 재반론을 해보죠. 상속에 국가가 개입할 때 생기는 가장 큰 문제는 열심히 일하는 사람들의 저축 의욕을 꺾고 활발한 경제활동을 저해할 수 있다는 점입니다. 자본 형성이 풍부해지고 투자가 활성화돼야 경기가 살아나고 일자리도 창출되는데 말이죠. 그래야 노동자들의 임금을 인상하는 것도 가능합니다. 또 이것은 소비 증진으로 이어져서 경제 성장을 촉진시킵니다. 그런데 개인의 재산을 후세에게 상속하는 것을 국가가 제한하고 상속액의 많은 부분을 국가가 거두어들이면, 부를 민간에서 공공의 영역으로 이전시켜 생산 활동에 투입되는 자본이 감소하게 됩니다.

또 마르크스 선생은 지주나 자본가가 이윤을 획득하는 것이 개인의 노력만이 아니라 막대한 사회적 기여가 있었기 때문에 가능하다고 했는데요. 그런 주장은 근거 없는 비난입니다. 그들이 소작 농민이나 노동자들에게 대가를 주지 않고 강제 노동을 시킨 것이 아니잖습니까? 생산수단을 소유한 사람이 임금 등의 형식으로 노동의 대가를 지불하고 나서 축적한 것이죠.

화폐가 생기자 노동의 대가는 토지나 그 산물만이 아니라 화폐의 형식으로 확장되었습니다. 노동자에게 노동의 대가를 화폐로 지급하게 되면서 임금의 형식으로 소유가 보장된 것입니다. 그렇기 때문에 제 하인이 떼어온 잔디 조각은 제 것이지, 하인의 것이 아닌 겁니다 제가 일해서 축적한 화폐를 임금의 형식으로 하인에게 지급하고 일을 시켰으니까요. 엄밀히 말하면 그 과정에서 소작 농민이나 노동자도 이익을 본 것이죠. 그러니 당연히 소유권과 함께 상속권도 제한 없이 전면적으로 보장되어야 합니다. 다만 차이가 있다면 지주나 자본가는 축적한 양이 많을 테고, 소작 농민이나 노동자는 적은 것 뿐이겠지요.

또 문제인 것은 상속에 국가가 개입하는 것이 현대 사회에서는 마치 너무나 당연한 상식인 양 여겨지는 겁니다. 그러나 제가 알기로는 박쌤이 살고 있는 사회에서도 제가 강조한 이유들 때문에 아예 상속세를 폐지한 나라들도 있는 것으로 알고 있습니다. 캐나다, 호주, 뉴질랜드는 비교적 일찍 상속세를 폐지했다고 알려져 있고 포르투갈, 스웨덴, 이탈리아 등의 유럽 국가들도 잇달아 상속세를 폐지했죠. 미국도 상속세율을 점차 줄여가고 있다고 해요.

마르크스 | 로크 선생은 공동 소유가 마치 원시적인 발상이라는 식으로 몰아붙이고 있는데, 이에 대해서는 박쌤이 두 번째 쟁점에서 다루자고 했으니 일단 대답을 미루겠습니다.

로크 선생은 자본가들이 노동자의 노동에 해당하는 가치만큼 정당하게 임금을 주었으므로 소유권과 상속권이 고스란히 보장되어야 한다는 논리를 폈는데요. 선생이 말한 것과 사실은 전혀 다릅니다. 선생 말대로 임금을 지급했다면 자본가에게 남은 것은 아무것도 없게요? 자본가들은 생산과정에서 노동을 통해 무언가 이윤을 얻었기 때문에 자본을 투자한 것입니다. 그런데 그 이윤이란 게 도대체 어디서 생겼을까요? 이윤은 하늘에서 뚝 떨어지는 것이 아니라, 바로 노동에서 생겨나는 것입니다. 노동자의 노동시간 가운데 임금으로 지급되는 부분과 지급되지 않는 부분이 존재하는데, 바로 이 지급되지 않는 부분이 이윤의 원천입니다. 이 부분을 잉여노동이라고 하는데, 이것이 잉여가치를 만들어 이윤을 만드는 것이죠.

그래서 저는 이윤의 획득은 노동 착취에 기초한다고 주장하는 겁니다. 자본의 확대는 이러한 과정을 통해 이루어지는 것이고요. 그러므로 엄밀히 말하면 자본은 죽은 노동이죠. 자본은 노동 현장에서 땀 흘리며 일한 노동자들의 죽어있는 축적물일 뿐이고, 죽어있는 노동의 축적으로 만들어진 부는 더 큰 부를 낳게 되는 것입니다. 그래서 노동자의 노동에 대해서 그 가치만큼 지급했으므로, 자본가에게 생산수단이나 생산물에 대한 배타적인 소유권과 상속권을 제한 없이 인정해야 한다는 선생의 논리는 성립할 수 없습니다.

박쌤 | 마르크스 선생의 논리에 바로 제기될 수 있는 반론이 있을 것 같습니다. 특히 '자본은 죽은 노동일 뿐'이라는 마르크스 선생의 주장에 대해서 현대 자유주의 경제학자들, 특히 효용가치론을 주장하는 사람들이 당장 비판에 나설 것 같은데요? 이들은 상품의 가치나 축적되는 이윤은 노동자의 노동량으로 형성되는 것이 아니라 수요와 공급의 상대적 관계 속에서 발생한다고 말합니다. 즉 소비자에게 미치는 주관적 효용의 입장에서 가치가 달라진다는 것이죠.

예를 들어 같은 청바지라도 2~3만 원짜리가 있는가 하면 수백만 원짜리도 있습니다. 당연히 수백만 원짜리 청바지를 판매할 때 더 많은 이윤을 축적할 수 있겠죠. 주관적 효용을 중시하는 입장에서는 개인 구매자에게 그 정도의 지출을 감당하게 할 만큼 아름다움이나 허영을 만족시켜줄 무언가가 그 상품에 있는 것이고, 자본가는 이를 충족시켜준 것이므로 상품의 가치와 이윤의 원천은 자본가에게 있다고 합니다. 자본가의 창의성과 노력이 상품의 가치와 이윤의 축적을 만들어낸 것이므로 당연히 소유권이나 상속권도 그에게 배타적으로 인정되어야 한다는 논리로 이어질 수 있겠지요. 이들의 반론에 대해서는 어떻게 생각하시나요?

마르크스 | 현대 자본주의 경제 이론가들이 노동 착취에 근거해 자본의 형성이나 이윤의 축적이 이루어진다는 제 이론을 그런 식으로 낡고 시대에 뒤떨어진 것으로 매도하더군요. 그런데 효용가치론자들의 논리는 여러 가지 문제가 있을 뿐 아니라 심지어 이론과 현실의 관계에서 자가당착적이기도 합니다.

주관적 효용을 창출한 자본가는 당연히 소수일 겁니다. 주관적 효용은 실제적이든 표면적이든 희소성을 무기로 비싼 가격표를 다는 거니까요. 만약 다수가 그렇다면 이미 다른 자본에 비해 초과 이윤을 획득한다는 것 자체가 성립할 수 없겠죠. 그런데 주관적 효용을 창출한 극소수 기업만 자본이고 그렇지 못한 다수의 기업은 자본이 아닌가요? 우리는 자본주의 체제의 이윤 원리를 분석하고 규정할 때 자본 전체를 대상으로 분석을 해야 합니다. 그렇지 않으면 제대로 된 분석을 할 수가 없으니까요.

게다가 주관적 효용을 창출한 기업에 한정해서 본다고 해도 그 논리는 문제가 있습니다. 현실과 전혀 맞지 않거든요. 이윤의 원천이 노동자의 노동에서 발생한다는 것은, 기업들이 생산력 증대에 목을 매는 현실로 분명히 증명됩니다. 자본은 너나없이 경쟁력 강화를 위해 생산력과 생산성 증대에 온 힘을 쏟잖아요? 주관적 효용을 창출하는 데 대성공을 거둔 기업이라고 예외가 아닙니다. 오히려 그런 기업일수록 생산성 향상에 더 몰두하는 걸 흔히 볼 수 있죠.

그런데 생산성을 향상시킨다는 것은 무슨 의미일까요? 동일한 양의 노동으로 더 많은 양의 상품을 생산하는 것, 바꾸어 말하면 상품의 생산에 보다 적은 노동시간을 투입하는 것입니다. 노동자의 노동시간 가운데 임금으로 지급되는 부분을 최소화하고 지급되지 않는 부분을 최대화해서 이윤을 높이려는 몸부림이라고 할 수 있어요. 현실이 이러니, 현대 자본주의 경제학자들이 이론적으로는 노동 착취에 이윤의 원천이 있다는 것은 부정하면서 생산성 향상이 중요하다고 말하는 웃기지도 않는 역설 개그를 하고 있다고 말할 수밖에 없습니다.

박쌤 | 후~ 두 분의 논쟁이 팽팽한 평행선을 달리고 있는 느낌입니다. 저까지 무척 긴장이 되는데요. 방금 로크 선생이 예를 드신 상속세를 폐지한 국가들에 대해서 나올 수 있는 반론을 간단하게나마 소개하는 것이 필요할 것 같습니다. 선생이 언급한 나라들인 뉴질랜드, 스웨덴, 이탈리아, 캐나다, 포르투갈, 호주 등은 대부분 자본이득세나 소득세율을 월등히 높이 매기고 있습니다. 다른 방식으로 부의 무상 이전에 대한 세금을 부과하는 것이죠. 상속세라는 이름은 없지만 이렇게 그 기능을 수행하고 있다는 반론이 나올 수 있을 것 같고요.

또 상속권에 국가가 개입하면 활발한 경제활동과 저축 의욕에 악영향을 미칠 수 있다는 주장에 대해서도 반론이 예상됩니다. 상속세가 경제 성장을 좌우지할 정도의 규모가 아니라는 반론도 있을 수 있고요. 그도 그럴 것이, 대부분의 국가에서 상속세의 비중은 전체 세수입에서 1퍼센트 내외거든요. 그러니까 상속세를 부과하면 저축 의욕을 꺾는다는 주장이 별로 설득력이 없다는 반박이 가능한 거죠. 게다가 대부분의 국가에서는 중산층의 상속세 불안을 덜어주기 위해 상속공제를 폭넓게 인정하고 있고요. 공제율이 상당히 높은 편이어서 대다수 국민은 상속세를 거의 부담하지 않아요.

그럼 상속을 둘러싼 논의는 이 정도로 마무리하고요. 소유권에 대해 나올 수 있는 한 가지 쟁점만 더 살펴보도록 하겠습니다. 사적 소유권을 옹호하는 논리 가운데는 경제적인 것뿐 아니라 자유와 평화라는 가치에서도 강조하는 경우가 있습니다. 로크 선생은 소유권이 평화를 만든다는 주장도 한 적이 있고요. 또 인성 이론은 소유권이 개인의 자유를 위해 필요하다고 규정합니다. 로크 선생은 당연히 이에 대해 적극 옹호하실 것 같은데요.

로크 | 맞습니다. 소유권은 평화를 위해서도 매우 중요해요. 자연 상태에서의 인간은 노동을 통한 토지 소유라는 원칙으로 무분별한 다툼을 방지할 수 있었습니다. 만약 소유권에 대한 경계가 불분명하다면 사람들은 이웃의 집, 땅, 심지어 국유지를 마구 사용할 테고 결국 끊임없는 분쟁에 휘말릴 게 뻔해요. 더 나아가서는 지역 분쟁이나 국가 사이의 전쟁으로 확대될 수도 있고요. 자고로 담을 잘 쌓아야 이웃 간에 의가 좋을 수 있는 법입니다.

개인의 자유를 보장하는 데 있어서도 소유권은 필수적입니다. 헤겔은 조금이라도 부를 소유하는 것이 자신을 나타내는 데 도움을 준다고 말했죠. 근대 변환기에는 개인의 희생을 바탕으로 정부가 팽창되는 경향이 있었는데, 사적 소유권이 이것에 맞서 개인의 자유, 사익, 사생활 보호를 보장했다는 것입니다. 저는 이 주장이 맞는 얘기라고 생각해요. 사적 소유권은 사람들에게 주체로서 살아갈 수 있는 근거를 제공합니다. 자연환경이나 사회 환경 속에서 인간의 자치권과 개인성을 길러내는 배경으로 작용하지요. 그런 의미에서 소유권을 개인적인 것으로 이해하는 것은 인간의 자유를 위해 반드시 필요합니다.

마르크스 | 로크 선생이 자유의 개념을 편의적으로 사용하고 있는 것 아닌가 싶네요. 자유는 반드시 타인의 자유를 전제로 해야 합니다. 자신의 자유를 위해 다른 사람의 자유를 박탈한다면 그것은 자유가 아닌 억압이겠죠. 특히 소수의 자유를 위해 다수의 자유가 사라진다면 더욱 그렇습니다. 사적 소유는 생산수단을 소유하고 있는 소수에게는 자유겠지만, 그렇지 못한 대다수의 사람들에게는 재앙일 뿐입니다. 사적 소유권은 지주나 자본가를 그 자신일 수 있도록 만들어 줄 것입니다. 하지만 땅이라고는 한 뙈기도 없는 소작인이나 생산수단에 아무런 권리도 없는 노동자의 입장에서 소유권은, 자유의 본질이기는커녕 지주나 기업이 휘두르는 강압적인 도구입니다. 지주나 자본가의 소유권은 소작 농민이나 노동자를 보호하는 것이 아니라 그들의 가치, 인간성, 자유를 침해하는 것이지요.

아까 로크 선생이 노동을 상품으로 취급하는 것이 인간 활동 자체를 상품화하는 것은 아니라고 했는데요. 현실에서는 그게 잘 구분이 안 됩니다. 보다 엄밀하게 정의를 하자면 인간이 가지고 있는 육체적, 정신적 에너지인 '노동력'을 상품화하는 것일 텐데요. 현실에서는 칼로 무 자르듯 선명하게 구분되는 게 아니라 섞여버리는 경우가 많습니다. 예를 들어 정해진 것 이외에 추가적인 노동을 요구하면 대부분의 노동자들은 이것을 쉽게 거부할 수 없어요. 커피를 타 오라거나 사적인 심부름도 마지못해 해야 하는 경우가 많고요. 심지어 직장 상사로부터 받는 인간적인 모욕감을 견뎌야 하는 일도 종종 있습니다. 이 모든 것이 고용의 유지나 승진을 위해서 노동자들이 어쩔 수 없이 감수해야 하는 숙명처럼 다가오곤 합니다. 결국 노동력만 판매하는 것이 아니라 인간 활동, 더 나아가서는 인간 그 자체까지 판매되고 있는 것은 아닌가 하는 고민이 현실에서 비일비재하게 일어나고 있죠.

그래서 생산수단에 대한 사적 소유란 자본가가 노동자를 쫓아낼 수 있는 힘, 더 풀어서 말하자면 노동력만이 아니라 인간을 자본에 예속시킬 수 있는 힘을 의미하는 것이기도 합니다. 그러니 지주나 자본가가 소유권을 통해 자유를 가지는 것은 결국 소작 농민이나 노동자들에게 훨씬 더 무거운 비자유를 짊어지게 하는 것이죠.

소유권이 평화를 만든다는 주장도 동의하기 어렵습니다. 만약 로크 선생이 생각하는 평화의 개념이 폭력으로 만들어 유지하는 침묵을 의미하는 것이라면 그럴 수도 있겠지요. 하지만 그건 진정한 평화가 아니잖습니까? 거듭 강조한 것처럼 시초 축적의 과정은 역사적으로 폭력에 기초하고 있습니다. 자본주의적인 토지 축적이나 자본 축적의 기원 모두 동의에 의한 것이 아니라 폭력에 의한 것이었지요. 그런데 이것을 자연적 권리로 규정하고 법으로 강제해 모두에게 따르게 한다면, 폭력으로 만들어 유지하는 침묵이라고 말할 수밖에 없을 것입니다.

또 현실에서 사적 소유권의 확립으로 나타나는 극심한 불평등 분배는 사회 구성원들 사이에 폭넓은 불신과 반감을 만들어낼 수밖에 없습니다. 선생은 자고로 담을 잘 쌓아야 이웃 간에 의가 좋은 법이라고 했지만, 가난해서 땅을 소유할 수 없는 사람들에게 담장은 분개의 대상입니다. 사적 소유라는 담장은 좋은 이웃이 아니라 서로 갈등하고 싸우는 나쁜 이웃을 만들 뿐이고, 불평등 위에 지어진 담장은 충돌과 폭력을 만들죠.

박쌤 | 노동력이 상품화될 때 나타날 수 있는 문제들은 다양한 방식으로 제기될 수 있을 것 같습니다. 불평등 문제만이 아니라 인간의 실존적인 삶에 미치는 영향도 다양하게 고민해볼 필요가 있을 것 같은데요.

생산물만이 아니라 토지와 노동까지 상품이 되는, 말하자면 이 세상의 거의 모든 것이 시장을 통해 거래되고 이윤 획득의 수단이 된 지금 사회를 생각해봅시다. 이런 구조에 가장 직접적인 영향을 받는 인간의 사고와 삶은 어떻게 되었죠? 우선 인간의 일상생활이 생산과 소비의 관계에 한정되었습니다. 직장에서는 생산을, 나머지 시간은 모두 소비를 위해 존재하는 시간으로 변질되었죠. 전통 사회에서는 일상적이던 공동체적인 나눔, 놀이, 대화가 사라지고 오로지 소비 행위만이 남았고요. 쇼핑은 그저 물건을 사는 것이 아니라 한 사람의 개성을 표현하는 수단이 되었습니다.

인간의 사고와 행동을 경쟁과 이윤 동기가 지배하는 현상도 있습니다. 예를 들어 학생들이 진학을 선택하는 잣대가 대부분 높은 소득을 보장해줄 직업을 선택하는 일환이 되는 식이지요. 결혼도 사랑의 결과물이라기보다는 경제적 조건에 기초한 거래 관계가 되기 십상입니다. 인간관계도 '인맥'이라는 말로 표현하는 것처럼 경제적인 이해관계에 얼마나 도움이 되는가를 중심으로 형성되고요. 경쟁 논리는 인간을 판단하는 척도를 경쟁력의 여부로 전환시킵니다. 한국만 봐도 이제는 더 이상 그냥 '아빠'가 아니라 '부자 아빠', '가난한 아빠'로 분리되는 사회가 되었거든요. 지역 공동체가 장애인, 고아원 시설을 만드는 것에 결사반대하거나 아파트 부녀회가 아파트 값 인상을 위한 담합조직이 되어버린 것 등을 생각해보면 이 사회가 이윤 중심으로 어떻게 변질되었는지를 알 수 있습니다.

아, 지금 제가 이 문제를 언급한 것은 별도로 논의를 하자고 제기한 것은 아닙니다. 바로 앞에서 경제적인 의미의 소유권을 넘어 가치라는 면에서는 어떤 영향을 미치는지 논의했는데, 좀 더 좁혀보자면 인간의 삶과 사고방식에도 직접적인 변화를 초래한다는 것을 볼 수 있다는 취지의 언급이고요. 이런 방식의 접근도 가능할 수 있겠다는 고민쯤으로 넘어가도록 하지요.

그럼, 오늘 논쟁의 첫 번째 주제인 '사적 소유는 부지런함에 기초하는가? 착취에 기초하는가?'는 이 정도로 마무리하겠습니다. 시작할 때도 말했지만, 이 소유권 문제는 이론적이면서도 매우 실천적인 성격을 가지고 있습니다. 인류의 역사에서 다양한 방식으로 소유권에 대한 실험과 경험이 있어왔고요. 그래서 다음 주제는 자연스럽게 '인류가 지향해야 할 바람직한 소유 방식은 무엇인가?'를 두고 토론해보려고 합니다. 이번 논쟁에서 아쉽거나 부족한 부분이 있었다면 다음 주제에서 보완해주었으면 합니다.

지 식 넓 히 기 1

소유론 논쟁의 의미와 배경

소유론 논쟁은 왜 필요한가

소유론 논쟁만큼 우리 삶과 직접적이고도 실천적인 성격의 논쟁도 드물 것이다. 이 논쟁은 현실의 극심한 불평등이 눈에 보이는 분배 문제와 맞물리면서 시작되지만 논의가 진전될수록 소유의 문제라는 본질적인 영역과 만날 수밖에 없다. 소유 문제는 인류 역사에 존재했던 다양한 사회의 성격을 규명하는 가장 핵심적인 쟁점이기도 하다. 해당 사회의 법과 도덕, 정치 체제는 경제적인 소유 관계와 아주 밀접한 관련을 맺고 있기 때문이다. 지금 우리가 살고 있는 자본주의 사회의 성격, 더 직접적으로는 한국 사회의 성격을 이해하는 데 있어서도 소유 관계에 대한 구체적인 이해는 필수적이다. 더불어 현실의 불평등 문제를 극복하기 위한 모색에서도 맞닥뜨리는 논쟁이기도 하다.

소유론 문제가 본격적으로 등장한 것은 중세 봉건사회가 쇠퇴의 길로 들어서고 있던 근대 시민혁명 때였다. 르네상스와 종교개혁 등을 거치면서 신과 교회의 권위가 흔들리고 이와 함께 영원할 것 같았던 신분제도가 무너지자, 세상의 모든 질서는 이성으로 설명되어야 한다고 말하는 시대를 맞이한다. '신'의 자리에 '인간'이, '계시'의 자리에 '이성'이 점차 자리를 잡게 된 것이다. 1000년에 이르는 긴 중세 암흑의 터널을 뚫고 '개인의 탄생'을 위한 서곡이 울려 퍼지는 순간이었다. 이제 신과 신분을 대신하는 새로운 사회 구성 원리가 필요했다. 그때 나타난 것이 바로 개인에 기초해 이성적인 방식으로 사회를 설명하려는 시도인 사회계약론이다.

이때부터는 종교적인 믿음이 아니라 '개인'을 중심으로 모든 것이 원리적으로 정당화, 합리화되어야만 했다. 그것만이 유일하게 신의 권위를 대신할 수 있었다. 사회가 이성으로 설명되어야 하는 것이라면 현실의 부도 마찬가지였다. 부와 불평등도 최소한의 논리적 근거가 있어야만 유지될 수 있는 상황이 된 것이다. 특히 소유권이 합리화되어야 했다. 이미 누군가 더 많은 재산을 갖고 있는 것을 약탈의 결과로 보는 주장들이 터져나오기 시작했다.

20세기에 접어들면서 전면적인 국유화를 특징으로 한 사회주의 국가 소련이 등장하자 소유론 논쟁에 더욱 불이 붙었다. 그리고 논쟁 끝에 소련이 붕괴하자 자본주의적인 사적 소유만이 인간이 선택할 수 있는 유일한 방식이라고 여기는 경향이 생겼다. 하지만 전 지구적으로 심화되는 불평등, 지난 수십 년 사이에 몇 차례나 불거진 자본주의 경제 위기 등은 다시 소유 문제에 대한 근본적인 고민을 강제한다.

근대 이전의 소유권 논쟁

중세 유럽 사회에서도 소유권에 대한 논쟁이 존재했다. '성직자의 사유재산을 인정해야 하는가?'로 시작된 논쟁은, 신에 의해 인정되는 자연권인가? 아니면 인간의 작품인가를 둘러싸고 전개되었다. 이 과정에서 소유권은 원초적인 자연권이므로 시민법에 우선하고 시민법은 단순히 이를 공식화할 뿐이라는 입장과, 신이나 자연권과는 아무 관계가 없으며 오직 시민법에 의해서만 성립하는 것이라는 두 가지 입장으로 나뉘었다.

성직자의 재산 소유를 반대한 중요한 논쟁자는 프란체스코 교단이었다. 이들은 사유재산의 형성은 인간 스스로 만든 것이라고 주장했다. 이 논리에 따르면 재산권은 아담의 원죄에 기반을 둔 세속적인 것인 동시에 인간의 실정법을 통해 발생한 것이다. 그리고 더 근본적으로 보자면 이 세상 만물은 신의 소유이기 때문에 인간에게 소유권은 없고 단지 사용권만 있을 뿐이라는 논리이기도 하다.

논쟁의 반대 축에는 도미니코 교단이 있었다. 이들은 사유재산을 신에 의해 보장된 인간의 고유한 권리로 규정했다. 절대적인 소유권은 인간이 물질적인 세계와 관계를 맺는 중요한 원리라는 것이다. 이들은 소유권이 원초적인 것이라고 보았는데, 이것은 인간이 정부를 구성하기 전부터 이미 '자연권으로서 소유권'이 인정되었다는 것을 의미한다. 자연권으로서의 소유권을 주장했던 입장은 근대 자연권 이론의 맹아이다. 이 주장은 소유권을 '신이 인간에게 보장한 권리'로 인정하면서 사적 소유를 정당화하는 이론적 기반의 역할을 했다.

17세기의 소유권 논쟁은 중세와는 다른 양상으로 나타났다. 사유재산권의 존재는 인정하지만, 왕권이 사유재산권을 제한할 수 있는가를 둘러싸고 논쟁이 전개된 것이다. 이는 절대군주제가 확립되어 가던 때라는 특성과 밀접한 연관이 있다. 즉 사유재산권이 우선하느냐, 아니면 왕권이 우선하느냐의 논쟁이 본질이었던 것이다.

그로티우스는 사유재산권이 왕권과는 무관하며 인간들의 상호 동의로 형성된 것이라는 주장을 펼쳤다. 또 원래 동물을 비롯한 모든 지상 생물은 공유물이었고 원시 사회에서는 공동 소유 방식이 일반적이었지만, 점차 문명이 발달하면서 구성원들의 동의로 공유재산이 개인에게 분배되고 배타적인 사적 소유가 발생했다고 보았다.

필머는 그로티우스와는 다르게 왕권이 사유재산권을 제한하는 것을 정당화했다. 그는 그로티우스가 주장했던, 모든 사람이 재산을 공유하고 있다가 갑자기 사유재산의 형식으로 나누자는 데 동의했다는 것은 있을 수 없는 일이라고 비판했다. 필머는 시민사회와 정부의 역사적인 기원은 가족에 있다고 보았다. 아담의 가부장적 권력이 바로 정부의 기원이라는 것이다. 신과 아담의 관계를 통해 재산권이 자연적으로 발생했고, 사유재산은 오직 가부장의 허가 또는 상속을 통해서 정당화될 수 있다는 주장이다. 그에게 국왕은 아담의 권리를 상속한 존재였다. 이런 논리의 연장선에서 사유재산은 가부장적 권력이 발전한 형태인 왕권이 제한할 수 있다는 결론이 가능한 것이다.

또 다른 논객이었던 푸펜도르프는 사유재산이 자연적으로 발생한 것이 아니라 인간의 합의와 제도를 통해 발생한 것이라고 주장했다. 동의라는 개념을 매개로 도덕적 권리로서의 사유재산권을 제시한 것이다.

근대의 소유권 논쟁과 흐름

근대 소유권 논쟁에서 독보적인 인물은 존 로크이다. 로크는 필머가 가부장권의 연장으로 소유권을 설명하는 것을 비판한다. 사적 소유권은 절대적인 것이고, 따라서 왕권을 비롯한 모든 외부 간섭은 부당한 것이라는 이유다. 그로티우스 소유론의 한계도 지적하는데, 특히 사회 구성원들의 동의에 의해 사유재산이 발생했다고 보는 견해를 비판한다.

    로크는 《통치론》에서 소유론을 체계화했다. 로크의 출발점도 그로티우스와 비슷하게 '자연 상태의 공유'였다. 하지만 공유물인 자연에 대한 사적 소유권이 성립할 수 있는 근거는 구성원의 동의가 아니라 '노동'이라고 주장한다. 공유물에서 사적 소유가 발생하려면 사적인 요소가 공유물과 결합되어야 하는데, 인간의 몸은 그 누구도 부정할 수 없는 사적 소유물이다. 그러므로 당연히 인간의 노동도 사적인 성격을 가진다. 공유물인 자연에 사적인 인간의 노동이 가해지면 자연이 원래 상태에서 벗어나 의미 있는 변형이 일어나고, 이로부터 사적 소유가 발생한다는 것이다. 이런 논리는 자연의 산물에 대한 소유권은 물론이고 토지에 대한 배타적인 소유권을 정당화하는 것으로 이어진다. 로크는 상해서 이용할 수 없을 정도로 자연물을 축적하는 것은 타인의 몫까지 가져온 것이라면서 사유화의 범위를 제한한다. 하지만 화폐는 상하지 않는 것이기 때문에 소유와 축적을 제한할 수 없다고 주장한다. 노동에 기초하지 않는 신분적인 토지 소유는 비판하지만, 화폐를 중심으로 한 소유관계는 정당화하는 역할을 한 것이다.

사적 소유권의 절대성을 강조하는 로크의 입장에 대한 비판은 다양하다. 루소는 사적 소유의 성립이 성실한 노동에 기초한 것이 아니라 강자의 약탈에 근거한 것으로 규정한다. 이처럼 사적 소유를 비판하는 것은 사회적인 소유 같은 다양한 공유 방식에 대한 모색으로 이어진다.

공유 방식에 대한 모색이 개인적인 것을 넘어서 하나의 조직적인 운동으로 일어난 것은 19세기 초반부터인데, 1830~1834년 사이에 영국의 오언과 그의 추종자들이 벌인 공상적 사회주의가 대표적인 사례다. 오언은 자본주의적인 사적 소유의 폐해를 비판했다. 그러면서 노동자가 자본가, 국가를 능가하는 자발적인 결사체를 조직한다면 경쟁을 없애고 재화를 사회화할 수 있을 것이라고 주장했다. 그가 볼 때 생산수단을 사적으로 소유하고 있는 자본가는, 될 수 있는 한 빨리 노동자 대표로 대체되어야 하는 수탈자였다. 오언과 그의 추종자들은 노동자들이 '소유권 몰수 파업'으로 가까운 시일 내에 자신의 모든 생산물을 가지게 될 거라고 생각했다. 그는 "각 직종별 '전국 회사' 외에는 다른 대안이 없다. 의복과 관련된 노동자인 봉제공, 제화공 등의 모든 노동자들은 하나의 회사를 이루어야 한다.

그리고 다른 노동자들도 비슷한 방식으로 조직"되어야 한다고 주장했다. 노동조합들이 모든 산업을 경영해야 하므로 '전국 회사'로 전환되어야 한다는 것이다. 농업조합은 땅을, 광부조합은 광산을, 섬유조합은 섬유공장을 집단적으로 소유하고, 각 직종은 하나로 통일된 조직에 의해 경영되도록 계획했다. 그 결과, 1830~1840년 사이에 오언의 영향을 받은 노동자들이 일으킨 공격적인 파업이 여러 차례 일어났다.

그러나 1850년대에는 오언의 실패를 거울삼아 자본주의 체제를 극복하는 것이나 봉기주의에 철저히 반대하면서 체제 내의 대안을 모색하는 흐름이 형성된다. 영국에서는 노동자 집단 스스로 고용주가 되는 노동자 단체를 결성하자는 운동이 나타난다. 이들은 노동자의 '자주관리 공장' 모델을 제시했다. 사회 전체의 생산수단에 대한 사적 소유에는 손대지 않고 노동자들의 기금을 모아 공장을 만들어 공동으로 소유하고 자주적으로 관리를 하자는 것이다. 이 운동은 당시 영국 노동자들에게 적지 않은 반향을 불러일으켰다. 수도를 비롯한 여타의 대규모 산업 중심지에서 기계공, 가구 제조공, 구두 제조공들의 손에 의해 소규모 기업들이 생겼다. 여러 조합의 집행부와 위원회들도 조합원들에게 생산협동조합을 만들 것을 경쟁적으로 장려했다. 그러나 얼마 지나지 않아 이 운동의 허구성이 그대로 드러났다. 노동조합에 헌신적이었던 열성 조합원들이 '자주관리 공장'의 관리자가 되자 조합 활동을 그만두는 일이 자주 발생한 것이다. 심지어는 다른 공장의 자본가보다 훨씬 더 적은 임금과 열악한 노동조건을 노동자에게 강요하는 일이 일반화되었다. 결국 자주관

리 공장 모델은 실패했다.

  19세기를 통틀어 노동자가 생산수단을 직접 관리하고 통제한 대표적인 사례는 파리 코뮌 때였다. 1871년에 노동자들이 프랑스 파리를 점령하고 모든 국가 기구를 장악하자 자본가들은 즉각 다른 지방이나 국외 등으로 도망쳤다. 노동자들은 공장을 접수해 생산을 통제하고 관리했다. 하지만 정부군의 대대적인 공격으로 곧 패배한다. 이처럼 19세기에 생산수단에 대한 사적 소유에서 벗어나고자 하는 움직임은 공상적이거나 즉흥적인 봉기에 의존하여 단명하는 경우가 많았다.

현대 사회의 다양한 소유 형태 실험

20세기의 소유론 논쟁은 주로 자본주의와 사회주의 진영 사이의 갈등을 매개로 하고 있다. 20세기로 접어들면서 자본주의적인 기업 소유는 주식회사 제도의 일반화로 나타난다. 또 기업에 대한 사적 소유를 중심으로 하지만, 부분적으로는 공기업을 통한 국가의 개입이나 소유와 경영에 노동자들이 참여하는 등의 여러 가지 모습을 보인다.

소유권과 관련해 20세기를 규정짓는 가장 큰 변화는 전면적인 국유화와 집단화를 특징으로 한 사회주의 혁명이었다. 20세기 벽두에 세계를 뒤흔든 제1차 세계대전이 끝날 무렵, 러시아 혁명을 중심으로 현실에서 사적 소유를 폐지하고 사회적 소유를 구현하기 위한 대규모 시도가 나타난다. 무엇보다 먼저 소련에서 노동자들이 집단적으로 공장을 소유하고 뒤이어 국유화, 집단화가 전국적으로 실시되었다.

러시아 혁명 과정에서 나타난 공장위원회와 노동자 소비에트의 경험은 유럽 여러 나라의 노동운동에 적극적으로 수용되었다. 1918년 오스트리아, 헝가리, 독일의 200만 노동자는 중유럽 열강이 소비에트 러시아에 제시한 약탈적인 브레스트리토프스크 조약에 항의하는 파업을 선언했다. 핀란드에서는 1918년에 노동자 혁명이 일어났다. 핀란드 정부와 자본가들은 봉기를 피해 북부지역으로 달아나고 남부 공업지구는 노동자들에게 넘어갔다. 이들은 기업을 국유화하고 직접 생산을 통제하였다.

노동운동의 폭발적 고양과 혁명성에 놀란 각국 자본가들과 정부는 소유와 경영에 타협책을 강구하게 된다. 그 대표적인 사례가 1917년 영국의 휘틀리위원회와 1920년 독일의 바이마르경영협의회법이다. 제1차 세계대전이 끝날 무렵 휘틀리 영국의회의원이 의장으로 있는 휘틀리위원회는, 영국 각 산업의 관리와 운영을 위해 같은 수의 자본가와 노동자 대표로 구성되는 '공공산업위원회' 계획을 제안했다. 여기서 노동자 대표를 선출하는 것은 각 산업 노동조합에 위임되었다. 이런 제안은 들불처럼 번지는 혁명운동과 그 영향을 받은 노동운동이 사회주의 혁명으로 나아가는 것을 막고, 자본주의 체제에 머무르게 하기 위한 것이었다. 즉 노동자들을 산업의 관리, 감독에 부분적으로 참여시키는 것으로 혁명을 방지하고자 하는 양보였던 것이다.

한편, 소련의 방식을 비판하며 사적 소유를 극복하기 위한 다른 움직임이 있었다. 생디칼리즘이라고 불렸던 노동조합주의적인 운동이었다. 이 운동은 스페인과 이탈리아 등을 중심으로 전개되었다. 제1차 세계대전을 전후로 가장 활발한 활동을 했던 아나코 생디칼리즘, 즉 무정부주의적 노동조합주의는 사회주의를 판단하는 기본적인 기준을 노동자 스스로 생산수단을 점유하고 관리, 통제하고 있느냐로 보았다. 이들에게 투쟁의 중심은 태업, 파업, 총파업, 노동자 자주관리로 이어지는 경제 변혁 투쟁이었다. 레닌의 주장처럼 국가기구를 노동자의 권력으로 대치하는 정치투쟁과 이를 지도할 당 조직을 건설하는 것은 이들의 우선적인 과제가 아니었다. 이들에게 가장 중요한 것은 생산수단에 대한 노동자 지배와 자주관리를 실현시킬 수 있는, 직접민주주의에 의해 운영되는 대중적 노동자 조직을 건설하는 것이었다.

자본주의적인 소유 체제를 근본적으로 부정하는 흐름이 소련을 넘어서 동유럽으로, 그리고 점차 세계로 확대된 것은 제2차 세계대전 직후였다. 독일군이 철수한 곳이나 식민지 독립이 진행되는 곳에 우후죽순처럼 사회주의 정권이 들어섰다. 유럽에서는 동유럽 국가들이, 아시아에서는 중국과 베트남, 아프리카와 중남미 일부에서도 사회주의 정권이 수립되면서 국유화가 확산되었다.

해방 직후 폴란드의 공업은 독일 점령군 때문에 크게 파괴된 상태였다. 자본가가 도망치고 없는 공장도 상당수였다. 이런 상황에서 대독일 전쟁과 국민 생활수준의 향상을 위해 공업 생산력을 끌어올리는 것이 긴급한 과제였다. 인민 권력에 의한 위로부터의 국유화와 임시 국가 관리가 추진되는 과정은, 노동자 대중에 의한 아래로부터의 통제와 결합되어 진행되었다. 공장위원회로 조직된 노동자들은 퇴각하는 독일군이 저지르는 공장 파괴와 시설 철거로부터 공장을 수호하고 기업의 관리권을 장악했다. 공장위원회는 공장을 소유함과 동시에 생산관리 기관이 되었다. 불가리아 자본가들은 공장위원회에 맞서 기업 폐쇄, 설비의 국외 반출, 원료·제품·이윤의 은닉, 상품의 품질 저하 등 다양한 경제적 수단으로 경제적 혼란을 가중시키고 노동자의 생활에 타격을 주었다. 이에 노동자들은 직장에서 생산위원회를 조직하고 노동 생산성의 향상과 노동자의 이익 옹호를 추진하였다. 체코슬로바키아의 상황도 비슷했다.

자본주의적 소유와 사회주의적 국유화를 모두 극복하고자 하는 움직임들도 작은 규모이기는 하지만 의미 있게 이어져왔다. 특히 소련을 중심으로 한 사회주의 국유화 정책은 점점 억압과 강제의 성격이 강해졌다. 혁명 초기에는 생산력도 비약적으로 발전했지만 점차 경제적인 어려움에 처하면서 새로운 대안을 찾고자 하는 시도들이 나타났다.

이 모색 가운데 생산수단에 대한 협동조합적인 소유 방식이 대표적인 경우다. 스페인의 '몬드라곤 협동조합 복합체', 이탈리아의 생산 협동조합 연합체인 '레가' 등이 여기에 해당한다.

스페인 북부 바스크 지방의 소도시인 몬드라곤에 형성되어 있는 협동조합 그룹인 몬드라곤 협동조합 복합체는 종업원 공동 소유와

몬드라곤 협동조합 복합체의 최고의사결정기구인 총회에서 조합원들이 투표를 하고 있다. 총회에 참여하는 것은 조합원들의 권리이자 의무이다.

직접민주주의 원칙에 따른 자율경영 및 능력에 따른 균등한 분배 실현을 지향한다. 몬드라곤 협동조합 복합체는 자본주의적 기업 형태에서 공통적으로 발견되는 기업 소유와 경영의 비민주성, 노사 갈등, 부의 불평등 분배 구조 등 온갖 형태의 부정의와 비효율을 제거하고 탄력적으로 성장하고 있다. 또한 관련 산업의 효율적인 발전을 촉진하는 한편, 산업 발전의 불가피한 부산물이라고 말하는 부동산 문제나 환경 문제 등을 재생산하지 않는 것으로 유명하다. 비록 지역적인 수준이긴 하지만, 자본주의적 소유와 국유화를 동시에 뛰어넘으려는 대안적인 시도로 주목을 받고 있다.

세계대전을 전후하여 나타난 사회주의 진영의 확대와 미국과 유럽을 강타한 대공황의 발생 등, 자본주의 진영을 뒤흔든 위기는 자본주의 내부의 소유 형태에도 여러 측면에서 변화를 강제했다. 주식회사 제도에 기초한 사적 소유를 중심으로 하되, 부분적으로는 국영기업을 통한 국가의 시장 개입이 전 세계적으로 나타나게 된다. 또한 부분적으로 노동자를 소유와 경영에 참여시키는 방식으로의 변화가 나타나기도 한다. 이는 한편으로는 사적 소유에 기초한 시장경제가 여러 차례 공황이나 불황을 겪으면서 소유와 운영에 있어서 국가의 개입을 불가피하게 요구한 측면이 있다. 다른 한편으로는 사회주의 진영이 확대되고 유럽 자본주의 국가 내의 노동운동이 사회주의 혁명의 영향을 받고 있는 상황에서, 이를 체제 내적인 것으로 완화시키려는 자본의 양보 필요성을 반영한 것이기도 했다.

하지만 1989년 소련의 붕괴를 기점으로 한 동구 사회주의의 붕괴는 사회주의적 국유화의 한계를 드러내는 징표로 받아들여졌다. 중국을 비롯하여 그나마 남아 있는 사회주의 국가 내에서도 국영기업은 급속하게 감소하였으며 자본주의적인 소유 방식에 기초한 사기업이 확대일로에 있다. 또한 자본주의 사회에서도 사회주의 국가 몰락을 계기로 신자유주의가 더욱 활성화되면서 기본의 국영기업의 사기업화가 줄을 잇고, 부분적으로 나타나던 노동자의 소유, 경영 참여도 전반적으로 약화되는 현상이 나타나고 있다.

인류가 지향해야 할 바람직한 소유 방식은 무엇인가?

박쌤 | 이번에는 바람직한 소유 방식이 무엇일까에 대한 논의로 들어가보겠습니다. 먼저 기본적인 방향을 짚어본 후에 구체적인 소유 형태에 대한 논의로 이어갔으면 하는데요. 이 과정에서 그동안의 소유 방식에 대한 다양한 역사적 실험과 경험에 대한 두 분의 평가가 포함되도록 할 생각입니다. 그래야 보다 더 실천적인 논의가 될 테니까요. 바람직한 소유 방식에 대한 기본적인 방향을 제시해주는 것에서 시작을 했으면 하는데, 이번에는 마르크스 선생이 먼저 문을 열까요?

마르크스 | 바람직한 소유의 방식을 모색하는 것은 단지 아이디어의

문제가 아닙니다. 자본주의적인 생산의 성격으로부터 자연스럽게 나오는 것이죠. 저는 자본주의의 가장 중요한 모순이 '생산의 사회적 성격과 소유의 사적 성격 사이의 충돌'이라고 생각해요. 이것을 이해하는 것이 소유에 대한 제 생각을 이해하는 지름길입니다.

자본주의적 생산은 개인적인 성격을 가졌던 과거의 생산을 사회적인 것으로 전환시켰습니다. 과거의 생산은 주로 자기의 필요를 위한 것이었죠. 자본주의 이전의 농업을 생각해보면 쉽게 이해가 갈 거예요. 당시 농민들의 생산 행위는 자신과 자기 가족의 필요를 위한 것이었잖아요. 하지만 자본주의로 들어서 생산은 개인이 아니라 국민 전체를 대상으로 하는 특징을 갖게 됩니다. 현대자동차 노동자들이 자기가 타기 위해 차를 만드는 것이 아니잖아요? 삼성전자 노동자가 자기가 만든 TV를 집에 가져가서 보는 것도 아니고요. 이렇게 자신을 위한 생산에서 사회 전체를 위한 생산으로 전환된 것입니다. 자본주의와 함께 생산의 사회화가 본격화된 것이죠. 이런 의미에서 노동의 사회화는 여러 과정을 거쳐서 확대됩니다. 상품 생산의 발전은 작은 경제 단위를 파괴하고, 조그만 지방 시장을 거대한 국민적 시장으로, 뒤이어 세계적인 시장으로 결합시킵니다. 그렇기 때문에 제가 자본주의적 생산은 사회적 성격을 지닌다고 규정하는 것이죠.

그러나 자본주의적 소유는 사적으로 이루어지고 있습니다. 생산이 사회적이면 그 소유도 사회적이어야 정상인데, 이 두 가지가 상반된 성격을 가지면서 불가피하게 충돌이 일어나게 되죠. 생산양식은 이미 본질적으로 사회적인데 현실에서는 사적인 소유에 예속되어 있는 상황이 벌어진 것이죠. 그렇기 때문에 자본주의가 고도로 발전하면 할수록 '생산의 사회적 성격'과 '소유의 개인적 성격' 사이의 모순은 점점 심해지는 것이고요.

인류의 바람직한 소유 방식은 이 비정상적인 상태를 끝내는 형식으로 이루어져야 합니다. 두 가지의 방법이 있을 텐데요. 하나는 생산과 노동을 다시 개인적인 것으로 돌려놓는 것입니다. 그러나 이것은 역사의 후퇴이겠죠. 생산의 사회화는 생산력의 발전, 물질적인 풍요와 맞물린 것인데, 이를 뒤로 돌려놓으면 역사의 시계를 거꾸로 돌리는 바보 같은 짓이 될 테니까요. 그러면 남는 방법은 하나입니다. 소유의 성격을 사회적인 것으로 바꾸어 생산과 소유의 성격을 일치시키는 것입니다. 즉, 사적 소유를 폐지하고 소유의 사회화를 이루는 것이죠.

로크 | 뭐라고요? 사적 소유를 폐지한다고요? 아니, 어느 누구에게 사적 소유를 폐지할 권리가 있는 거죠? 이미 앞에서도 여러 번 강조했지만 사적 소유란 개인이 자력으로 일군 것입니다. 개인이 노동을 통해 얻은 소유, 완전히 개인적인 소유를 부정하는 것은 강탈 아닌가요? 자기가 땀 흘려 벌어들인 소유를 내놓아야 한다는 데 누가 동의하겠어요?

재산권은 국가나 법에 우선하는 자연권에 해당하는 것이에요. 국가가 법으로 이를 제한하거나 폐지할 권리는 전혀 없습니다. 저는 그런 점에서 프레데릭 바스티아가 주장한 재산권의 우선성을 경청할 필요가 있다고 생각해요. 그는 대표적 저서인 《법》에서 이렇게 말합니다.

"법 때문에 인격이 생겨난 것이 아니듯이 재산권도 법 때문에 생겨난 것이 아니다. 재산권은 인간의 본성으로부터 자연스럽게 파생된 결과이다. 글자 그대로, 인간은 소유하는 존재이다. 인간은 생명의 유지를 위하여 충족되어야 하는 욕구와, 그 욕구의 충족을 위해서 반드시 있어야만 하는 오장육부와 재능을 가지고 태어난다. 재능은 인격의 연장일 뿐이다. 그리고 재산은 재능의 연장에 다름 아니다. 인간에게서 그의 재능을 분리한다는 것은 죽음을 뜻한다. 마찬가지로 인간에게서 그의 재능으로 만든 생산물을 분리하는 것도 죽음을 뜻한다."

바스티아의 말대로 사유재산권은 법에 의해서 만들어진 것이 아닙니다. 오히려 법보다 우선하고 우월합니다. 인간은 욕구를 채우지 않으면 생존할 수 없고, 노동을 하지 않으면 욕구를 채울 수 없습니다. 그리고 노동의 결과로 자신의 욕구를 채울 수 있다는 확신이 들지 않는다면 일하지 않겠죠. 그러니까 사유재산권은 자연권으로서 보장된 것이고, 인간의 법은 재산권의 보호를 목적으로 해야 합니다. 재산권을 보장하고 지키는 일이 국가나 입법자들이 해야 할 일이라는 겁니다.

다시 한 번 강조하는데, 사적 소유의 폐지란 사회가 개인의 것을 약탈하는 것입니다. 더군다나 사적 소유는 개인적인 자유의 기초이자 활동과 자립의 토대예요. 그런데 사적 소유를 폐지한다고요? 마르크스 선생은 소유를 본질로 하는 인간 자체를 부정하고 인간을 사회로 종속시키려는 것입니까? 이것이야말로 역사의 수레바퀴를 거꾸로 돌리는 위험한 발상 아닌가요?

마르크스 | 로크 선생은 '사적 소유의 폐지'를 모든 사회 구성원들에게 한 치의 개인적 소유도 인정하지 않는 개념으로 생각하는 것 같습니다. 실제로 많은 자본주의 옹호자들이나 그들이 운영하는 언론에서는 사적 소유의 폐지가 개인적인 소유물 일체를 다 앗아가버리는 것으로 왜곡해서 선동하는 경우가 많습니다. 이는 사적 소유 개념에 대한 무지에 기초한 것 아니면 의도적이고 악의적인 선동이라고 생각해요.

사적 소유와 개인적 소유는 엄연히 다른 개념입니다. 사적 소유란 생산수단과 연관된 개념이에요. 개인이 생산수단을 소유하는 것을 뜻하지요. 자본주의 사회에서 생산수단이란 생산에 쓰이는 공장, 기계, 원료 등을 말하는데 주로 자본의 형태를 취하고 있습니다. 사적 소유를 폐지하다는 것은 바로 생산수단에 대한 사적 소유를 폐지한다는 의미입니다.

개인적 소유는 개인적 소비를 위한 화폐나 소비재의 소유를 말합니다. 사적 소유의 폐지는 이런 개인적 소유를 없애는 것이 아니에요. 각 가정에 있는 가전제품이나 생활 도구, 임금으로 받아서 저축해놓은 돈 등과는 아무런 상관이 없는 것입니다. 자본가들에게는 사적 소유의 폐지가 극심한 공포로 느껴질 것입니다. 그래서 개인적 소유까지 몽땅 폐지하는 것처럼 악선동을 하면서 저를 칼만 안 든 도적놈처럼 만들고 있더군요. 자신들의 공포를 마치 모든 사람들에게 해당되는 것인 양 선동하고 있어요. 정말 어처구니가 없는 일입니다.

하지만 자본주의 사회에서 사적 소유는 사회 구성원의 10분의 9, 아니 100분의 99 이상에게서 이미 제거된 상태입니다. 사회 구성원의 대다수가 생산수단을 전혀 소유하고 있지 못하니까요. 자본가를 비롯해 오직 소수만이 생산수단의 사적 소유자입니다. 보다 정확히 말하자면, 소수에 의한 사적 소유가 존재하는 것은 바로 대다수에 해당하는 나머지 사람들에게 그것이 존재하지 않기 때문입니다. 그러므로 사적 소유의 폐지 대상이 되는 사람들은 지극히 소수입니다. 그런 점에서 모든 개인의 활동과 자립의 기초, 자유를 앗아간다는 비판은 그저 황당할 따름입니다.

로크 | 개인적 소유가 아니라 생산수단에 대한 사적 소유를 폐지한다고 해도 문제는 마찬가지입니다. 먼저 생산수단을 사적으로 소유하고 있는 사람은 마르크스 선생이 생각하는 것보다 훨씬 많습니다. 예를 들어 토지는 전통적인 농업 사회만이 아니라 현대 사회에서도 여전히 생산수단에 해당하잖아요? 현대 사회에서 농업에 종사하는 많은 농민들에게 농지는 여전히 생산수단이죠. 사적 소유를 폐지하게 되면 이들 모두가 해당됩니다.

또 스스로 자본가이면서 노동자인 사람들, 즉 자신과 가족의 노동에 기초해서 소규모 생산 업체를 운영하는 사람들 역시 생산수단을 소유하고 있는데요. 이들도 상당한 수에 이를 것입니다. 이 모든 사람들을 포함한다면 생산수단 소유자는 상당한 범위에 이르지 않겠어요? 마르크스 선생은 자본주의 사회의 구체적인 현실을 좀 더 고민할 필요가 있다는 생각이 듭니다.

　더 나아가서 현재 생산수단을 소유하지 못하고 있는 사람들, 선생의 표현대로 하면 무산자나 노동자들이라고 해서 사적 소유의 폐지에 따른 영향을 받지 않는 것도 아닙니다. 당장 생산수단을 갖고 있지 않다고 해서 앞으로도 영원히 소유할 수 없는 것은 아니잖아요? 지금은 생산수단을 갖지 못한 개인이 열심히 일하고 저축해서 나중에 생산수단을 소유할 수도 있는 것이죠. 많은 사람들이 이런 희망을 갖고 있고요. 인간은 꿈을 가지고 살아가는 존재입니다. 내일의 희망이 오늘의 기운찬 노동과 창의적인 사고의 원동력이 되는 것이죠. 선생이 주장하는 사적 소유의 폐지는 이런 생각을 하고 있는 다수의 사람들의 희망을 제거한다는 점에서 결국 마찬가지 문제를 일으킵니다.

마르크스 | 선생이야말로 자본주의의 현실을 보다 구체적으로 볼 필요가 있을 것 같은데요? 로크 선생이 예로 든 농민들의 토지 소유나 영세한 생산 업체를 운영하는 사람의 생산수단 소유를 살펴보지요. 소농민적 토지 소유나 소시민적 소유가 문제라면 사실은 폐지할 필요가 없어요. 왜냐하면 자본주의적인 공업의 발전이 이미 그것을 폐지했고, 남아 있는 것도 나날이 폐지되고 있기 때문입니다.

　농민의 토지 소유를 볼까요? 박쌤이 살고 있는 한국만 하더라도 5000만 명에 이르는 인구 가운데 농민 인구는 고작 300만 명쯤에 불과한 것으로 알고 있습니다. 그나마도 상당수는 토지를 소유하고 있는 것이 아니라 소작농이라고 하고요. 한국이 이 정도니 미국이나 유럽처럼 농업이 기업화돼서 대다수 농민들이 농업 노동자로서 임금을 받고 일을 하는 경우는 더 심하겠지요.

소시민적 소유도 마찬가지입니다. 자본주의 국가에서는 이미 독점화 경향이 심화됐습니다. 그래서 스스로 자본가이자 노동자인 영세한 생산 업체는 대부분 대기업이나 중소기업에 먹힌 지 오래죠. 시간이 갈수록 이런 현상은 더욱 심해지고 있어요. 생산 업체만이 아니라 상업에서도 대자본에 의한 집중 현상이 두드러지게 나타나고 있습니다. 최근에 조그만 동네 소매점 등이 대형 마트나 백화점에 밀려 거의 사라져가고 있는 것이 현실이잖아요? 아마 이 영세업자들의 전망은 더욱 어두워질 겁니다.

어쨌든 적은 수라 하더라도 영세한 상태로나마 남아 있는 것은 사실 아니냐고 반박할지 모르겠군요. 앞으로 상당 기간 그럴 수 있겠죠. 아니, 소규모로는 계속 존속할 수 있을 수도 있고요. 소농이나 영세한 자영업자의 생산수단 소유에 대해서는 어느 정도 사적인 소유를 인정할 수 있어요. 노동자들이 가지고 있는 생활 도구나 임금의 축적분이 당연히 개인적 소유로 허용되듯이 거기에서 크게 벗어나지 않는 범위 내에서 인정하는 게 뭐 어렵겠습니까? 사회적으로 기준을 만들어서 적용하면 되는 것이죠. 제가 문제 삼는 것은 자본주의적인 의미에서 생산수단이라고 부를 수 있는, 예를 들어 기업농이나 일정 규모 이상의 기업적 소유입니다.

그리고 노동자들이 근면하게 일하고 저축해서 향후 생산수단을 가지겠다는 꿈을 좌절시키는 것 아니냐고 했는데요. 노동자가 임금을 모아서 자본가가 될 수 있다는 얘기죠? 그런데 현재 노동자로 살

아가고 있는 사람들에게, 당신의 월급을 모아 자본가가 될 수 있을 거라 생각하느냐고 물어보신 적 있습니까? 아마 열이면 열 모두 코웃음을 칠 겁니다. 노동자로 시작해서 자본가의 반열에 오른 인물도 있기는 합니다. 그러나 사회의 구성 원리를 고민할 때 그런 벼락 맞을 확률과 비슷한 경우의 수에 기초할 수는 없지요.

결국 로크 선생이 사적 소유가 폐지되면 '개인'의 의미나 자유가 사라진다고 주장할 때의 그 개인은, 생산수단 소유자인 자본가라는 점을 스스로 고백하고 있는 것입니다. 저는 그런 의미의 개인이라면 일소되어야 한다고 봅니다. 다른 사람의 노동을 착취해야만 자신의 존재 의미와 자유를 찾을 수 있는 개인이라면 사라지는 것이 마땅하다는 생각이 드네요.

박쌤 | 논의를 좀 더 풍부하게 만들기 위해 논쟁점을 약간만 더 확대했으면 합니다. 마르크스 선생의 주장 가운데 사적 소유의 폐지와 한 쌍을 이루고 있는 것이 소유의 사회화잖아요. 생산의 사회적 성격과 일치하도록 소유를 사회화하는 것에 대해 로크 선생은 어떻게 생각하시나요?

로크 | 소유를 사회화한다는 지향 자체가 워낙 막연해서 좀 그렇기는 한데요. 일단 사적 소유를 폐지한다는 것을 전제로 했으니 기본적으로는 공유의 방향이라 할 수 있겠지요. 공유가 불러올 문제에 대해서는 이미 수많은 사람들의 비판이 있었습니다.

하딘이 지적한 '공유의 비극'도 그 가운데 하나이지요. 워낙 유명한 이야기라 이미 많은 분들이 알고 계시겠지만 간략하게 소개를 해보겠습니다. 하딘은 먼저 한 마을에 가축을 자유롭게 키울 수 있는 제한된 넓이의 목초 공유지가 있다고 가정합니다. 마을 주민들은 각자 땅을 갖고 있지만, 공유지에 자신의 가축을 가능한 한 많이 풀어놓으려 하겠죠. 개인 비용 부담 없이 넓은 목초지에서 신선한 풀을 마음껏 먹일 수 있으니까요. 각 농가에서는 공유지의 신선한 풀이 마을 농가의 모든 가축을 기르기에 충분한지를 걱정하기보다, 공유지에 방목하는 자신의 가축 수를 늘리는 일에만 골몰하게 될 게 뻔합니다. 주민들의 이런 행동으로 공유지는 가축으로 붐비게 되고 문제가 발생하겠죠. 방목하는 가축들이 너무 많아지면, 풀이 다시 자라는 속도에 비해서 소모되는 속도가 더 빨라질 테니까요. 그 결과 마을의 공유지는 가축들이 먹을 만한 풀이 하나도 없는 황량한 땅으로 변하고 맙니다.

이처럼 사용할 수 있는 목초의 양을 할당하고 그것을 강제할 수 있는 농부들 간의 합의된 정책이 없다면, 목초가 없어지기 전에 자신의 이익을 최대한 높이려는 농부들의 욕구 때문에 공유지의 황폐화는 불 보듯 뻔한 결과입니다. 토지를 예로 들어 설명했지만, 공유의 비극은 토지에 한정되는 문제가 아닙니다. 기업의 소유도 동일한 문제가 발생할 수밖에 없어요. 사람들은 자기 것이 아니기 때문에 자원을 낭비하고, 일은 게을리 하고, 그에 비해 더 많은 것을 서로 가져가려고 할 것입니다. 그 결과는 공멸이지요.

공유의 비극을 막기 위한 유일한 방법은 사유재산권을 강화하는 것입니다. 사유재산권에 대한 사회적 필요와 강제를 구성원 모두가 수용하는 것이 절대적으로 필요한 것이죠.

마르크스 | 하딘도 그렇고 선생도 그렇고 두 분 모두 공유에 대한 지독한 편견을 갖고 계시는군요. 인류는 아주 오랜 기간 토지에 대한 공유의 경험을 이미 가지고 있었습니다. 중세 서양만 하더라도 거의 1000년에 이르는 기간 동안 공유지가 있었죠. 공유지의 상당 부분은 하딘이 예로 든 공동 목초지로 사용되거나 공동의 땔감을 마련하는 용도로 사용되기도 했습니다. 하지만 그 오랜 기간 동안 선생이 강조한 '공유의 비극'은 나타나지 않았습니다. 오히려 평화롭게 유지되면서 농민들의 삶을 지탱하는 기능을 했지요. 공유의 비극은 현실에서 나타난 것이 아니라 하딘이나 선생의 머릿속에서 그린 가상의 것, 자신의 논리를 뒷받침하기 위한 근거 없는 희망입니다.

오히려 비극은 공유지를 사유지로 전환시키는 과정에서 나타났다고 볼 수 있습니다. 앞의 주제에서 구체적인 역사적 사례를 들어 설명했던 인클로저 운동이 그것이지요.

박쌤 | 로크 선생은 단지 토지의 공유만이 아니라 기업에 대한 공유까지 언급했는데요. 이에 대한 논의도 반드시 포함되어야 합니다. 현대 사회를 특징짓는 소유는 사실 토지보다 기업이라고 할 수 있으니까요. 또한 토지와 기업은 소유의 특징에 있어서도 상당히 다를 것 같습니다. 농업 사회에서 공유지는 개별적인 가족에 기초한 소농 경영을 보완하는 의미가 강했지요. 자본주의 사회에서의 기업은 농촌의 공유지와 달리 그냥 소에게 풀을 뜯어먹게 하는 것이 아니라,

상당히 복잡하고 전문적인 경영을 요구합니다. 가족 단위의 소농 경영과는 달리 적게는 수십 명, 많게는 수만 명에 이르는 노동자들이 협업과 분업에 기초해 작업을 하는 곳이기도 하고요. 그렇기 때문에 마르크스 선생이 자본주의 기업과 연관해서 사회적 소유의 구체적 내용을 설명해야 설득력이 있을 것 같습니다. 선생의 대표적 저작 가운데 하나인 《공산당 선언》을 보면 기업의 소유 방식으로 국유화를 정식화하고 있던데요.

마르크스 | 《공산당 선언》에서 기업의 소유와 관련해 국유화를 중심으로 강령적 대안을 제시한 것은 사실입니다. 몇 가지 산업으로 구분해 국유화를 전망으로 제시했지요. 먼저 금융 기업과 관련해서는 배타적인 독점권을 가진 국립 은행을 통해 모든 신용을 국가에 집중시킬 것을 요구했지요. 또 모든 운수 기관도 국가에 집중시켜야 한다고 했고요. 일반적인 생산 업체와 관련해서는 국유 공장을 늘려야 한다고 제시했습니다. 아주 상세한 내용으로 뒷받침하지는 않았으나 분명히 국유화를 언급했지요.

로크 | 마르크스 선생이 제시한 국유화로 얼마나 많은 사람들이 고통을 겪었는지 생각해본 적 있습니까? 기존 사회주의 국가에서 나타난 국유화는 공유지의 비극보다 더 큰 비극으로 끝났습니다. 스탈린 체제 하의 소련을 비롯한 기존 동유럽 사회주의에서는 국유화와 계획경제의 기치 아래 국가가 모든 산업과 공장을 소유하고, 일방적으로 결정하고 통제했습니다. 그 결과 극심한 경제적 비효율이 발

생했지요. 초기에 생산력 증가 현상이 반짝했지만, 이후로는 내내 불황에 처하게 됩니다. 심지어 생활필수품에 해당하는 재화조차, 열악한 품질은 차치하고라도 필요한 양조차 제대로 공급되지 않아 국가 전체가 수시로 몸살을 앓아야 했죠. 토지 국유화와 집단화도 결과는 마찬가지였습니다. 사회주의 혁명 이전에 소련은 유럽의 대표적인 식량 수출국 가운데 하나였습니다. 하지만 국유화와 집단화 이후 농업 생산력이 내리막길을 걷다가 결국에는 식량 수입국으로 전락해버렸어요.

문제는 단순히 경제적인 것으로 끝난 것이 아니라는 겁니다. 제가 앞에서도 우려했듯이, 개인의 자유가 심각하게 제한되었어요. 전 산업의 국유화를 통해 생산수단이 국가에 집중되면서 노동 통제가 극심해졌거든요. 노동자는 경영과 관리에 주체로 참여하기보다는 일방적으로 통보된 결정을 이행하는 대상이 되었습니다. 노동자의 사회라는 사회주의 체제 아래서 노동자는 단지 노동력 투여와 기술 개발의 역할에 머무르고 만 것이죠. 노동자들은 생산의 진정한 주체이기보다는 통제의 대상이었습니다.

더 나아가서 생산수단의 국가 집중은 필연적으로 정치적인 중앙집권화와 공포정치를 불러왔습니다. 혁명 초기의 열정에 감동한 대다수 노동자에게 세월이 갈수록 고착화되는 억압적 현실은 실망감을 안겨주기에 충분했습니다. 실망은 사회주의적인 국유화에 광범위한 불신을 만들었지요. 이 불신은 기존 사회주의 체제가 붕괴하는 데 큰 원인으로 작용하기도 했습니다.

마르크스 | 저 역시 국유화와 관련해 소련을 비롯한 동유럽에서 벌어진 일들이 참 안타깝습니다. 하지만 한편으로는 마치 제가 사적 소유를 폐지하고 그 대안으로 오직 국유화만을 주장한 것처럼 여겨지고 있는 것에는 억울한 면도 있어요.

아마 제 글들을 꼼꼼하게 읽어본 분들이라면 제가 직접 저술한 저작들 가운데 국유화를 명시적으로 밝힌 것은 오직 1848년에 쓴 《공산당 선언》뿐이라는 걸 아실 거예요. 몇 가지 혁명적 방책을 아주 간략하게 언급한 정도였는데요. 그나마 1872년 독일어판 서문에서 이에 대한 수정의 필요성을 다음과 같이 밝힌 바가 있어요.

"지난 25년간 상황이 아무리 크게 변화했다 해도 이 책에 기술되어 있는 일반적인 원칙들은 대체로 오늘날에도 여전히 그 정확성을 유지하고 있다. 개개의 점에서는 여기저기에 개선의 여지가 있을 것이다. 이들 원칙을 어떻게 적용하는가는 어디서나, 언제라도 당면하는 역사적 조건에 의해 정해질 것이다. 그러므로 제2장 끝에 제안한 혁명적 방책에는 결코 특별한 중점을 두고 있지 않다. 이 대목이 지금 다시 쓰인다면 대폭 수정해야 할 것이다."

이처럼 국유화를 중심으로 하는 방책들은 수정을, 그것도 '대폭' 수정을 해야 한다고 생각했지요. 또한 이 책에서 밝힌 방책의 근거가 되는 원칙들조차 획일적인 것이 아니라 항상 구체적인 역사적 조건에 의해 변경할 수 있다는 것을 밝혔고요. 그리고 책의 내용을 자세히 보면 그나마 국유화를 소유에 대한 근본적인 대안으로 제시한 것도 아니라는 점을 알 수 있을 겁니다. 국유화를 포함하여 몇 가지 방책을 제시한 다음에 바로 이어지는 문장에서 "발전 과정에서 계급 차별이 소멸되고 협동단체를 만든 개인의 손에 모든 생산이 집중되었을 때, 공적 권력은 정치적 성격을 잃는다."라고 분명히 말했어요. 소유 문제에 대한 본질적인 대안으로 '협동단체를 만든 개인의 손에 모든 생산이 집중'되는 것을 제시한 것이죠. 즉 국가에 의해 소유되는 것이 아니라, 생산자 개인들의 협동단체에 생산이 집중되어야 하는 것이죠. 제가 나중에 《자본론》에서 소유와 관련해서 대안으로 내놓은 '연합된 생산자들의 소유'와 일맥상통하는 내용입니다. 노동자 스스로가 조직적으로 국가의 통제에서 벗어나 소유와 관리를 책임지는 주체로 서야 함을 강조한 것이죠. 제 전체 사상을 보면 알겠지만, 저는 국가주의를 지지하지 않습니다. 오히려 일관되게 반대해왔죠. 그래서 《고타강령 비판》에서는 라살레의 '국가에 의한 생산통제 사상'을 정면으로 비판하기도 했고요.

저 역시 후대에 벌어진 국유화 문제들을 보면서 《공산당 선언》을 공식적으로 수정하지 않았던 것을 후회하고 있습니다. 당시에는 이 책이 역사적인 기록 문서로 자리를 잡았기 때문에 변경을 하는 것이 적절하지 않다고 생각했습니다. 그래서 서문에 대폭 수정되어야 함을 밝힌 정도로 마무리를 지었죠. 그러나 어쨌든 책 자체에서도 임시적인 것으로 한정했고, 대폭 수정의 필요성을 밝혔음에도, 이후의 사회주의 운동 세력과 사회주의 국가들이 전면적인 국유화가 마치 근본적인 대안인 것처럼 왜곡하는 빌미를 주었다는 점에서 아쉽고 안타까운 심정입니다.

박쌤 | 일단 이 논의를 통해서 사회주의 국가에서 나타났던 전면적

인 국유화 자체의 문제점에 대해서는 두 분 모두 공감하는 것으로 보아도 좋을 것 같네요. 그런데 국유화가 사회주의 국가에서만 실험된 것은 아니었습니다. 물론 국가의 성격이나 적용 범위, 운영 등에 있어서 사회주의적인 국유화와는 달랐지만 자본주의 국가에서도 폭넓게 공기업이라는 방식이 시도돼왔거든요.

공기업 정책은 상반돼 보이는 두 가지 방향에서 전개되었지요. 하나는 사회주의의 여러 측면에 수정을 가한 사회민주주의적인 복지국가 방향에서 이루어진 공기업화입니다. 이들은 재화의 탈상품화를 추구했는데요. 보육, 주택, 의료, 교육 등의 영역을 국가가 소유하고 운영하는 방식으로 진행을 했죠. 중요한 산업을 국유화해서 소유 문제의 해법을 제시하려 했고요. 프랑스의 경우를 보면 1981년에 최초로 좌파 정당이 집권하면서, 기업 내 노동자들의 영향력을 증대시키고 소유 문제를 해결하기 위한 방안으로 광범위한 국유화 정책을 펼칩니다. 그래서 국영 기업이 대폭 증가하게 되었죠. 영국의 경우는 탄광 산업, 자동차 산업 등에 대해서도 국유화를 실시했어요. 다른 방향은 개발도상국에서 국가 중심의 개발전략 일환으로 나타났는데요. 한국의 공기업이 여기에 해당하겠죠.

이 중에서 오늘 논쟁의 주제와 연관된 것은 당연히 소유 문제와 노동자의 영향력 증대 차원에서 추진된 유럽의 공기업화입니다. 기간산업을 중심으로 공기업을 늘리는 방안은 바람직한 소유의 방향이라는 점에서 어떻게 볼 수 있을까요?

로크 | 사회민주주의적인 방향에서 추진되었던 공공부문과 국유화

의 확장도 사회주의 사회에서 국유화로 인해 생긴 문제점을 그대로 반복할 수밖에 없습니다. 다만 전면적인 국유화가 아니라는 점에서 문제의 정도가 다를 뿐이죠.

일차적으로 국가의 독점으로 인해 개인의 자유가 위협을 받는다는 점에서는 동일한 문제점을 갖습니다. 국가가 특정 산업을 독점함으로써 개인이 자유롭게 자신의 재산을 사용하거나 이익을 늘릴 수 있는 기회가 심각하게 제한될 수밖에 없으니까요. 사회 전체적으로 관료 기구 확대에 따른 개인의 위축도 문제이고요. 유럽에서 공기업의 확대는 필연적으로 관료 기구의 확대를 동반했지요. 이렇게 되면 경제적인 영역만이 아니라 사회 전 분야에 걸쳐서 국가의 개인에 대한 통제는 더 강화될 수밖에 없고요.

다음으로 자원의 낭비와 비효율성이 나타납니다. 사적 소유에 기초한 기업은 시장 경쟁에서 살아남기 위해 자원, 즉 자본과 노동을 효율적으로 사용하고 혁신을 통해 스스로 변화하려고 합니다. 하지만 경쟁에서 자유로운 공기업은 필연적으로 자원을 낭비하게 되죠. 필요 이상의 자본 낭비가 생기고, 과잉 고용을 초래하기도 합니다. 더 심각한 문제는 공기업이나 공공부문은 국가 예산을 통해 움직이기 때문에 이런 비효율성은 곧바로 국민의 세금 부담을 늘리게 된다는 겁니다.

마르크스 | 저 역시 공기업 방식은 기본적으로 국가에 의한 통제라는 점에서 한계가 분명히 있다고 생각해요. 앞에서 '협동단체를 만든 개인의 손에 모든 생산이 집중'을 근본적인 방향으로 해야 한다고

주장했는데요. 소유 문제에 대한 제 문제의식의 핵심은 생산을 담당하는 노동자가 스스로 소유와 운영의 주체가 되어야 한다는 것입니다. 하지만 자본주의 사회의 국유화는 노동자가 소유에 있어서 어떠한 권리도 가지지 못하는 것일 뿐 아니라 실질적인 운영에 있어서도 노동자가 배제되거나 지극히 부분적인 방식으로 참여하는 것이기 때문에 대안일 수 없어요.

특히 생산수단 전반에 대한 사적 소유를 폐지하지 않은 채 특정 부분에 한정적으로 도입되는 공기업 방식의 국유화는 오히려 사적 소유를 보완하는 역할을 할 수 있다는 점에서도 문제가 있고요. 박 쌤이 한국을 비롯한 다수의 개발도상국들이 개발독재 방식의 근대화 전략을 추구할 때도 공기업 방식을 사용했다고 했는데, 이는 자본주의 사회의 국유화가 갖는 본질과 한계를 극명하게 보여주는 사례라고 할 수 있을 것입니다.

그렇다고 제가 국유화라는 방식이 어떤 경우에도 사용될 수 없다고 주장하는 것은 아닙니다. 사회주의 사회에서는 물론이고 자본주의 사회에서도 부분적으로는 나름대로 긍정적인 역할을 할 수 있을 것입니다. 예를 들어 대부분의 국가에서 화폐를 발행할 자격을 가진 은행을 국가가 소유하고 관리하는 것처럼 말이죠. 아마 이 점에 대해서는 저만이 아니라 로크 선생도 별 이견이 없으리라고 생각합니다. 또 모든 것이 그렇지만 소유 문제도 구체적이고 역사적인 조건을 고려하면서 논의해야 하는 문제잖아요. 사적 소유가 폐지되고 소유를 사회화해나가는 일정한 단계, 예를 들어 혁명을 동반한 과도기 등의 단계에서 일시적으로 전반적인 국유화가 필요할 수도 있겠죠.

하지만 이것은 새로운 대안적 소유가 정착해나가는 과정에서 생길 수 있는 혼란을 방지하기 위한 것으로 이해해야 할 것입니다.

박쌤ㅣ 소유와 관련해 그동안 다양한 방식으로 제기되고 실험되었던 경험들을 검토하는 일이 적지 않은 의미가 있을 것 같습니다. 좀 전에 마르크스 선생이 소유에 대한 문제의식의 핵심으로 생산을 담당하는 노동자가 스스로 소유와 운영의 주체가 되어야 한다는 점을 강조했는데요. 영국이나 프랑스의 경우 공기업화를 추진할 때 운영에 노동자의 경영참여를 제도화한 경험을 가지고 있습니다. 나아가서는 공기업만이 아니라 사기업을 포함하여 전체적으로 노동자 경영참여를 제도로 강제하기도 했죠.

독일에서도 사회민주당의 주도 아래 노동자의 경영 참여를 가능하게 하는 1972년의 작업구성법, 1976년의 공동결정법이 제정되었고요. 작업구성법은 석탄과 철강 산업을 제외한 사부문과 공공부문에서 5명 이상을 고용하는 모든 기업에서 노동자들이 경영에 참여하도록 한 것입니다. 공동결정법은 2000명 이상을 고용하는 기업에서 노동자의 공동결정 참여를 법제화한 것이고요. 공동결정은 작업장에서의 직장위원회, 경영이사회에 노동자 대표 참여, 감사회에 노동자 대표 참여로 조직돼 있습니다. 공기업은 소유 문제와 연관되어 있는 경우이고요. 사기업의 경우는 직접적으로 소유에 대한 것은 아니지만 경영에 참여하게 해서 소유권자가 갖는 권한의 일부를 행사하도록 한 것이라 볼 수 있을 것 같은데요. 노동자 경영 참여는 소유 문제 해결에 하나의 대안으로 의미가 있는 것인지요?

로크 | 경영은 소유권의 외적인 표현입니다. 소유권을 가진 자의 권리에 해당하는 것이 경영권인 것이죠. 현대 사회의 전문 경영인은 소유권을 가진 자의 위임을 받아서 하는 것이기 때문에 전혀 다른 경우입니다. 소유권의 범위를 벗어나는 것은 아니니까요. 노동자 경영 참여는 소유권을 가진 자의 의사와는 무관하게 외부로부터 제기된 것이라는 점에서 경영권, 나아가서는 소유권에 대한 간섭이라고 할 수 있습니다.

기업은 이윤 획득을 목적으로 경영이 이루어지는 조직입니다. 노동자 경영 참여는 여기에 지장을 줄 수 있어요. 임금 인상을 요구하는 것을 넘어서 기업의 활동에 다양한 방식으로 지장을 초래할 수 있지요. 경영에 있어서 소유자와 노동자의 이해가 서로 대립할 경우, 기업 소유자가 결정을 할 때 장애 요소로 작용할 수도 있고요. 또한 경영이라는 전문적인 영역에 노동자들이 간섭하면서 비효율성을 만들어내기도 합니다.

마르크스 | 저 역시 경영 참여에 대해 부정적이지만 로크 선생과는 전혀 다른 이유에서 그렇습니다. 소유 문제에 대한 근본적인 해결과 함께 가지 않는 경영 참여는 기만적이라고 생각하거든요. 구체적인 현실을 파고들면 허위로 가득한 경영 참여 제도의 본질이 드러납니다. '공동 결정'이라고 하지만 무엇을 공동으로 결정할 수 있는지와 그 결정이 어느 정도의 힘을 갖는지의 문제가 중요해요. 공장의 소유 문제를 결정할 수 있는가? 작업 내용을 결정할 수 있는가? 생산량을 결정하고 생산 방식을 결정할 수 있는가? 작업 속도를 결정할

수 있는가? 임금의 액수를 결정할 수 있는가? 원자재의 선별과 배분을 결정할 수 있는가? 어림없는 일입니다. 공동 결정할 수 있는 것이라고는 노동자의 부서 이동, 감원과 해고, 회사 내의 복지 시설 개선 등이죠. 소유와 이윤 창출과 관련된 핵심적인 내용은 제외하고 있습니다. 그러나 이조차도 완전한 구속력을 갖지 못합니다. 회사의 어려움을 이유로 자본가가 감원, 공장 폐쇄, 복지 시설 축소 등은 얼마든지 일어날 수 있고, 실제 일어나고 있으니까요.

이는 공동 결정이 어느 정도의 힘을 갖는가에 있어서도 마찬가지입니다. 한 예로 프랑스의 경우 국영 기업은 관리위원회를 두고 여기에 노동자 대표가 3분의 1만큼 참여하도록 되어 있지만, 실제 힘은 이 수치에도 훨씬 못 미치고 있습니다. 18명으로 구성된 관리위원회에서 노동자 대표에게는 발언권만 주어질 뿐 기업에 통제력을 전혀 행사할 수 없어요. 노동자 대표, 공동 결정의 무력함과 허위성을 드러내주고 있는 겁니다.

예전에 스웨덴의 한 시사 월간지 《폴케트 이빌트》에 실린, 노동자 경영 참여의 모범으로 잘 알려진 칼마 공장 노동자의 말은 이러한 사정을 잘 대변하고 있더군요. "사람들은 칼마 공장을 컨베이어도, 스트레스도 없고 노동자들이 작업 리듬을 스스로 조절할 수 있으며 작업 내용도 알아서 정할 수 있는 파라다이스로 알고 있다. 하지만 현장 노동자들의 이야기를 직접 들어보면 완전히 다른 그림이 그려진다."고 합디다. 거기에다가 현장 노동자들이 칼마 공장의 노동 과정의 제반 문제에 대해 공장 밖에서 말하면 모가지가 날아간다는 사실은 실소마저 자아냅니다.

또한 경영 참여는 보다 많은 이윤 창출을 위한 생산성 향상과 노동 통제의 도구로도 사용되고 있습니다. 노동자 경영 참여가 이루어지고 있는 대부분의 공장에서 꾸준히 노동 강도가 높아졌습니다. 경영 참여가 생산 관리와 밀접한 연관을 맺고 있다고 하지만 이 허울 좋은 생산 관리는 주로 노동 생산성 문제로 국한되어 조직되어왔습니다. 생산 관리에 있어서 공정의 설계와 관리, 생산 계획 등 핵심적인 문제에 대해서는 철저하게 배제되었죠. 주로 품질관리 문제에 국한되었던 것이 현실이죠. 일본에서 유행한 QC, 즉 품질관리 활동 등이 대표적인데 서유럽 기업에서도 거의 동일하게 나타나고 있습니다. 노동의 능률화라는 이름으로 더욱 강화된 노동뿐만 아니라 자본가를 위해 품질관리 등의 봉사를 추가로 더 하게 한 것이지요. 노동의 인간화 지표로 선전되는 결근율의 감소도 노동만족도의 결과가 아니라 시간당 출근 수당의 결과일 뿐입니다. 이처럼 노동의 인간화 등 듣기 좋은 말로 포장된 경영 참여는 노동 강도와 생산성을 높이기 위한 방편으로 사용되는 경우도 많아요.

마지막으로 경영 참여와 같은 개량조차 불황으로 초과 이윤 확보에 어려움이 생길 때는 언제든지 후퇴시키고 일방적으로 노동자에게 고통을 전가합니다. 지난 1980년대부터 현재에 이르기까지 자본가들은 신자유주의라는 이름으로 자본축적의 어려움을 노동자에게 고통을 전가함으로써 해결하려 하고 있습니다. 영국, 독일, 프랑스, 사회복지의 대명사로 칭송되던 스웨덴에 이르기까지 대부분의 나라에서 불황을 이유로 경영 참여를 축소시켜나가고 있습니다. 이는 자본주의 체제 내에서의 개량은 자본가의 이해, 계급 역관계에 따라 언제든지 후퇴할 수 있음을 보여주는 것이지요.

　결국 경영 참여는 근본적인 소유 문제를 해결하지 않고는 허구적인 한계를 벗어날 수 없습니다. 오히려 노동자들에게 노동자로서의 자기 정체성에 반하는 환상을 갖게 해 친자본적 성향을 만들 수도 있다는 점을 간과해서는 안 됩니다.

　유럽에서 경영참여법이나 공동결정법 등이 만들어진 과정을 잘 보는 게 필요해요. 프랑스, 독일 등에서 공동결정법이 만들어진 시기는 프랑스의 1968년 5월 투쟁을 비롯해 1960~1970년대 대중투쟁이 급격히 고양되던 시기와 맞물려 있습니다. 당시 서유럽의 전역에서 대중투쟁이 폭발적으로 고양되고 혁명운동도 발전했죠. 이 와중에 노동자들의 경영 참여가 도입된 겁니다. 이처럼 경영참여법이 실시된 것은 분명 대중운동의 영향으로 자본가들에게 양보를 강제한 것입니다. 하지만 다른 한편으로 자본가 이해관계의 산물이라는 점도 잊지 말아야 해요. 노동운동이 소유 문제를 비롯한 근본적인 문제로까지 나아가는 것을 가로막고, 자본주의 체제에서 무마시키기 위한 수단의 성격도 갖는 것이죠.

　그렇지만 노동자들이 경영 참여 요구를 하는 것 자체를 반대할 생각은 전혀 없습니다. 예를 들어 노동자들이 임금 인상을 요구하는 것이 소유 문제를 근본적으로 해결하는 것이 아니라고 해서, 착취 구조의 틀 안에서 이루어지는 요구라고 해서 이를 반대한다면 바보 같은 짓이겠죠. 마찬가지로 경영 참여가 자본주의 구조 내에서 이루어지는 것이기 때문에 요구해서는 안 된다고 생각한다면 유아적인 발상일 겁니다. 제가 문제 삼는 것은 이것을 소유나 노동자 관리의 근본적인 대안의 일환으로 생각하는 것입니다.

박쌤 | 그러면 기업의 소유에 노동자들이 참여하는 것은 어떤가요? 예를 들어 노동자들이 주식을 소유함으로써 기업 소유에 참여하는 방식처럼요. 현대 자본주의 사회를 대표하는 소유는 기업적 소유라고 할 수 있습니다. 기업은 주식회사 제도를 일반적인 것으로 하고 있고요. 기업의 소유권이 주식의 형식으로 나타나고 있는 점에 착안해서, 노동자 주식소유제를 통해 자본가에 의한 소유의 독점을 완화할 수 있다는 발상을 갖는 사람들이 꽤 있는 편입니다. 한국에서도 소유 문제와 관련하여 '종업원지주제'를 제시하는 사람들이 있거든요. 이들은 노동자 주식소유제를 통해 노동자들이 기업의 소유권을 분점할 수 있고, 이에 기초하여 경영과 관리에도 힘을 가지고 참여할 수 있다고 주장합니다. 제가 알기로는 엥겔스도 주식회사 제도의 사회적 성격을 강조한 적이 있는 것으로 알고 있는데요.

로크 | 호오~ 그거 참 좋은 생각입니다. 노동자가 주식을 구입해서 소유에 참여하는 것에 제가 반대할 이유가 없지요. 노동자가 근면하게 노동을 해서 얻은 임금을 축적하는 것은 물론이고, 이를 자본으로 전환하는 것도 정당한 권리이니까요. 그렇게 나름대로의 주식 소유를 통해 기업 경영에 주주로서 영향을 미치는 것은 정당합니다.

  이와 관련해 20세기 미국의 자유주의 경제학자인 피터 드러커도 적극적인 제안을 했던데요. 저는 그의 발상이 정당할뿐 아니라 노동자에게 소유에 대한 현실적인 대안까지 제시하고 있다고 생각합니다. 드러커는 《보이지 않는 혁명》에서 '연금 기금 사회주의'를 주장합니다. 만약 사회주의를 노동자에 의한 생산수단의 소유라고 정의할 수 있다면 미국이야말로 역사상 최초의 진정한 사회주의 국가라면서요. 노동자들이 연금 기금을 통해 기업 소유를 실현하고 있다는 것이지요.

드러커는 "오늘날 미국 기업의 고용인들은 그들의 연금 기금을 통하여 미국 기업 자산의 25퍼센트를 소유하고 있는데, 이는 기업을 충분히 통제하고도 남을 정도이다."라고 합니다. 미국에는 수많은 연금 기금이 있는데, 대개가 '투자 기금'으로 되어 있으며 연금 기금 자산 가운데 70퍼센트 이상을 상장회사의 주식에 투자하고 있습니다. 드러커는 이런 투자를 통해 이미 노동자들이 자본에 대한 합법적인 소유자와 공급자가 되었고, 자본 시장의 지배 세력으로 부상했다고 주장합니다. 그러니까 미국은 노동자 소유의 정도가 사회주의를 지향하는 단계를 넘어, 유럽에서 가장 급진적인 연금 기금안보다 훨씬 높다는 거죠. 따라서 오늘날의 자본 시장은 월스트리트가 아니라 연금 기금이고, 미국은 "생산수단을 국유화하지 않고 사회화 한" 진정한 사회주의 사회라는 겁니다.

드러커는 노동자들이 이런 사실을 제대로 인식하지 못하는 것이 문제라고 합니다. "연금 기금으로 자기가 기업을 실질적으로 소유하고 있다는 것을 깨닫고 있는 사람은 1000명에 한 명꼴도 안 되는 것 같다. 마찬가지로 노동조합 지도자들도 그 연금 기금이 오늘날에는 실질적인 고용주가 되어 있다는 것을 모른다."고 하더군요.

마르크스 | 먼저 저의 가장 가까운 동지인 엥겔스가 언급한 주식회사 제도의 사회적 성격에 대한 것부터 답하는 것이 좋겠네요. 오해가 있는 것 같아서 말입니다. 엥겔스가 《1891년 독일사회민주당 에르푸르트 강령초안 비판》에서 그런 언급을 한 적이 있습니다. 그는 이렇게 말했지요.

"자본주의적 사적 생산이란 도대체 어떤 것을 말하는 것일까? 개별적인 기업가에 의한 생산이라면 그것은 현실에서 점차 예외적인 현상이 되고 있다. 주식회사에 의한 자본주의적 생산은 이미 사적인 생산이 아니다. 그것은 대다수에 의한 생산이다. 만일 주식회사에서 더 나아가 산업 부문 전체를 지배하고 독점하는 형태로 전환한다면, 거기서는 사적 생산이 없어질 뿐만 아니라 무계획성 역시 없어진다. 그때는 '사적'이라는 문구를 삭제함이 옳다."

엥겔스의 이 말을 근거로 마치 노동자들이 주식 소유를 확대하면 소유 문제도 해결하고, 계획적인 관리도 가능할 것처럼 여기는 황당한 생각들이 있습니다. 그러나 그가 강조했던 주식회사 제도의 사회적 성격은, 소유가 아니라 생산에 대한 것이었습니다. "주식회사에 의한 자본주의적 생산은 이미 사적인 생산이 아니다."라는 게 핵심이지요. 제가 앞에서도 주장했듯이 자본주의의 본질적인 특징 가운데 하나는 생산의 사회적 성격입니다. 그리고 엥겔스는 이것을 주식회사 제도로 설명한 것이지요. 그런데 주식회사 제도가 갖는 생산의 사회적 성격이 어쩌다가 소유의 사회화와 연관이 되는지, 참 경솔한 왜곡입니다. 그리고 엥겔스가 주식회사를 통해 자본주의 생산의 무계획성이 그냥 없어진다고 주장하는 것도 아닙니다. "주식회사에서 더 나아가 산업 부문 전체를 지배하고 독점하는 형태로 전환한다면"이라는 엄격한 단서를 달아서 얘기하고 있거든요. '산업 부문 전체를 지배하고 독점하는 형태'라는 것은 이미 개별 기업을 넘어서 자본 전체에 대한 강력한 사회적 개입을 의미하는 것입니다.

우리는 주식회사 제도의 본질을 정확히 이해해야 합니다. 주식의 발행을 통해 설립되는 주식회사는 화폐 자본을 공급한 대가로 재산권을 보장받습니다. 그러나 이 주주들이 그들이 회사의 일부에 대해 권리를 가지고 있는 것은 전혀 아니에요. 예를 들어 어떤 사람이 주주라고 해서 가게에 들어가 회사의 부분적인 소유주라며 물건을 달라고 할 수는 없지요. 그 상품은 기업화된 법인의 소유물이기 때문입니다. 주식을 가진 자로서 보장받는 것은 배당의 형태로 지급되는 이익의 일부분입니다. 사실상의 소유권은 지배주주나 대주주에 속한 것이죠.

저는 주식이나 채권을 '상상의 자본' 혹은 '가상자본'이라고 부릅니다. 화폐가 주식이라는 생산 자본으로 바뀌는 순간 노동자의 잉여가치를 착취하는 데 관여하게 됩니다. 주식을 통한 이익 배당도 본질적으로는 자본이 착취한 잉여가치의 지분을 소득으로 하는 것이고요. 그렇기 때문에 종업원지주제와 같은 노동자 주식소유제는, 임금으로 주어진 노동자들의 가계 준비금을 자본으로 전환시키는 제도입니다. 노동자 임금의 일부인 가계 준비금이 노동과 자신의 잉여 노동을 착취하는 자본으로 전환되는 것이지요. 그리고 노동자 주주들은 자신들도 회사의 주인이라는 근거 없는 환상을 갖게 됩니다.

드러커가 주장한 연금 기금을 통한 소유의 사회화도 허구성이 그대로 드러납니다. 미국에서 연금 기금의 주식 점유율이 상당 정도에 이르렀다지만 자본주의 착취 구조에 조금이라도 균열을 내고 있나요? 오히려 그 구조를 튼튼하게 뒷받침하는 도구 역할을 하고 있습니다. 드러커의 말대로 과연 노동자가 바보같이 생산수단의 실질적인 주인임을 몰라서 문제인가요? 그의 말대로라면 이제 미국 노동자들은 기업의 실질적인 소유주가 되었다는 것을 깨닫기만 하면 됩니다. 그러면 미국 사회는 물질적으로나 정신적으로 진정한 사회주의 사회가 되는 것이지요. 이건 정말 우스운 얘기입니다. 제가 《독일 이데올로기》에서 했던 말을 다시 들려주는 게 그 사람에게 좋은 약이 될 것 같습니다.

"옛날에 어떤 용감한 친구는 사람이 물에 빠지는 이유가 '무게라는 관념'을 갖고 있기 때문이라고 생각하였다."

박쌤 | 그럼 노동자의 임금, 즉 가계 준비금을 주식으로 전환하는 게 아니라, 기업 이윤의 일부를 노동자 소유의 주식으로 전환시키는 것은 대안이 될 수 있을까요? 스웨덴에서 실시된 바가 있는 '임금노동자기금법'이 이러한 방식의 대표적인 사례일 텐데요.

연정을 통한 오랜 집권의 경험을 가지고 있는 스웨덴 사회민주당은 자본주의적 사적 소유 문제를 해결하기 위한 대안으로 1970년대에 '임금노동자기금법'을 실시했습니다. 이들은 영국 노동당이나 프랑스 사회당이 추구했던 기간산업에 대한 국유화 대신에 임금노동자 기금을 통한 자본의 사회화를 추구하였죠. 임금노동자기금법은 기업의 초과 이윤 일부를 '임금노동자기금'으로 이전시키는 것을 골자로 하고 있습니다. 50~100인 이상의 기업에서 실질 이윤의 20퍼센트와 노동자 임금의 2퍼센트에 해당하는 만큼을 신규 주식으로 발행하여 기금화하는 것이죠. 자금 운용은 9인의 이사가 하는데 이 가운데 5인이 노동자로 되어 있고요. 이 기금으로 주식 보유율을 높여나가 결국 생산수단의 국유화 없이 자본의 사회화를 이루어내겠다는 것이지요. 이는 소유 문제에 대해 속수무책일 정도로 무능했던 사회민주주의자들에게 큰 공감을 불러일으켰지요.

로크 | 스웨덴 임금노동자기금법은 노동자 주식소유제와는 판이하게 다른 것이지요. 기업가의 정당한 이윤을 침해하는 것이기 때문에 사유재산권을 혼란에 빠뜨릴 수 있는 위험한 시도입니다. 실제로 기업가들은 이 방안을 격렬하게 반대했습니다. 심지어 1983년에는 기업가와 기업의 임원들 7만 5000명이 노동조합을 상대로 대규모 가두시위를 벌이는 촌극까지 벌어졌지요. 자본주의 역사상 처음 있었던 일이었습니다. 이런 상황에서 누가 열심히 자본을 투자하고 사업을 하겠어요? 당연히 투자 의욕이 급감하고 기업 경쟁력은 하락하겠지요. 이것은 생산력 하락과 고용 축소로 이어져 자본가만이 아니라 국민 전체에게 고통을 가중시키는 역할을 하게 됩니다.

마르크스 | 노동자 주식소유제보다는 임금노동자기금법이 노동자에게 피해가 덜 가는 방식이기는 합니다. 또 기업 이윤의 일부를 통한 노동자의 집단적인 소유가 제한 없이 보장된다면 소유 문제 해결에 긍정적인 역할을 할 수도 있지요. 하지만 이 방식은, 소유권 문제의

대안이 되기에는 많은 문제점이 있었습니다.

  스웨덴 임금노동자기금법에서 각 기금은 개별 기업에 대해서 8퍼센트 이상을 소유할 수 없습니다. 그런데 이것으로 소유의 문제를 해결할 수 있단 말인가요? 이 법이 시행되고 꽤 시간이 흐른 1986년 말에도 고작 전체 상장 기업의 2퍼센트 정도를 소유하고 있었는데 말입니다. 이것은 노동자들이 큰 영향력이 없는 소주주 자격을 자본가의 도움을 받아서 부여받는 정도입니다. 자본가들은 자신에게 돌아올 이윤의 일부를 노동자들의 주식으로 주는 대신, 생산수단의 사적 소유에 대해서는 아무 말도 못하게 만들어버릴 수 있고요.

박쌤 | 이와 관련하여 두 분 선생에게 나올 수 있는 반론을 각각 한두 가지씩 제기하겠습니다. 먼저 로크 선생에게 묻고 싶은데요. 로크 선생은 분명히 소유는 노동에 기초해야 한다고 했잖아요? 그런데 현실의 기업을 보면 정작 노동을 하는 노동자는 어떠한 소유도 없습니다. 소유는 오직 자본으로부터만 발생하고 있어요. 선생의 소유권 이론에 비추어보면 부당한 상황 아닌가요? 물론 선생은 자본이 노동의 결과물이기 때문에 자본에게 당연히 소유권이 주어진다고 주장할 겁니다. 노동자에게는 임금을 주니까 정당하다고 할 테고요. 하지만 임금은 기업에 대한 소유와는 무관합니다. 로크 선생의 논리대로 한다면 오히려 자본과 노동 모두에 소유를 인정해야 맞는 것 아닌가요? 설사 자본과 노동의 소유 비율이 6 : 4가 되든 7 : 3이 되든 하다못해 9 : 1이 되든, 어쨌든 노동자에게도 기업에 대한 일정한 소유권이 보장되어야 선생의 논리가 정당화되는 것 아닌가요?

그런 점에서 스웨덴의 임금노동자기금법은 선생이 받아들일 수 있을 것 같은데요.

로크 | 자본가가 이윤에 대해 배타적인 소유권을 갖는 것은 정당합니다. 자본가들은 일은 안하고 이윤만 챙기는 사람이 아니에요. 평생의 노고를 한순간에 날려버릴 수 있는 위험을 감수하며 자본 투자를 합니다. 한국에서도 창업을 하고 10년 후까지 기업이 생존하는 비율이 10퍼센트에 불과한 것으로 알고 있습니다. 그러면 나머지 90퍼센트는 어떻게 된 거죠? 그동안 노동을 통해 형성한 자본을 잃은 것입니다. 그 돈으로 부동산 투기를 하거나, 안전한 주식을 사면 평생 놀고먹을 수 있었을 텐데 말입니다. 위험을 무릅쓰고 자본을 투자해서 수많은 고용을 창출하고 전체 구성원의 생활을 윤택하게 만드는 데 기여한 것이지요. 자본가의 이런 생산 활동으로 노동자는 이익을 봅니다. 아니, 국민 전체가 이익을 보고 있는 것이고 더 나아가서는 그 이익을 극대화하고 있는 것이지요. 자본가의 모험 정신과 노력이 현재의 노동을 규정하고 있습니다. 그러니 창출된 이윤에 대한 배타적인 권리가 자본가에게 있는 것은 당연합니다. 9:1이든 7:3이든 노동자가 자신의 소유를 누리고 싶으면, 기업의 이윤을 통해서가 아니라 자신의 임금을 통해서 이루어야 합니다.

박쌤 | 후~ 다시 이윤의 원천, 혹은 임금의 성격 문제로 돌아가는군요. 이에 대해서는 이미 앞에서 마르크스 선생이 제기한, 임금으로 지불되는 지불노동과 지불되지 않는 부불노동의 구분, 그리고 부불

노동으로부터의 이윤 형성이라는 반론과 논의가 있었으므로 다시 반복하지는 않겠습니다.

이번에는 마르크스 선생에게 제기될 수 있는 반론입니다. 선생은 20세기 중반 이후 유럽을 중심으로 시도되었던 노동자의 소유, 경영 참여제도의 한계와 문제점을 계속 지적했습니다. 그런데 선생은 여러 저작을 통해 밝혔던 소유의 원칙들이 결정된 것이 아니라 구체적인 조건에 의해 얼마든지 변할 수 있는 것이라고 강조했잖아요. 그렇다면 소유, 경영 참여제도 역시 유럽이라는 구체적인 조건 속에서 창조적으로 적용된 것이라고 볼 수는 없나요?

서유럽이나 북유럽은 사회주의 정권이 수립되었던 소련이나 동유럽과는 달리 발달된 자본주의 체제 아래 있었죠. 아주 오랜 기간 자본주의적 소유 아래서 진로를 모색해야 했던 이들로서는 고민이 많았을 겁니다. 하지만 언제 올지도 모를 혁명을 기다리며 그때까지 임금인상이나 처우 개선만을 요구하고 있을 수는 없었겠죠. 이런 조건에서, 일시적인 처우 개선을 넘어 소유 문제에 대한 각성과 경영의 주체로 나아가야 한다는 문제의식을 노동자들에게 확산시키려면 소유, 경영 참여 운동이 필요했던 것은 아니었을까요?

그리고 나름대로 근본적인 대안으로서의 의미도 있다고 봐야 하지 않나요? 마르크스 선생이 강조한 노동자들의 주체적이고 자율적인 경영이라는 방향에서 소유, 경영 참여제도가 완전히 만족스럽지는 않아도 보완을 해서 대안적인 의미를 가지도록 할 수는 없나요? 선생은 스웨덴 임금노동자기금제의 경우, 각 기금은 개별 기업에 대해서 8퍼센트 이상을 소유할 수 없다고 지적했는데요. 그럼 이것을 늘려서 기업에 실질적인 영향력을 행사할 수 있게 하면 되는 것 아닌가요? 경영에 참여하는 것도 마찬가지인데요. 경영 참여를 통해 결정할 수 있는 내용의 한계가 문제라면 참석하는 노동자들과 사측 관계자들의 수를 같게 해서 이사회를 꾸리고, 감사제도와 노사합의 제도를 실시해 참여의 폭을 넓히면 되는 것 아닌가요?

마르크스 | 제가 소유나 경영 참여를 요구하는 노동자 운동을 비판하는 것은 아닙니다. 앞서 이 쟁점에 대한 제 입장을 밝힐 때도 현실의 노동자들이 이런 요구를 하는 것 자체를 반대할 생각은 전혀 없다고 했죠. 자본주의 사회에서는 현실적인 운동으로서 의미는 있다고 생각해요. 문제는 근본적인 대안으로 제출되는 것이고, 이에 대해 비판적 검토를 한 것이지요.

다시 말해서 소유, 경영 참여 문제에 접근할 때는 자본주의적인 소유를 근본적으로 대신할 수 있는 대안적인 소유 방식으로서의 문제인지, 현실적으로 필요한 운동인지를 구분하는 것이 필요하다는 생각입니다. 생산민주주의라는 포괄적인 방향과 현실에서 나타나는 자생적인 소유, 경영 참여 운동은 엄밀히 보자면 자본주의를 근본적으로 극복하려는 차원에서 제기된 것으로 보기는 어려워요. 대부분 자본주의적인 소유 질서와 기업 관리를 인정하고, 그것도 부분적인 개선 차원에서 제기된 것이었지요. 그래서 현실적인 운동으로서 의미는 인정할 수 있다는 겁니다. 그런 점에서 소유, 경영 참여 '제도'보다는 소유, 경영 참여 '운동'의 차원에서 접근하는 것이 바람직합니다.

이러한 구분을 전제로 한다면, 저는 현실적인 운동에서 노동자들의 소유, 경영 참여 요구에 적극적인 지원이 필요하다고 생각합니다. 이런 운동이 자본주의 소유 질서를 그대로 용인하고 오히려 좀 더 효율적인 자본주의적 질서를 창출하기 위한 것에 불과하다면서 한마디로 일축할 문제가 아닙니다. 러시아 사회주의 혁명 직후에 만들어졌던 유럽의 혁명적 노동조합 연대 조직인 프로핀테른은 "노사 동수의 관리위원회를 설치하려는 지배계급과 개량주의자의 시도에 대해 모두 격렬하게 투쟁을 해야 한다. 생산관리는 그것을 선언하는 동시에 실현되어야 한다."는 강령을 갖고 있더군요. 이런 태도가 언제, 어느 상황에서나 옳다고 보아서는 안 됩니다. 생산관리가 그것을 선언하는 동시에 실현되어야 한다면 현재의 노동자들이 할 수 있는 것이라곤 노동자에 의한 소유와 관리의 '필요성'을 선전하는 것뿐일 것입니다. 당면한 자생적인 소유, 경영 참여 운동은 모두 배척해야 하는 것이 되겠지요.

프로핀테른 강령이 제기된 때는 러시아 사회주의 혁명 직후 전 유럽에서 혁명적인 열기가 분출되던 때였습니다. 선언하는 것과 동시에 노동자의 전면적인 소유와 관리가 실현될 수도 있는, 적어도 그런 가능성이 있는 정세였던 것이지요. 혁명적 정세 아래에서는 노사 동수의 관리위원회 주장이 노동자의 혁명적 흐름을 약화시키는 요소로 작용할 수도 있을 것입니다. 그러나 우리는 이것을 언제나 원칙으로 적용해서는 안 됩니다. 일상적인 시기에 선언과 동시에 실현되는 노동자 소유와 관리는 존재할 수 없지요. 그런데도 이렇게 행동한다면 심각한 맹동주의나 정치적 무능일 것입니다.

일상적 시기에 노동운동은 자본주의 질서를 뛰어넘는 운동만을 해야 하는가? 물론 그렇지 않죠. 오히려 대중운동의 상당 부분은 아직 자본주의 질서를 뛰어넘지 못하는 것입니다. 우리는 그런 운동 속에서 노동자의 주인 의식과 조직력, 영향력을 강화시켜 나가는 것입니다. 만약 자본주의 질서 내의 요구이기 때문에 소극적인 태도를 갖는다면 일상적 시기에는 아무런 운동도 할 수 없지요. 그렇게 되면 오직 사회주의 사회의 미래상을 대중에게 홍보하는 일만 주요한 활동으로 남게 됩니다. 공론가는 될 수 있겠지만 진정한 운동을 일으킬 수는 없겠죠. 일상적 시기에 소유, 경영 참여 운동은 배척의 대상이 아니라 오히려 노동운동을 발전시키는 좋은 매개입니다. 자본의 비밀과 성역으로 되어 있는 소유와 관리의 문제에 노동자가 직접 참여한다면 운동의 접촉면을 훨씬 넓힐 수 있고 지향도 한발 더 진전시킬 수 있으니까요.

하지만 여전히 소유에 대한 근본적인 대안으로는 문제가 있습니다. 근본적인 대안이 되기 위해서는 생산수단에 대한 사적 소유의 폐지와 연합된 생산자들에 의한 소유가 보장되어야 하는데, 소유와 경영 참여는 거리가 멀거든요. 일단 소유 참여는 생산수단의 사적 소유를 폐지하는 게 아니라 노동자들이 소유에 참여하는 것이라는 데 기본적인 한계가 있습니다. 박쌤의 제안대로 소유할 수 있는 지분의 폭을 확대하면 영향력을 넓힐 수는 있지만, 그래도 영향력 수준이지 사적 소유의 폐지는 아닙니다. 설사 기업의 주식 모두를 노동자의 집단적 소유로 바꾼다고 해도 문제가 모두 해결되지 않습니다. 개별 기업의 주식을 소유하는 방식일 때 기업 간의 격차로 인해 발생하는 문제는 어떻게 해결하지요? 현실의 기업에서도 대기업과 중소기업에서 일하는 노동자들의 임금과 처우의 격차가 상당합니다. 모든 주식을 노동자들이 소유한다고 하더라도 이 격차는 전혀 줄지 않을 것입니다. 그리고 대기업 노동자들은 특권층이 되겠지요. 그러므로 생산자들의 연합이라고 할 때 그 '연합'의 범위는 개별 기업을 넘어서는 것이어야 합니다.

박쌤 | 답답한 점은, 그러면 마르크스 선생의 대안은 뭐냐는 것입니다. 이미 앞에서도 선생이 직접 밝혔듯이 소련이나 동유럽에서 실행되었던 전면적인 국유화는 아닌 것 같고요. 또 주식회사 제도나 이를 수정한 소유 참여나 경영 참여도 대안으로서 문제가 있다고 하니 말입니다. 그렇다고 협동조합 방식의 소유형태를 대안으로 제시하는 것도 아닐 테고 말입니다.

마르크스 | 사실 제가 자본주의 이후의 구체적인 소유 방식에 대해 상세하게 정식화한 적은 없습니다. 자본주의를 넘어서는 대안적인 소유의 원칙을 제시한 것이지 구체적인 방안을 제시한 건 아닙니다. 여기에 머문 것은 이유가 있습니다. 저는 기본적으로 자본주의를 넘어서는 구체적인 대안적 소유 방식은 운동 과정 속에서 찾아야 할 문제라고 봅니다. 미래의 사회가 어떻게 구성되고 운영되는지를 다 결정하는 것은 자칫 관념적인 접근이 되기 십상이니까요.

그렇더라도 조금 더 구체적인 고민은 필요하겠지요. 일단 생산수단의 사적 소유를 전반적으로 폐지하면 이를 대체할 사회적인 공유

체계가 필요합니다. 기본 원칙은 생산자들이 직접 소유의 주체가 되는 것이지요. 하지만 어느 하나의 소유 방식을 획일화해서 모든 산업과 영역에 일방적으로 강제하는 것은 아닙니다. 큰 원칙에서 벗어나지 않는다면 특성에 맞게 다양한 방식을 모색하는 것이 허용되어야지요.

이때 개인적인 소유나 개별 기업 차원에서의 소유는 아니어야 합니다. 더군다나 생산 활동에서 형성된 이익을 개별 기업 차원에서 해당 노동자들에게 배당하는 것은 더욱 아니겠지요. 개별 기업을 넘어선 산업별 공유 체계라든가 다른 모색이 가능하지 않나 생각해요. 물론 화폐를 발행하는 권한을 갖는 은행처럼 영역의 특성에 따라 부분적으로는 국유화가 불가피한 경우도 있을 것입니다. 기업의 운영에서는 해당 기업 노동자들의 자주관리를 특별히 강조할 필요가 있겠죠. 이익 분배는 개별 기업 노동자에게 해당하는 부분과 사회적인 부분을 구분해 어느 기업에 속해 있는가에 의해 불이익이 확대되지 않도록 해야 하고요.

기업의 규모나 산업의 특성에 따라 일정 정도 내에서 협동조합적 소유를 보장하는 것도 검토할 필요가 있을 겁니다. 잘 알려져 있는 몬드라곤 협동조합 복합체와 같은 방식도 부분적으로 도입 가능하지 않겠어요? 몬드라곤은 노동하는 것을 전제로 기업 소유자의 일원이 될 수 있음을 규정해 소유 주체와 노동 주체의 분리 문제를 해결하고 있더군요. 이런 원칙 아래 노동자 집단에 의한 자율 경영과 균등 분배를 실현하고요. 또 중요한 의사결정을 할 때는 모든 조합원에게 동등한 투표권을 행사하도록 해서 민주적인 운영을 합니다. 그리고 자율적 경영을 위한 토대를 위해 정보 공유와 공개의 원칙을 지키고 있습니다.

아주 작은 규모라면 특정 산업 영역에서는 사적 소유가 공존하는 방안도 생각해볼 필요가 있습니다. 예를 들어 농업이 여기에 해당하겠지요. 현재의 기업농에 해당하는 대규모 농업 경영에 대해서는 지역별 혹은 작물별로 공유 방식을 채택하되, 소규모 농지에 대해서는 제한적으로 사적 소유를 허용하는 것이지요. 이것까지 모두 집단화하는 것은 역사적으로 볼 때도 여러 가지 무리가 따르기 때문입니다. 비용이 매우 많이 드는 농기계 등은 공동 소유를 통해 개별 농가가 부담 없이 사용할 수 있도록 보장해야 합니다.

결론적으로 제가 강조하고자 하는 점은 생산수단의 사회화, 생산자들의 자유로운 연합적 소유라는 큰 방향에서 모색할 수 있는 다양한 검토가 가능하다는 것입니다. 이 과정에서 제가 방금 얘기한 것 말고도 역사적으로 실험되었던 다양한 방식이 실험적으로 모색될 수 있겠죠.

박쌤 | 소유라는 것이 전체 사회의 생산력과 무관한 게 아니라는 점에서, 또 개인과 사회의 관계와도 밀접한 연관을 갖는다는 점에서 정말 어려운 문제이기는 한 것 같습니다. 제가 보기에는 방금 마르크스 선생이 언급한 소유 방식, 관리 방식에 그나마 가장 근접했던 역사적 경험이 유고슬라비아에서 있었던 노동자 소유와 자주관리일 것 같은데요. 여기에서도 무시할 수 없는 문제들이 많이 나타났거든요.

당시 유고슬라비아의 티토는 다른 사회주의 국가와는 달리 노동자에게 소유권을 돌려주고 노동자 자주관리를 통해 노동자가 생산관리의 주체가 되도록 했어요. 티토는 국가가 아니라 노동자가 직접 공장을 관리해서 경제 분야에서 국가의 역할을 축소하는 것이 필요하다고 주장했지요. 이들은 마르크스 선생이 오늘 강조한 '자유로운 생산자 연합', 즉 작업장과 공동체에 있는 모든 사람들에게 소유는 물론이고 중요한 결정에 모두가 공평하게 참여하는 조직을 만들기 위한 중요한 조치라고 주장했습니다. 새로운 사회는 위로부터 건설되거나 부과될 수 있는 것이 아니라, 아래로부터 그리고 대중 자신으로부터 성장해야 한다고 주장했고요.

1948년에 스탈린이 티토를 공산권에서 축출한 후 유고슬라비아 노동자 자주관리는 보다 본격화되었습니다. 1950년에 기업의 소유권을 노동자에게 돌려주고 노동자들은 노동자평의회를 조직하여 소유권을 행사하게끔 법을 제정했지요. 1950~1954년에 걸쳐서 모든 국영기업은 노동자 집단에 이양되었고 기업의 소유 형태는 국가적 소유로부터 노동자의 소유, 사회적 소유로 전환되었습니다. 이에 따라 기업 관리의 주된 책임은 노동자에 의해 선출되는 노동자평의회와 이에 의해 임명되는 경영위원회 및 기업장에게 맡겨졌어요. 노동자평의회 선거에서는 실제적인 선거를 위해 선출될 사람의 두 배 이상을 후보자 명단에 등록하도록 했습니다. 또 노동자 자주관리 제도가 공업뿐만 아니라 거의 모든 영역에 도입되었고요. 이때 사회주의 사회에서 이미 오래전에 잊혀진 '노동자에게 공장을!'이라는 표어가 나타났습니다.

흔히 과거 소련식의 전면적인 국유화와 국가 중심의 계획경제, 명령경제를 비판하면서, 노동자에 의한 직접 소유와 노동자에 의한 자주관리를 대안으로 제시하는 견해와 상당히 유사하지 않나요? 마르크스 선생이 오늘 얘기한 대안적인 모색과도 상당히 닮아 있고요. 하지만 유고슬라비아의 경험이 과연 소련이나 동유럽 사회주의 국가에서 나타난 문제들을 해결했는가 하는 의문이 듭니다. 유고슬라비아 노동자들이 다른 사회주의 국가의 노동자들에 비해 생활수준, 노동조건, 노동시간 등에 있어서 질적으로 차별성을 가졌다고 말하기 어려울 것 같거든요. 다른 나라들에 비해 노동자의 의사결정 권한이 상대적으로 컸던 것은 분명하지만, 진정한 의미에서 생산의 주체였을까요? 아주 자세한 통계나 생생한 현실을 직접 접한 것은 아니어서 자신 있게 결론적인 평가를 하기가 쉽지 않지만, 적어도 20세기 후반에 소련과 동유럽을 휩쓴 국가사회주의 체제의 몰락에 있어서 유고슬라비아도 전혀 예외가 아니라는 현실로 그 한계와 문제점을 어느 정도 짐작할 수 있지 않을까 싶습니다.

그런 점에서 과거의 경험들에 대한 철저한 분석과 평가로 대안적 소유 방식에 대한 더 정교한 제시가 필요할 것 같아요. 자본주의를 넘어서는 구체적인 대안은 그 운동 속에서 찾을 문제라는 식으로 넘어갈 수는 없거든요. 마르크스 선생이 활동하던 19세기와 지금은 상황이 많이 다르니까요. 이미 소련이나 동유럽을 통해 구체적인 소유 방식으로 국유화가 시도되었고요. 또 유럽의 자본주의 사회에서도 사회민주주의 세력이 대안적인 소유 방식을 실험했죠. 무엇보다도 과거 소련식 소유 방식의 문제점이 극명하게 드러나고, 기존 사회주의 국가가 붕괴한 지금 대안적인 소유 방식을 미래의 과제로 미룰 수 없는 상황에 도달해 있습니다. 사람들이 '그럼 구체적인 대안이 뭐냐?'고 묻는 게 당연한 상황인 거죠. 이에 대해 답을 주지 않고 그저 막연한 방향만 제시해서는 설득력을 갖기 어렵지요.

물론 이 모든 것을 마르크스 선생이 다 해결해야 했던 것은 전혀 아니겠지요. 하지만 마르크스 선생의 기본 원칙에 동의하는 후대의 사람들, 혹은 동의하지 않더라도 사적 소유를 넘어서고자 하는 사람들이 반드시 고민하고 대안을 제시해야 할 과제라고 생각합니다.

마르크스 | 흠~ 소유 문제는 생산력의 문제와 깊은 연관성이 있습니다. 유고슬라비아의 한계도 이와 관련이 있는 것 같네요. 티토가 추진한 노동자 소유나 노동자 자주관리 자체의 문제점보다는, 당시 유고슬라비아의 생산력 수준이 사회 구성원들을 충족시키기에 많이 부족했을 수도 있죠. 그래서 소련이나 동유럽 사회주의 국가, 나아가서는 유고슬라비아가 조건에 비해 너무 조급하게 사적 소유 폐지로 가버린 게 아닌가 하는 문제의식도 있어요.

그런 점에서 우리는 레닌의 고민을 이해할 필요가 있습니다. 레닌은 러시아 혁명 초기에는 전 산업에 걸친 급격한 국유화를 추진했지만 내전의 고비를 넘긴 후에는 신경제정책(NEP)으로 전환했습니다. 피폐해진 경제를 다시 활성화시키는 것이 일차적이라고 생각했기 때문이지요. 전면적인 국유화를 철회하고 공업과 농업 등 각 분야에 걸쳐서 필수적인 영역은 제외하고 사적 소유 혹은 협동조합적 소유를 폭넓게 인정하는 정책으로 전환했습니다. 그리고 오랫동안 사적 소유를 인정하고 사회 각 분야에서 보다 충분한 생산력의 발전을 이룬 후에 전면적인 사회화를 실시해야 한다고 생각했습니다. 하지만 안타깝게도 신경제정책은 레닌의 갑작스러운 죽음과 함께 중단되고, 스탈린에 의해 다시 전면적인 국유화로 치달았죠.

저는 레닌이 적절하게 방향 전환을 했다고 생각합니다. 당시 소련과 대부분의 동유럽 사회주의 국가들이 만약 레닌의 생각을 받아들였다면 결과는 달라졌을지도 모릅니다. 생산력 발전 상황과 사회 구성원들의 자발적인 동의 정도를 고려하면서, 순차적으로 생산수단에 대한 사적 소유를 폐지하는 방향으로 나아갔다면 말입니다. 특히 이 과정에서 유고슬라비아가 그랬듯이 국유화가 아니라 노동자 소유나 노동자 자주관리라는 대안을 설정했다면, 현실의 사회주의 붕괴와는 전혀 다른 길을 가지 않았을까요?

그리고 저는 과거 소련, 동유럽 사회주의 사회와 선진 자본주의 국가의 생산력이나 생활수준을 단순하게 비교하는 것도 곤란하다고 생각합니다. 사회주의 혁명 이전의 소련이나 동유럽 국가들은 매우 열악한 상황이었잖습니까? 사실상 식민지 상태에 놓여 있거나 혹은 전쟁 때문에 생산력과 생활수준이 굉장히 낮은 상태였다는 것을 감안해야 합니다. 그런데 어떻게 영국, 프랑스, 독일, 미국처럼 수준 높은 경제력을 가진 나라들과 단순 비교를 할 수 있겠습니까?

박쌤 | 역사에 가정이라는 게 얼마나 의미가 있는 것인지 모르겠지만, 저 역시 안타까움에 자꾸 가정을 해보곤 해요. 어쨌든 지금이라도 레닌의 신경제정책에 대해서는 여러모로 재검토해볼 필요성이

있을 것 같습니다. 특히 전면적인 국유화를 철회한 후에, 언제까지라고 못 박을 수는 없지만 오랫동안 각 분야에서 사적 소유가 인정되어야 한다고 강조한 점은 곰곰이 평가하는 게 필요하다는 생각입니다.

이번에는 마지막으로 다시 로크 선생에게 질문을 하겠습니다. 사적 소유와 관련해서 현대 사회로 들어와 불거진 중요한 쟁점이 있는데요. 정보에 대한 소유권 문제입니다. 정보화 사회로 진입하면서 여러 가지 변화가 나타나는데, 그 가운데 하나가 자본의 특성이 바뀌는 것입니다. 정보화 산업에서는 과거처럼 기계, 원료와 같은 물질적인 생산수단이 아니라 무형의 정보가 생산수단의 역할을 합니다. 물론 컴퓨터처럼 하드웨어를 생산하는 분야는 과거의 생산수단 개념과 다르지 않습니다. 하지만 정보화가 진전될수록 소프트웨어 비중이 커져가고 있습니다. 정보화 산업을 대표하는 마이크로소프트사가 대표적인 경우죠. 마이크로소프트사는 컴퓨터 운영체제라고 불리는 소프트웨어 제작 업체입니다. 이 업체는 불과 20년 사이에 세계에서 가장 대표적인 기업으로 부상했고, 대표인 빌 게이츠의 개인 재산은 약 400억 달러로 세계 억만장자 순위에서 1위를 차지할 정도입니다. 소프트웨어, 즉 정보 자체가 생산수단 역할을 하고 있는 것이죠.

이런 배경에서 정보에 대한 사적 소유권을 인정해야 하는지 첨예한 논쟁이 뒤따르고 있어요. 보통 정보에 대한 사적 소유권을 지적 재산권이라고 부르는데요. '카피라이트'는 지적 재산권을 옹호하는 입장이고요. '카피레프트'는 정보에 대한 권리를 모든 사람이 공유할 수 있도록 하자는 입장을 반영합니다.

　카피레프트 입장을 가진 사람들은 정보가 과거의 생산수단과는 전혀 다른 특징을 갖고 있다는 점을 근거로 정보 공유의 필요성을 말합니다. 일반 재화와는 달리 사용하거나 판매를 한다고 해서 없어지거나 줄어들지 않는다는 점, 즉 희소성을 특징으로 하는 일반 재화와는 달리 무한하다는 것이죠. 한번 생산된 정보로 모든 수요를 무한하게 충족시킬 수 있고요. 특히 특정 개인이 아닌 인류가 집단적으로 기여한 지적 자산 위에 정보가 만들어진 것이라는 점을 고려할 때 배타적인 사적 소유의 대상일 수 없다고 주장합니다. 이에 대해 로크 선생은 어떤 생각이신지요?

로크 | 당연히 정보에 대해서도 사적 소유권이 보장되어야 합니다. 소프트웨어 프로그램이든, 영상, 음악, 책이든 창작자의 노동이 투여된 모든 정보에 대해서는 예외 없이 배타적인 소유권이 엄격히 적용되어야 합니다. 창작자의 동의 없이 창작물을 복제하거나 사용하는 것은 다른 사람의 물건을 훔치는 것과 동일한 범죄행위입니다. 만약 정보에 대해 소유권을 인정하지 않는다면 누가 창작 의욕을 갖고 고된 노동을 하겠어요? 사유재산권을 인정해야 동기 부여가 되고, 그에 따라 정보의 수준이 더 높아져서 모든 사람에게 이익이 되지요.

박쌤 | 하지만 지적 재산권에 대한 반론도 만만치가 않습니다. 카피레프트를 대표하는 학자인 스톨먼은 인류의 지적 자산인 지식과 정

보를 소수가 독점해서는 안 된다고 주장합니다. 모두가 자유롭게 사용할 수 있어야 하기 때문에 저작권으로 설정된 정보 독점을 거부해야 한다고 하지요. 가장 대표적인 대상이 음악이나 영상에 대한 지적 재산권인데요. 인터넷상의 공유 프로그램으로 개인들이 음악이나 영상을 공유하는 것을 정당하다고 봅니다. 상업적인 목적으로 이익을 보려는 것이 아닌 한, 음반이나 책을 서로 빌려서 보는 것과 마찬가지로 제한 없이 공유할 수 있어야 한다는 것이죠.

로크 | 인터넷상으로 저작권 대상이 되는 정보를 공유하는 것과 책이나 음반을 주변 사람에게 빌려주는 것은 차원이 다릅니다. 인터넷을 통한 정보의 공유는 순식간에 대규모로 이루어진다는 점에서 정보를 생산한 소유권자에게 직접적인 피해를 줍니다. 하지만 한번 생산한 정보는 줄어들거나 없어지지 않고도 모든 수요를 충족시킬 수 있다는 특성을 고려한다면, 소유권자의 동의를 얻어 비교적 저렴한 가격에 구입할 수 있는 것 정도가 허용될 수 있겠지요.

박쌤 | 일단 노동을 통해 만들어진 것이기만 하면 그것이 무엇이든 무조건 배타적인 소유권이 보장되어야 할까요? 노동을 통해 만들어졌지만, 비용을 지불하지 않고 대규모로 공유가 이루어지고 있다는 것을 사회적으로 용인하는 경우도 꽤 있는데요. 가장 대표적인 것이 도서관일 것 같습니다. 책은 노동을 통해 생산한 정보이고 도서관은 대규모적인 공유가 이루어지는 곳이잖아요. 특히 유럽은 공공 도서관이나 초, 중, 고, 대학교 도서관 등이 굉장히 많고 보관되어 있는

장서도 풍부한 편입니다. 그래서 상당히 많은 사람들이 무료로 이용을 하고 있지요.

그래서 어떤 면으로는 저자나 출판사가 피해를 보는 면도 있습니다. 유럽의 경우 한국에서 나타나는 베스트셀러 현상이 별로 없어요. 예를 들어 세계적으로 잘 알려진 프랑스 작가인 베르나르 베르베르의 소설은 한국에서 출간되기만 하면 엄청나게 팔립니다. 하지만 정작 프랑스에서는 많은 사람들이 보긴 하지만 그만큼 팔리지는 않는다고 하더군요. 사람들이 도서관에서 빌려보기 때문입니다. 저자나 출판사는 적어도 금전적인 측면에서는 피해를 보겠죠. 그래서 요즘에 이 작가는 새로운 작품을 낼 때 프랑스어판과 한국어판을 거의 동시에 출간하더군요. 큰돈은 한국이 벌어주니까요.

책이라는 노동의 결과물을 많은 사람들이 도서관을 통해 무상으로 공유하지만, 도서관에서 책을 빌려주지 말라거나, 도서관은 도적질을 지원하는 곳이라거나 하는 비판은 하지 않아요. 오히려 도서관에서 아무런 비용도 지불하지 않고 정보를 공유하는 것을 권장하지요. 그런데 왜 인터넷을 통한 공유는 범죄처럼 규정해야 하죠?

로크 | 몇 가지 점에서 인터넷을 통한 정보 공유와 도서관은 본질적인 차이를 갖고 있습니다. 먼저 도서관의 책은 다 보면 반납을 해야 하지만 인터넷상의 공유는 다운을 받아서 개인이 소유하는 행위입니다. 그리고 아무리 도서관이 대규모라고 해도 전 세계에서 실시간으로 접속할 수 있는 인터넷에 비할 수는 없겠지요.

박쌤 | 중요한 것은 정보를 공유해서 사용하는 것이죠. 지적 재산권은 일차적으로 공유를 통한 사용에 대해서 범죄로 규정하는 것이잖아요. 그리고 공유를 통한 소유 여부를 차이라고 반박하는 것은 별로 설득력이 없어요. 도서관을 통해서도 어느 정도의 소유를 하는 것은 가능하거든요. 웬만한 도서관이면 다 복사 시설을 갖추고 있어서 필요한 부분을 복사해서 가질 수 있으니까요. 물론 책 전체를 복사하는 것은 안 되지만 부분적으로는 가능하죠. 그런데 인터넷을 통한 공유도 이 점은 마찬가지예요. 음반 전체를 다운받는 것이 아니라 보통 한 곡씩 공유 프로그램에 올리고 다운을 받거든요.

복사비라는 비용을 지불하는 것 아니냐고 반문할지 모르겠네요. 하지만 여기에서 복사비는 정보에 대한 지적 재산권 비용을 지불하는 것이 아니라 순수한 복사기 사용료에 해당하는 것이니까 경우가 전혀 다릅니다. 인터넷 회선 사용료를 내야 하듯이 기계적인 비용이라 할 수 있어요. 도서관에서 돈을 주고 책을 구입하는 것처럼 음반도 마찬가지예요. 사람들이 음반을 구입해서 이를 파일 형태로 변환시켜 공유하는 것이니까요.

또한 지적 재산권을 주장하는 많은 사람들이 규모의 정도를 비교해서 인터넷을 통한 정보 공유의 부당성을 주장하는데요. 그럼 도둑질을 크게 하면 범죄고, 작게 하면 정당한가요? 이건 논리적으로 말이 안 돼잖아요? 물론 도서관보다 인터넷이 훨씬 더 대규모적인 공유가 가능하겠지요. 하지만 어쨌든 대규모적인 공유라는 성격은 같아요. 그러니 인터넷을 통한 정보 공유가 범죄라면 도서관을 운영하는 것도 범죄 행위로 규정해야 합니다. 반대로 도서관을 통한 정보 공유가 정당한 것이라면 인터넷을 통한 정보 공유도 그래야 하고요. 그래야 논리적으로 타당성을 갖는 것 아닌가요? 이런 점에서 '노동을 통한 생산물은 무조건 사적 소유'라는 배타적 권리가 성립해야 한다는 논리에 반론이 성립할 수 있는 것 아닐까요?

로크 | 저의 소유론을 일관성 있게 적용한다면 도서관을 통한 정보 공유도 사적 소유권 차원의 엄격한 제한이 필요합니다. 도서관을 통한 공유에 공식적으로 동의하는 저자와 출판사의 책들만 도서관에 비치하는 것으로 제한하는 것이죠. 그 외의 책들은 독자들이 비용을 지불하고 구입을 하게 만들어야 합니다.

박쌤 | 그렇게 하면 논리적인 일관성을 갖기는 하겠죠. 하지만 정말 그렇게 해야 하는가는 별개의 문제로 남을 것 같습니다. 인류 역사 속에서 정보 공유의 장이었던 도서관을 사적 소유권 때문에 제한적으로 이용하게 하는 것이 과연 올바른 것일까요? 이 문제는 여전히 우리에게 고민을 필요로 하는 대목이 아닐까 합니다.

이제 마무리를 할 시간이 되었습니다. 오늘 크게 두 가지 주제를 다루었지만, 이 안에는 참 많은 쟁점이 포함되어 있었습니다. 사적 소유권의 정당성 문제로 시작해서 역사적 경험 속에서 나타난 다양한 소유 방식에 대한 평가, 대안에 이르기까지 다양한 논의가 있었지요. 뒷부분에서는 두 분에게 제기될 수 있는 반론을 제가 대신해서 문답식으로 논쟁을 이어갔고요. 어느 것 하나 만만한 게 없는 논쟁이었습니다. 그래서 더욱 소유론과 관련한 그동안의 논쟁을 분명하게 정리하고, 우리가 새롭게 고민해야 할 과제들을 제시하는 데 많은 도움이 되지 않았나 싶습니다. 마지막으로 오늘 논쟁을 마치면서 한국 독자들에게 도움이 될 말씀 한마디씩 부탁드리겠습니다.

로크 | 진땀이 나는 논쟁이었습니다. 다들 아시다시피 마르크스 선생이 워낙 날카롭고 논쟁적인 양반이라 고생 좀 했습니다. 특히 제가 활동하던 시기와 여러 가지 점이 다른 현대 사회까지 고려하면서 논쟁을 하느라 머리가 아팠습니다. 허허~ 하지만 그만큼 좋은 시간이었지요.

　마지막으로 하고 싶은 말은, 소유 문제에 접근할 때는 언제나 현실의 인간에서 출발해야 한다는 겁니다. 사람들은 이상적인 인간의 틀을 만들어 현실의 인간을 이 틀에 맞추려고 합니다. 마치 인간이 서로를 위해 선하게 결합해서 자신보다는 타인에게, 혹은 서로에게 이익이 되는 결실을 맺으려고 하는 존재처럼 말이죠. 하지만 이제는 발상을 바꾸어야 합니다. 그래야 역사의 오류를 반복하지 않을 테니까요. 인간은 자신을 위해 일하고, 그 성과물을 소유하고 사용할 때도 자신을 최우선으로 생각합니다. 이것이 현실의 인간입니다. 소유 문제를 논의할 때 바로 여기서 출발해야 합니다.

마르크스 | 저 역시 진땀이 나기는 마찬가지였습니다. 기존 사회주의 사회가 붕괴된 현실에서 자본주의적 소유를 넘어서는 소유 문제를 다루는 것 자체가 많은 편견과 싸우는 과정이기 때문입니다. 하지만 소유 문제는 인류가 규명하고 풀어나가야 할 가장 근본적인 문제이

기 때문에 회피하지 않고 정면으로 논의해야 합니다. 그런 점에서 로크 선생과의 논쟁은 매우 유익한 시간이었습니다.

저는 현대 사회에서 많이 읽히고 있는 피에르 상소의 《느리게 산다는 것의 의미》에 나오는 내용으로 마무리를 대신할까 합니다. 소유 문제에 대한 성찰을 위해 곱씹을 만한 내용을 담고 있더군요.

"무언가를 소유하고, 능력을 갖추고, 가치를 지니는 것. 이런 것은 우리의 평안을 깨뜨리고 괴롭힌다. 소유가 우리를 괴롭히는 까닭은, 그것이 우리로 하여금 궁핍을 모르게 하고, 우리의 정체성을 더욱 크게 부풀리기 때문이다. 그렇게 재물이 우리가 할 일을 대신할 때, 우리는 스스로 존재할 수 없다. 더군다나 우리는 다른 사람을 착취해서 재산을 증식시키는 경우가 대부분이지 않은가. 나는 더 많이 소유하고, 더 많은 능력을 지니고, 더 나은 가치를 지니고 싶었다. 그런데 알고 보면, 이런 욕망은 인간이 존재하기 위한 가장 기본적인 요소라고 할 수 있는 애정이 결핍되었을 때 나타나는 결과이다."

박쌤 | 오랜 시간 진지하게 논쟁을 이끌어주신 두 분께 진심으로 감사의 인사를 드립니다. 저도 오늘 논쟁을 잊지 못할 것 같습니다. 두 분 역시 워낙 다양한 영역에서 두드러진 학문적 성과를 이룬 분들이어서 또 다른 주제로 만나게 될지도 모를 텐데요. 그때도 긴장감 넘치는 논쟁을 부탁드리겠습니다.

지식넓히기 2

로크와 마르크스 이해

로크 (John Locke, 1632~1704)

로크는 경험론의 발판을 놓은 영국의 초기 계몽주의 철학자이다. 법조인의 아들로 태어나 옥스퍼드대학에서 의학과 철학을 공부하였다. 이후 데카르트 철학과 자연과학에 몰두하였다. 1665년에 외교관의 비서로서 약 1년간 베를린에 머무르며 정치, 경제학을 연구했다. 이를 계기로 약 10여 년간 정치 무대에서 활동을 한다. 로크는 백작 애슐리의 서기로 발탁되어 1675년에는 무역 식민위원회의 서기장에 임명되기도 한다. 약 4년 동안 휴양 생활을 한 후 1679년 영국으로 돌아온다.

    로크는 영국으로 귀국한 해에 주목할 만한 저작들을 출판한다. 영국 경험주의 철학의 효시라고 할 수 있는 《인간 지성론》, 《통치론》, 《관용론》 등이 모두 이때 출간되었다. 《인간 지성론》은 버클리, 데이비드 흄으로 이어지는 영국 경험론의 시초가 되는 저작이다. 이 책에서 로크는 데카르트식의 선천적인 고유 관념을 부정한다. 인간은 백지상태로 태어났는데 감각과 반성이라는 두 가지 경험의 통로를 통해서 비로소 정신의 알맹이를 만들어간다는 것이다. 《관용론》

에서 로크는 교회와 국가의 분리를 주장하고, 종교는 개인과 창조주 사이의 개별적인 문제임을 강조한다. 정치적 관용론의 역사에서 신기원을 연 책으로 평가받고 있다.

로크는 인식론철학 분야에서는 '영국 경험주의 철학의 아버지'로, 법철학 분야에서는 '위대한 자연법 사상가'로, 그리고 정치철학 분야

로크

에서는 '근대 정치이론의 확립자', '위대한 민주주의 사상가'로 높이 평가되고 있다. 특히 정치이론 분야에서 로크는 처음으로 헌정민주정치와 자연권리를 주장했다. 그의 정치이론들은 미국, 영국, 프랑스 등 여러 국가들에 큰 영향을 끼쳤다. 로크의 자유주의는 미국에서 신성시 되었고 민족이론으로까지 발전되었다. 그의 사상은 미국 정치가 토머스 제퍼슨에게 크나큰 영향을 주었고, 이는 후에 독립혁명의 밑거름이 되었다. 로크가 프랑스에 끼친 영향은 더욱 엄청나다. 그의 사상은 훗날 프랑스 계몽주의 운동, 즉 프랑스 대혁명 등의 대사건에 크나큰 영향을 주었다.

《통치론》

《통치론》은 로크의 정치철학을 대표하는 저서이다. 이 책의 원제는 《통치에 관한 두 개의 논문》이다. 두 개의 논고로 이루어져 있는데, '제1논고'는 로버트 필머가 왕권신수설을 피력한 저술 《족장론》에

대한 반론이다. '제2논고'는 시민적 통치의 기원과 정당성, 그리고 통치기관의 정당성이 상실되는 경우와 그럴 때 시민들이 취할 수 있는 조처에 대한 내용이다.

로크가 직간접적으로 참여했던 명예혁명(1689)의 이론적 정당화에 《통치론》의 집필 동기가 있든 없든, 결과적으로 그의 통치론에서 개진된 민주주의 대의정치론은 명예혁명 이후 세계 정치문화를 선도하는 사상이었다. 이 저작은 부정의한 권위에 대한 저항권, 즉 최후 수단으로서의 혁명권을 인정한 내용으로도 유명하다. 절대군주제를 비판하고 영국 국왕의 자의적 권력을 견제하는 헌법적 한계에 관련된 결론을 이끌어내고 있다.

로크의 정치사상은 영국의 권리장전(1689)은 말할 것도 없고, 미국의 독립선언문(1776)과 그에 이어지는 미국의 헌법(1787), 그리고 프랑스의 '인간과 시민의 권리 선언'(1789)의 정신과 그 핵심을 같이하고 있다. 이 기본 정신이 오늘날 거의 모든 세계 각국의 인권사상과 헌법의 바탕을 이루고 있으며, 로크가 《통치론》에서 주장한 소유권 이론이 자본주의 정당화 이론의 핵심이기도 하다. 그러므로 로크의 정치철학은 현대 자유민주주의 사회의 기본적인 가치관을 대변한다고 볼 수 있다.

《통치론》은 사회 구성원의 권리와 통치 체제의 정당한 운영 원리를 밝히고 있다. 로크는 루소나 홉스 등의 사회계약론자들처럼 자연 상태에 대한 이해로부터 출발한다. 모든 사람들은 자연적인 권리로 생명, 자유, 재산의 천부적 권리를 가지고 있다. 그는 자연 상태에는 "이를 지배하는 자연법이 있으며 누구나 이에 복종해야 한다. 그리고 인간의 이성은 바로 자연법에 다름 아닌 것으로, 모든 인류에게 인간은 모두 평등하고 독립된 존재다. 그러므로 다른 인간의 생명, 건강, 자유, 또는 소유물을 손상시켜서는 안 된다고 가르친다."고 주장한다. 그러나 자연 상태는 흠 없는 낙원이 아니며 실제로 도처에서 전쟁이 횡행할 수 있다고 말한다. 그는 모든 사람이 각자에게 자연법을 집행할 수 있는 권력을 가지고 있는 자연 상태의 '불편함'을 의식하고 있으며, '사악한 본성, 격정, 복수심'으로 인하여 사람들이 '다른 사람들을 처벌함에 있어 도가 지나치게 되어 결국 혼란과 무질서만이 초래될' 위험을 인정한다. 그러므로 정부의 수립은 이에 대한 해결책이다.

    로크는 소유권에 관하여 18세기의 고전 경제학자인 애덤 스미스, 리카도 등을 거쳐 후일 사회주의 경제학에서 개화하는, 소위 '노동가치설'의 원시적 형태가 되는 주장을 한다. 즉 인간 신체의 노동과 그의 작용이 공유물인 자연으로부터 사적 소유물을 만들어낸다는 것이다. 노동은 의심할 여지없이 노동하는 사람의 소유이다. 이 노동을 물질적 대상과 결합시킴으로써 그가 만들어낸 것에 대한 권리를 획득하는 것이다.

마르크스 (Karl Marx, 1818~1883)

마르크스는 독일의 작은 도시 트리어에서 태어났다. 베를린대학에서 법률, 역사, 철학을 공부하다가 헤겔을 접하게 되어 급진적 성향을 가진 헤겔좌파에 가담하였다. 1841년에 대학을 졸업하면서 〈데모크리토스의 자연철학과 에피쿠로스의 자연철학의 차이〉라는 졸업논문을 발표하여 박사 학위를 받았다. 1842년에 퀼른으로 이주하여 급진적 성향을 가진 《라인신문》의 주필로 취임해서, 혁명적 민주주의 입장에서 프로이센의 절대주의를 비판하였다. 마르크스는 이 시기에 관념론적 견지에서 벗어나 유물론적 세계관을 가지게 되었고, 혁명적인 민주주의자에서 과학적 공산주의자로 탈바꿈하게 되었다.

1844년 파리에서 엥겔스를 처음으로 만났으며, 이때부터 그들은 평생 동안 이론과 실천에 있어서 동지 관계를 이어갔다. 마르크스는 엥겔스와 함께 청년헤겔파의 지도자인 바우어를 비판하며 《신성가족》을 저술하였다. 그리고 독일 고전철학과 영국, 프랑스의 경제학, 프랑스 사회주의 등 19세기 학문적 성과의 3대 유산을 계승하고 발전시켜 과학적 사회주의의 세계관, 즉 변증법적 유물

마르크스

론의 토대를 밝힌 《독일 이데올로기》를 완성하였다. 또 무정부주의적 사회주의자인 프루동의 《빈곤의 철학》을 비판하는 《철학의 빈곤》을 발표하였다. 마르크스와 엥겔스는 비밀선전단체인 '공산주의자동맹'에 가입하고 1847년에 런던에서 개최된 제2차 대회에 참가한다. 이들은 대회의 위임을 받아 《공산당 선언》을 작성하여 발표한다. "만국의 프롤레타리아여, 단결하라!"는 힘찬 구호가 담긴 이 문헌은 과학적 공산주의의 첫 강령적 문헌이다.

마르크스는 엥겔스의 도움을 받아 런던에서 생활하며 그의 대표적 저작 중 하나인 《자본론》을 집필하는 데 몰두한다. 마르크스는 《자본론》에서 잉여가치 법칙이 자본주의의 운동 법칙이며 자본주의적 생산의 절대적 법칙이라는 것을 밝혔다. 잉여가치 법칙을 발견하고 그 본질과 자본주의 발전에서의 역할을 밝힌 것은, 후세에 그 오류를 지적하는 비판에도 커다란 공적으로 꼽히고 있다. 빈궁 속에서 건강을 해치면서도 《자본론》의 완성을 위해 심혈을 기울였으나, 완성하지 못하고 1883년에 런던에서 폐종양으로 숨을 거두었다.

《가족, 사유재산, 국가의 기원》

엥겔스는 마르크스가 남긴 원고들을 정리하면서 루이스 헨리 모건의 《고대사회》에 관한 비판적 평주들을 발견한다. 그리고 이것을 확장시켜 인류 문명사를 총체적으로 파악해보자는 계획을 세운다. 그 성과물이 《가족, 사유재산, 국가의 기원》이다. 이 책은 마르크스가 기초를 닦은 유물론적인 관점에서, 고대부터 근대에 이르는 역사적 과정을 규명하는 작업이었다.

서문에서 엥겔스는 유물론적 역사 연구의 기본 방침을 다음과 같이 제시한다.

"유물론적 관점에 따르면, 다음의 요인들이 역사를 종국적으로 규정한다. 직접적 생활의 생산과 재생산. 이것은 다시 두 측면으로 나누어진다. 하나는 생활 수단들의 생산, 즉 의식주의 대상들과 그것에 필요한 도구들의 생산이다. 다른 하나는 인간 자체의 생산, 즉 종의 번식이다. 특정한 시기와 특정한 지역의 인간들이 그 속에서 생활하는 사회적 제도는 두 종류의 생산에 의해 규정된다. 하나는 노동의 발전 단계에 의해, 다른 하나는 가족의 발전 단계에 의해."

이러한 '생산과 재생산'의 관점에서 현대의 전사(前史)를 규명하고 현대 자본주의 사회의 문제점을 분석한 후, 대안적인 사회를 제시한다. 엥겔스가 인류 문명사를 읽는 키워드는 이 책의 제목에서도 알 수 있듯이 '가족, 사적 소유, 국가'이다. 다시 말해서 현대적인 형태의 가족(일부일처제), 사적 소유(자본주의적 사적 소유), 국가(근대 국가)가 어떻게 형성되었는가, 이 형태의 문제점은 무엇인가, 앞으로 어떻게 변화할 것인가 등을 분석한다.

《자본론》

《자본론》은 자본주의 사회에 대한 내재적 비판을 의도한 것으로, '사회주의 바이블'로 평가된다. 많은 경제학자들이 이 책의 이론들을 분석하고 있다. 마르크스 자신의 손으로 간행된 것은 제1권(1867)뿐이며, 그의 사후 엥겔스에 의해 유고가 정리되어 1885년에 제2권, 1894년에 제3권이 출간되었다. 《자본론》은 당시 마르크스가 접할 수 있었던 인류 사회의 모든 지적 발전의 성과물을 고스란히 반영하고 있다.

《자본론》의 목적은 자본주의 사회의 경제적 운동 법칙을 분면하게 분석하는 것이다. 마르크스는 이 작업을 가장 간단하고 추상적인 경제학의 범주인 상품 분석에서부터 시작한다. 그리고 점차 복잡하며 구체적인 범주로 논리가 전개된다.

이 저작은 크게 세부분으로 이루어져 있다. 제1권에서는 '자본의 생산과정'을 분석하는데, 자본주의의 '세포'에 해당하는 상품을 분석하는 것으로 시작한다. 그리고 어떻게 잉여가치가 창출되는지, 자본의 축적은 어떻게 이루어지는지에 대해 가장 기초적인 분석을 전개한다. 제2권의 주제는 '자본의 유통 과정'이다. 자본의 회전이 이루어지는 메커니즘을 분석한다. 제3권에서는 '자본주의적 생산의 총과정'을 종합적으로 고찰한다. 생산과정과 유통 과정을 통합해 파악하면서, 생산 영역에서 창출된 잉여가치가 각 계급에게 어떻게 분배되는지를 다룬다. 그리고 이 과정에서 격화되는 자본주의의 모순을 분석하고 있다.

| 통치론

소유권에 관하여 | 자연의 이성은 인간이 일단 태어나면 자신의 보존에 대한 권리, 따라서 고기와 음료, 기타 자연이 그들의 생존을 위해서 제공하는 것에 대한 권리를 가진다고 가르친다. 또한 하느님께서 아담에게 그리고 노아와 그의 자손들에게 세계를 주신 것에 대한 설명을 담고 있는 계시에 따르면, 다윗 왕이 하느님께서 "땅은 사람들에게 주셨다"(시편, 115:16)라고 말한 것처럼 신이 그것을 인류에게 공유물로 준 것은 명백하다. 그러나 이 점을 가정하면 대체 어떤 사람이 어느 사물에 대해서 어떻게 소유권을 가지게 되었는가는 매우 어려운 질문인 것처럼 보인다. 나는 이 질문에 대해서 다음과 같이 답변하는 것만으로는 만족할 수 없다. 그 답변이란 하느님께서 아담과 그의 후손들 중에서 오직 직계 상속자들에게만 이 세계를 주셨다는 가정에 입각해서는 한 사람의 보편적인 군주를 제외한 어떤 사람이 소유권을 가진다는 사실은 [입증하기

가 더욱더] 어렵다는 것이다. 그러나 나는 하느님께서 인류에게 공유물로 준 대지의 여러 곳에서 사람들이 어떻게 해서 소유권을 가지게 되었는가를, 그것도 공유자들 간의 명시적인 협정이 없이 가지게 되었는가를 보여주기 위해서 노력하겠다.

사람들에게 세계를 공유물로 주신 하느님은 또한 그들에게, 삶에 최대한 이득이 되고 편의에 봉사하도록 세계를 이용할 수 있는 이성을 주셨다. 대지와 그것에 속하는 모든 것은 인간의 부양과 안락을 위해서 모든 인간에게 주어진 것이다. 그리고 대지에서 자연적으로 산출되는 모든 사실과 거기서 자라는 짐승들은 자연발생적인 작용에 의해서 생산되기 때문에 인류에게 공동으로 속한다. 따라서 그런 것들에 대해서는 그것들이 자연적인 상태에 남아 있는 한, 어느 누구도 처음부터 다른 사람을 배제하는 사적인 지배권을 가지지 않았다. 하지만 사람들에게 이용하도록 주어진 이상, 그것들을 특정한 사람이 일정한 용도에 맞게 사용하거나 그것으로부터 이득을 얻기 위해서는 이러저러한 방법으로 그것들을 수취할 수 있는 수단이 있어야 마땅하다. 인클로저(inclosure)에 대해서 전혀 모르며, 여전히 공유지를 빌려 쓰는 데에 불과한 야생의 인디언을 먹여 살리는 과일이나 사슴 고기가 그의 삶을 지탱하는 데 유용한 것이 되기 위해서는 먼저 그의 것이 되어야 한다. 다른 사람은 그것에 대해서 더 이상 어떠한 권리도 가지고 있지 않는, 곧 그 자신의 일부인 그의 것이 되어야 한다.

비록 대지와 모든 열등한 피조물은 만인의 공유물이지만, 그러나 모든 사람은 자신의 일신(person)에 대해서는 소유권을 가지고 있다.

이것에 관해서는 그 사람 자신을 제외한 어느 누구도 권리를 가지고 있지 않다. 그의 신체의 노동과 손의 작업은 당연히 그의 것이라고 말할 수 있다. 그렇다면 그가 자연이 제공하고 그 안에 놓아둔 것을 그 상태에서 꺼내어 거기에 자신의 노동을 섞고 무언가 그 자신의 것을 보태면, 그럼으로써 그것은 그의 소유가 된다. 그것은 그에 의해서 자연이 놓아둔 공유의 상태에서 벗어나, 그의 노동이 부가한 무언가를 가지게 되며, 그 부가된 것으로 인해 그것에 대한 타인의 공통된 권리가 배제된다. 왜냐하면 그 노동은 노동을 한 자의 소유물임이 분명하므로, 타인이 아닌 오직 그만이, 적어도 그것 이외에도 다른 사람들의 공유물들이 충분히 남아 있는 한, 노동이 첨가된 것에 대한 권리를 가질 수 있기 때문이다.

 떡갈나무 밑에서 자신이 주운 도토리나 숲속의 나무에서 딴 사과를 섭취한 사람은 확실히 그것들을 그 자신의 것으로 수취한 사람이다. 어떤 사람도 섭취한 것이 그의 것임을 부인할 수 없다. 그렇다면 나는 묻겠다. 언제부터 그것들은 그의 것이 되었는가? 그가 소화했을 때? 아니면 그가 먹었을 때? 아니면 그가 삶았을 때? 아니면 그가 그것들을 집에 가져왔을 때? 아니면 그가 그것들을 주웠을 때? 그런데 그가 그것들을 처음으로 주워 모았을 때 그의 것이 되지 않았다면, 그 밖의 다른 어떤 행위도 그것들을 그의 것으로 만들 수 없었을 것이라는 점은 분명하다. 그러한 노동이야말로 그것들과 공유물 간의 구별을 가져온다. 노동이 만물의 공통된 어머니인 자연보다 더 많은 무엇을 그것들에게 첨가한 것이다. 그리하여 그것들은 그의 사적인 권리가 된다. 그런데 어느 누가 그렇게 수취한 도토리나 사과에 대해서, 그는 그것들을 자신의 것으로 만들기 위해서 필요한 모든 인류의 동의를 받지 않았기 때문에 아무런 권리가 없다고 말할 것인가? 모든 사람에게 공통으로 속하는 것을 자신이 그렇게 차지하는 것은 강탈인가? 만약 그런 동의가 필요했다면, 인간은 신이 모든 것을 충분히 주었음에도 불구하고 이미 굶어 죽었을 것이다. 협정에 의해 공유지로 남아 있는 것에서 소유권이 시작되는 것은 바로 공유물의 어떤 부분이든 그것을 취해서 자연이 남겨둔 상태로부터 꺼내는 것이라는 점을 우리는 알고 있다. 그러한 일이 없다면 공유지는 아무런 소용이 없다. 그리고 어떤 부분을 떼어 가지는가는 모든 공유자의 명시적인 동의에 의존하지 않는다. 따라서 나의 말이 뜯어먹는 풀, 내 하인이 떼어온 잔디의 뗏장, 내가 다른 사람과 공유권을 가지고 있는 지역에서 내가 채취한 광물은 다른 사람의 양도나 동의 없이도 나의 소유물이 된다. 나 자신의 것인 노동이 그것들을 원래의 공유 상태에서 제거함으로써 나의 소유권을 그것들에 설정한다.

 이러한 견해에 대해서는 아마도 다음과 같은 반론이 제기될 법하다. 만약 대지의 도토리나 다른 과실 등을 주워 모으는 것이 그것들에 대한 권리를 준다면, 누구든지 그가 원하는 만큼 많은 양을 독점하게 될 것이라는 반론이 그것이다. 이에 대해서 나는 그렇지 않다고 답변하겠다. 우리에게 이런 수단을 통해서 소유권을 부여하는 동일한 자연법이 또한 그 소유권을 제한하기 때문이다. "하느님은 우리에게 모든 것을 풍성히 주셔서 즐기게 해주시는 분이십니다"(디모테오에게 보낸 첫째 편지, 6:17)라는 구절은 영감에 의해 확인된 이성의 목소리다. 그러나 하느님은 우리에게 얼마나 주셨는가? 즐길 수 있는 만큼, 어느 누구든지 그것이 썩기 전에 삶에 이득이 되도록 사용할 수 있는 만큼 주셨다. 곧 그가 자신의 노동에 의해 자신의 소유로 확정할 수 있는 만큼, 주셨던 것이다. 그것보다 많은 것은 그의 몫을 넘어서며, 다른 사람의 몫에 속한다. 하느님은 그 어떤 것도 인간이 썩히거나 파괴해버리도록 만들지는 않았다. 오랫동안 세계에는 자연이 제공하는 것이 풍성하게 존재했고 그 사용자는 적었다. 그리하여 한 인간이 자신의 근면으로 그 풍성함의 일부분을 차지하더라도 다른 사람에게 손해가 될 정도로 그것을 독점하는 경우란 거의 없었다. 특히 이성에 의해서, 그의 사용에 이바지하는 정도로 정해진 한계를 지킨다는 점을 고려할 때 말이다. 이러한 점을 고려할 때 그렇게 설정된 소유권을 둘러싼 분쟁이나 다툼이 일어날 여지란 거의 없었던 것이다.

그러나 이제 와서는 소유권의 주된 대상이 대지에서 나오는 과실 또는 거기 사는 짐승들이 아니라, 그것들이나 다른 모든 것을 담고 있는 대지 자체가 되어가고 있다. 대지에 대한 소유권도 전자와 마찬가지 방법으로 획득되는 것이 명백하다고 생각한다. 한 인간이 개간하고, 파종하고, 개량하고, 재배하고, 그 산물을 사용할 수 있는 만큼의 토지가 그의 소유이다. 그는 자신의 노동을 통해서, 말하자면 그것을 공유지로부터 떼어내어 울타리를 친 셈이다. 이에 대해서 모든 사람이 그 토지에 대한 평등한 권리를 가지고 있고, 또 그렇기 때문에 어느 누구든 공유자인 모든 인류의 동의가 없이는 토지를 수취하거나 울타리를 쳐서 자기 것으로 만들 수 없다고 말하는 반론도 있지만, 그 반론이 그의 권리를 무효로 하지는 않을 것이다. 하느님께서 세계를 모든 인류에게 공유로 주셨을 때, 그는 인간에게 또한 노동할 것을 명했고, 인간은 자신이 처한 궁핍한 상황으로 인해 노동을 하지 않을 수 없었다. 하느님과 인간의 이성은 인간에게 대지를 정복할 것, 곧 삶에 이익이 되도록 그것을 개량하고 그것에 그 자신의 것인 그의 노동을 첨가할 것을 명하였다. 하느님의 이러한 명령에 복종하여 토지의 일부를 경작하고 씨를 뿌린 사람은 그것을 통해서 그의 소유인 무엇인가를 그 토지에 첨가한 셈이다. 따라서 다른 사람은 그것에 대해 아무런 권리를 주장할 수 없으며, 그에게서 그것을 빼앗고자 한다면 그의 권리를 침해하는 것이 된다.

이런 식으로 토지를 개량함으로써 그 일부를 수취하는 것은 그 밖의 다른 사람에게 아무런 피해가 되지 않는다. 왜냐하면 여전히 많은 토지가 남아 있고, 아직 토지를 가지지 못한 자가 사용할 수 있는 것보다 더 많은 토지가 남아 있기 때문이다. 어떤 사람도 다른 사람이 물을 잔뜩 퍼마셨다고 해서 피해를 입는다고 생각할 수 없다. 왜냐하면 그에게는 갈증을 충분히 만족시킬 수 있는 전과 다름없는 강물이 남아 있기 때문이다. 따라서 토지든 물이든 둘 다 충분히 남아 있는 경우라면 사정은 전적으로 동일하다.

실상 영국이나 기타 다른 나라들처럼 화폐를 매개로 하여 상업에 종사하는 많은 사람들이 일정한 정부 하에서 살고 있는 곳에서는, 어떤 사람이든지 공유지의 일부분을 다른 모든 동료 공유권자들의 동의 없이 울타리를 치거나 자기의 소유로 취할 수 없는 것이 사실이다. 왜냐하면 이것은 협약, 곧 위반해서는 안 되는 그 나라의 법에 의해서 공유지로 남아 있기 때문이다. 그리고 비록 그것이 일부 사람들에 대해서는 공유지이지만, 모든 인류에게 그런 것은 아니다. 그것은 이 나라 또는 이 교구의 공동재산이다. 게다가 그렇게 울타리를 친 후에 남은 땅은 나머지 공유권자들에게, 그들 모두가 공유지 전부를 사용할 수 있었을 때 그랬던 것만큼 충분하지는 않을 것이다. 반면에 최초에 세계의 거대한 공유지에 사람들이 살기 시작했을 때는 사정이 매우 달랐다. 인간을 지배하던 법은 토지를 가지는 것을 오히려 권장하는 편이었다. 신은 인간에게 노동을 명했고, 인간은 궁핍으로 인해 노동을 하지 않을 수 없었다. 그가 노동을 투하한 곳이 어디든 그곳은 그에게서 빼앗을 수 없는 그의 재산이었다. 그러므로 땅을 개간하거나 경작하는 것과 그것을 지배하는 것은 우리가 보는 것처럼 서로 연관되어 있었다. 전자는 후자에게 정당한 권리를 부여하였다. 그리하여 신은 인간에게 대지를 정복하라고 명함으로써 수취할 권한을 주었다. 그리고 노동과 작업을 할 물자를 필요로 하는 인간의 삶의 조건 때문에 필연적으로 사유재산이 생기게 되었다.

    자연은 소유권의 한도를 인간의 노동의 정도와 삶의 편의에 따라 적절하게 규정한다. 어떤 사람의 노동도 모든 것을 정복하거나 수취할 수 없다. 또한 그가 향유하여 소비할 수 있는 것도 매우 적은 양에 불과하다. 그러므로 어떤 사람이 다른 사람의 권리를 침해하거나 그의 이웃에 피해가 될 정도로 소유권을 취득하는 것은 불가능하였다. 그의 이웃은 (타인이 그 자신의 몫을 취한 후에도) 여전히 수취되기 전과 마찬가지로 충분하고도 커다란 소유물을 차지할 수 있는 여지를 가지고 있었기 때문이다. 이러한 한도는 모든 사람의 소유를 매우 적절한 정도로, 곧 태초에는 어떤 사람에게도 피해를 입힘이 없이 그 자신이 수취할 수 있는 정도로 제한하였다. 그 당시 사람들은 경작할 땅이 없어서 궁핍에 처하기보다는 그들의 동료로부터 이탈하여 광야에서 방황하다가 목숨을 잃어버릴 위험에 더 많이 처해 있었다. 오늘날에는 세계가 사람들로 가득 찬 것으로 보이지만, 동일한 기준이 어느 누구에게도 해를 끼치지 않고 여전히 적용될 수 있을 것이다.

최초로 아담이나 노아의 자식들이 세계에 정주하게 되었을 때의 한 인간이나 한 가족을 상상해보면 된다. 그가 아메리카 내륙의 빈 땅에 정착한다고 하자. 그러면 우리는 앞서 우리가 정한 기준에 따라 그가 취할 수 있는 소유물이 그렇게 많지 않을 것이며 오늘날에도 그가 취한 소유물로 인해 여타 인류가 피해를 입거나 불평을 하거나 그 사람의 침입에 의해서 손해를 받았다고 생각할 이유가 없다는 점을 발견하게 된다. 비록 인간의 종족이 이제는 세계의 전역에 퍼져 있고, 태초에 있던 얼마 안 되던 인구수를 엄청나게 초과하지만 말이다. 아니, 토지의 크기란 노동이 없이는 별로 가치가 없다. 그렇기 때문에 나는 스페인 본국에서 사람은 그 자신이 사용한다는 사실 이외에는 아무런 권리를 가지지 않는 땅에 대해서, 아무런 방해를 받지 않고 개간하고 씨를 뿌리고 수확할 수 있다고 주장되는 것을 들었다. 오히려 그와 반대로 주민들은 자신들이 그에게 은혜를 입고 있다고 생각한다고 한다. 왜냐하면 그 사람은 소홀히 여겨져 버려진 땅에 자신의 근면을 바쳐서 그들이 원하던 곡물의 수확고를 증대시켰기 때문이다. 그러나 사실이 그렇다 할지라도 이는 내가 강조하고자 하는 바가 아니다. 나는 다음과 같은 점을 대담히 주장하고자 한다. 화폐를 발명하고 묵시적 합의를 통해서 그것에 가치를 부여하고자 하는 인간들이 (동의를 통해서) 대규모의 재산과 그것에 대한 권리를 도입하지 않았더라면, 재산에 관한 동일한 규칙, 곧 모든 사람은 자신이 사용할 수 있는 만큼 소유해야 한다는 규칙은, 세계에는 현재의 거주민의 두 배를 부양하기에 충분한 땅이 있기 때문에 어느 누구도 궁핍하게 함이 없이, 여전히 유효하게 남아 있을 수 있었을 것이다. 어떻게 해서 이런 사태가 발생하게 되었는가에 대해서 나는 뒤에서 좀 더 상세하게 밝히겠다.

밀 20부셸(bushel)을 생산하는 여기 영국에 있는 1에이커의 땅과 동일한 노력을 기울이면 동일한 양을 생산할 수 있는 아메리카 1에이커의 땅은 의심할 여지없이 자연적으로 동일한 내재적인 가치를 가지고 있다. 그러나 인류가 전자로부터 1년에 얻는 이득은 5파운드에 달하는 반면에 후자로부터 얻는 이득은, 인디언이 그 땅으로부터 얻는 모든 이득을 여기서 판다고 환산해도 아마 페니 한 푼의 가치도 안 될 것이다. 내가 진실로 말하건대, 기껏해야 100분의 1의 가치도 안 될 것이다. 그렇다면 토지에 최대한의 가치를 부여하는 것은 노동이며, 그것이 없다면 토지는 거의 아무런 가치가 없다. 우리에게 유용한 모든 산물의 대부분의 가치는 노동에서 나오는 것이다. 밀을 심은 1에이커의 땅에서 나오는 모든 밀집, 겨, 빵은 황무지로 방치되어 있는, 그와 마찬가지로 좋은 땅 1에이커가 생산한 것보다 훨씬 더 많은 가치를 생산하며, 그것은 모두 노동의 결과이다. 왜냐하면 우리가 먹는 빵을 계산함에 있어 중요한 것은 단순히 경작자의 수고, 수확하는 자와 타작하는 자의 노고, 그리고 제빵공의 땀뿐만 아니라 황소를 길들인 사람들, 철과 광석을 캐내어 제련한 사람들, 쟁기, 제분소, 화덕, 그리고 곡물의 씨를 뿌리는 것부터 시작하여 빵이 될 때까지 필요한 많은 다른 도구를 만드는 데 필요한 나무를 베고 다듬은 사람들의 노고가 모두 노동으로서 평가되어야 하며, 그 결과로서 받아들여져야 하기 때문이다. 즉 자연과 대지는 그 자체로서는 단지 거의 무가치한 재료를 제공할 뿐이라는 것이다. 모든 빵 조각에 대해서 그것이 사용될 때까지 근로가 제공하고 활용한 물자들을 우리가 추적한다면 그것은 실로 사물들의 기이한 목록이 될 것이다. 철, 나무, 가죽, 나무껍질, 목재, 돌, 벽돌, 석탄, 석회, 옷, 염색약, 역청, 타르, 돛대, 밧줄, 배—노동자가 사용하는 모든 상품을 작업장에 가져오는—에 사용되는 모든 재료들 등 그 목록은 너무 길어서 일일이 열거하기가 거의 불가능할 것이다.

그러므로 태초에는 누구든 공유물이던 것에 기꺼이 노동을 지출하면 어디에서나 노동이 그것에 소유권을 부여하였다. 당시에는 오랫동안 공유물이 대부분을 차지하고 있었으며 인류가 이용할 수 있는 것보다 훨씬 많았던 것이다. 처음에 인간은 대부분 있는 그대로의 자연이 그들의 필요에 제공하는 것에 만족했었다. 하지만 나중에는 세계의 일정 지역에서, (곧 화폐의 사용과 더불어 인구 및 가축의 증가로 인해) 토지가 희소하게 되고, 그 결과 일정한 가치를 가지게 된 곳에서 몇몇 공동체들은 그들 간에 상이한 영토의 경계를 확정하게 되었으며, 그들 내부에서도 법률로 그 사회의 사인(私人)들의 소유권을 규제하게 되었다. 그럼으로써 노동과 근면을 통해 비롯된 소유권을 협정과 합의로 매듭짓게 되었던 것이다. 그리고 몇몇 나라와 왕국 사이에서, 명시적이건 묵시적이건, 각기 다른 나라들이 소유한 땅에 대한 모든 주장과 권리를 포기함으로써 맹약들이 체결되었다. 이러한 맹약들은 공동의 동의에 의해서 그들이 원래 다른 나라들의 땅에 대해 가지고 있었던 자연적인 공통의 권리에 대한 주장을 포기함으로써 명시적인 합의를 통해서 지구상의 상이한 지역과 지방에서 그들 간의 소유권 문제를 해결하였다. 그럼에도 불구하고 주민들이 여타의 인류처럼 공통된 화폐의 사용에 동의하지 않은 곳에서는 광대한 땅이 여전히 황무지로 남아 있는 것이 발견될 것이다. 그 땅은 그 위에 살고 있는 사람들이 실제 사용하거나 사용할 수 있는 것보다 더 많이 있으며, 따라서 여전히 공유물로 남아 있다. 물론 이러한 일은 화폐의 사용에 동의한 인간들이 살고 있는 지역에서는 거의 일어날 수 없는 일이다.

  인간의 삶에 참으로 유용한 것들, 그리고 오늘날 아메리카 인디언들이 그런 것처럼 최초의 세계의 공유자들이 생계의 필요상 찾던 것들의 대부분은 일반적으로 오래 지속되지 못하는 것들이었다. 예컨대 사용해서 소비하지 않으면 저절로 썩거나 상하는 것들이었다. 금, 은 및 다이아몬드는 실제 용도가 크거나 삶을 부양하는 데 필요한 것들이 아니지만, 기호나 합의를 통해서 그런 것들보다 더 많은 가치를 부여받게 된 것들이다. 이제 자연이 공유물로 제공한 그처럼 유용한 물건들에 대해서 모든 사람은 (이미 말한 것처럼) 그가 사용할 수 있는 것만큼의 권리를 가지고 있으며, 그가 자신의 노동에 의해서 영향을 미칠 수 있는 모든 것에 대한 소유권을 가지고 있다. 그가 근면을 통해 자연이 놓아둔 상태로부터 변형하여 확대할 수 있는 것은 모두 그의 것이다. 100부셸의 도토리나 사과를 주워 모은 자는 그것들에 대한 소유권을 가진다. 그것들은 주워 모으자마자 그의 재물이다. 그는 그것들이 상하기 전에 그것들을 사용하도록 주의할 필요가 있을 뿐이다. 그렇지 않으면 그는 자신의 몫 이상을 취한 것이며 다른 사람에게서 빼앗은 셈이 된다. 그리고 그가 사용할 수 있는 것보다 더 많은 것을 저장하는 것은 부정의한 일일 뿐만 아니라 참으로 어리석은 일이다.

그러나 그가 가지고 있는 동안 그것들이 상해서 무용지물이 되지 않도록 하기 위해서 그 일부를 다른 누군가에게 준다면, 그는 그것들을 이용한 셈이다. 만약 그가 또한 1주일이 지나면 썩었을 법한 자두를 주고 1년 내내 상하지 않고 먹을 수 있는 호두와 교환하였다면, 그는 아무런 피해를 끼치지 않은 셈이다. 그의 수중에서 어느 것도 무용하게 상하지 않는 한, 그는 공동의 자산을 낭비하지 않았으며, 다른 사람에게 속하는 재물의 일부분을 파괴하지 않은 것이다. 다시 한 번 만약 그가 그의 호두를 주고 색깔이 마음에 드는 한 조각의 금속을 받는다면, 또는 조개껍질을 받고 그가 키우던 양을 주거나 반짝이는 자갈 또는 다이아몬드를 받기 위해서 양모를 준다면, 그리고 그가 그것들을 자기 곁에 평생 동안 보관하고 있다면, 그는 타인의 권리를 침해하지 않은 셈이며, 따라서 그는 그러한 내구재들을 그가 원하는 대로 많이 쌓아놓을 수 있다. 그가 정당한 소유의 한계를 초과하여 가지고 있는가의 여부는 그가 가진 소유물의 크기가 아니라 그가 가지고 있는 것 중에서 어떤 것이 상해서 무익한 것이 되었는가에 달려 있다.

이렇게 화폐의 사용이 시작되었다. 화폐는 인간이 상하지 않고 보관할 수 있는 것으로, 인간은 상호 합의를 통해 유용하지만 썩기 쉬운 생활용품과 교환하여 화폐를 받게 되었다.

근면함의 상이한 정도에 따라 사람들이 상이한 비율의 재산을 가지는 것처럼, 이 같은 화폐의 발명은 사람들에게 재산을 지속적으로 확장할 수 있는 기회를 제공하였다. 세계의 여타 지역과 전혀 교역을 하지 않는 고립된 섬을 상상해보자. 거기에는 단지 100가구 정도만 있지만, 다른 유용한 동물들과 더불어 양, 말, 암소, 건강에 유익한 과일, 그리고 10만 배나 많은 사람을 먹여 살릴 수 있는 곡물을 충분히 생산할 수 있는 땅이 있다. 그러나 섬에서 나오는 어떤 것도 너무 흔하거나 아니면 쉽게 상하기 때문에 화폐로 사용하기에는 적합하지 않다. 그렇다면 어떤 사람이, 그 자신의 근로를 통해 생산하는 것이든 또는 유용하지만 마찬가지로 쉽게 상하는 상품과 교환하기 위한 것이든, 가족의 사용 이상으로 그리고 그 소비를 위해서 충분한 공급량 이상으로 그의 소유물을 확장할 이유가 있겠는가? 영구성이 있으며, 희소한 그리고 저장해둘 만큼 가치가 있는 무언가가 없다면 인간은 토지가 비록 비옥하고 그 토지를 취득하는 것이 아무리 자유롭다고 할지라도 그 토지의 소유를 늘리려고 하지 않을 것이다. 묻건대 1만 또는 10만 에이커의 좋은 땅—이미 잘 경작되어 있고 가축들이 잘 번식하고 있는 — 이라 할지라도 아메리카 내륙의 한가운데 있고, 그렇기 때문에 세계의 다른 지역과 생산물을 파는 교역을 함으로써 돈을 벌 수 있는 어떠한 희망도 가질 수 없다면 인간이 왜 그것을 소중히 여기겠는가? 그런 땅은 울타리를 쳐서 막을 가치가 없으며, 우리는 그가 자신과 가족의 생활상의 편익을 제공하는 것 이상의 여분이 무엇이든 그것을 다시 야생의 자연의 공유지에 방치하는 것을 목격하게 될 것이다.

그러나 금이나 은은 식품, 의복 및 운송수단과 비교해볼 때 인간의 삶에 거의 도움이 되지 않기 때문에, 오로지 인간들(비록 인간의 주된 본분은 노동이지만)의 동의에 의해서만 가치를 지닐 뿐이다. 사람들은 묵시적이고 자발적인 동의에 의해서 한 인간이 그 자신의 생산물을 사용할 수 있는 것보다 많은 땅을 공정하게 소유할 수 있는 방법을, 잉여생산물을 주고 금과 은을 받음으로써 발견하였고, 그 결과 토지를 불균등하고 불평등하게 소유하는 데 합의했다는 점이 확실하다. 이 금속들은 소유자의 수중에서 상하거나 부패하지 않기 때문에 다른 사람들에게 피해를 주지 않고 저장될 수 있었기 때문이다. 불평등한 사유재산제와 같은 사물의 분배가 이루어지게 된 것은 인간이 사회의 경계 밖에서 아무런 협정도 없이 단지 금과 은에 가치를 부여하고 화폐의 사용에 암묵적으로 동의했기 때문이다. 왜냐하면 일정한 정부 하에서는 법률이 소유권을 규정하고, 토지의 소유권은 명문의 법규에 의해 결정되기 때문이다.

―출전 : 《통치론》, 강정인 옮김, 까치글방, 1996

| 가족, 사유재산, 국가의 기원

한 걸음 더 진전되면서 개시되었다. 미개의 가장 낮은 단계에서 인간은 직접 자신의 수요를 위해서만 생산하였다. 간혹 교환 행위가 이루어지더라도 산발적인 것에 불과했으며, 우연히 생기는 잉여를 교환하는 것이었을 뿐이다. 미개의 중간 단계에 이르러 우리는, 목축민들의 경우에 가축 떼가 일정한 규모가 되어 목축민들의 수요를 초과하는 약간의 잉여를 규칙적으로 제공함으로써 가축이 재산으로 됨을 보게 된다. 동시에 목축 민족들과 가축 떼가 없는 후진 부족 사이의 분업, 따라서 서로 나란히 존재하는 상이한 두 생산 단계의 존재, 또 따라서 규칙적 교환에 필요한 조건들을 보게 된다. 미개의 높은 단계에서는 분업이 한층 더 확대되어 농업과 수공업 사이에 분업이 생겨났으며, 그와 함께 노동생산물 중에서 직접적 교환을 위해 생산되는 부분이 끊임없이 늘어나게 되었다. 이에 따라 개별 생산자들 간의 교환이 사회의 생존을 위해 필수불가결한 것이 되었다. 문명은 이 모든 기존의 분업을 특히 도시와 농촌의 대립(…중략…)을 날카롭게 만듦으로써 확고히 하고 강화했을 뿐 아니라 더 나아가서 문명에 고유한, 결정적으로 중요한 제3의 분업을 추가하였다. 문명은 더 이상 생산에 종사하지 않고 오직 생산물의 교환에만 종사하는 계급(상인)을 낳았다. 그전까지 계급 형성의 모든 맹아는 전적으로 생산과 관계있는 것이었다. 그에 따라 생산에 참여하는 사람들은 지휘자와 실행자로 혹은 대규모 생산자와 소규모 생산자로 나뉘어졌다. 이제 비로소 한 계급이 등장하여, 생산에는 전혀 참가하지 않으면서 전체적 차원에서 생

산의 지휘권을 획득하여 생산자들을 경제적으로 자기에게 예속시켰다. 이들은 두 생산자들 사이에 없어서는 안 될 중개자가 되어 양자를 착취하였다. 생산자들에게 교환의 노고와 위험을 덜어준다는, 생산물의 판로를 원거리 시장에까지 확대시켜준다는, 그런 이유에서 자기들이 주민 중에서 가장 유익한 계급이라는 구실하에, 기생자들의 계급, 순전한 사회적 기생 동물의 계급이 형성되었다. 이 계급은 실제로는 극히 보잘것없는 노력을 하고서는, 그에 대한 보수로서 국내와 국외의 생산에서 알짜배기를 독차지하여 엄청난 부와 이에 상응하는 사회적 영향력을 빠른 속도로 획득해갔다.

(…중략…)

그런데 상인층과 함께 금속 화폐, 즉 주화가 출현했으며, 이로써 비생산자가 생산자와 그의 생산을 지배하는 새로운 수단이 나타났다. 다른 모든 상품을 은폐된 형태로 내포하고 있는 상품 중의 상품, 즉 마음만 먹으면 어떤 물건으로도 탈바꿈할 수 있는 요술 수단이 발견된 것이다. 그것을 소유한 자가 생산의 세계를 지배하였다. 누가 먼저 그것을 소유했는가? 상인이다. 상인의 손에 화폐가 들어온 이상 화폐 숭배가 이루어지는 것은 시간 문제였다. 그는 모든 상품, 따라서 모든 상품 생산자들이 화폐 앞에 무릎을 꿇고 그것을 숭배해야 한다는 것을 세상이 다 알게 되도록 신경을 썼다. 그는 다른 모든 형태의 부는 이 부 자체의 화신에 비하면 가상에 지나지 않는다는 것을 실천을 통해 증명하였다. 화폐의 권력이 이 청년기 때처럼 원시적 조야함과 폭력성을 가지고 나타난 일은 두 번 다시 없었다. 화폐를 주고 상품을 구매한 뒤부터 화폐 대부가 나타났고, 이와 함께 이자와 고리 대금업이 나타났다. 그리고 후세의 어떠한 입법도 고대 아테네나 로마의 입법처럼 그렇게 무자비하고 철저하게 채무자를 고리대 채권자의 발아래 내던지지 못했다. 이 두 입법은 경제적 강제 이외의 다른 어떤 강제도 없이, 자연발생적으로, 관습법으로 성립하였다.

상품 및 노예로 이루어진 부와 나란히, 화폐로 이루어진 부와 나란히, 이제 토지로 이루어진 부가 나타났다. 분할지에 대한 개인들의 점유권은 원래는 씨족 또는 부족에 의해 부여된 것이었는데, 이 점유권이 강화되어 분할지는 개인들의 세습 재산이 되고 말았다. 최근까지도 이 개인들이 가장 애썼던 것은 바로 그들에게 질곡이 된, 분할지에 대한 씨족 공동체의 요구권으로부터 해방되는 것이었다. 그들은 결국 이 질곡에서 벗어났다. 그러나 그들은 곧이어 새로운 토지 소유에서도 벗어났다. 완전하고도 자유로운 토지 소유, 그것은 토지를 송두리째 무제한적으로 보유할 가능성을 의미하는 데서 그치지 않았다. 그것은 토지를 양도할 가능성도 의미하였다. 토지가 씨족의 소유였을 때는 그런 가능성이 없었다. 그러나 새로운 토지 소유자가 씨족 및 부족의 우선적 소유권이라는 질곡을 완전히 벗어버렸을 때, 그는 또한 지금까지 자기와 토지를 굳게 묶어놓았던 유대의 끈을 끊어버린 것이다. 이것이 무엇을 의미하는가는 사적 토지 소유와 동시에 발명된 화폐가 그에게 확실히 가르쳐주었다. 이제는 토지가 판매해도 좋고 저당 잡혀도 좋은 상품이 되었다.

(…중략…)

이렇듯 상업이 확대되고 화폐 및 고리 대금업, 토지 소유 및 저당권이 생겨나면서 소수 계급의 수중으로 부의 집적과 집중이 급속히 이루어졌다. 이와 더불어 대중의 빈곤의 심화되었으며 빈민 대중이 늘어갔다. 신흥 부자 귀족은, 그들이 이미 애초부터 옛날의 부족 귀족과 일치하지 않았던 한에서, 후자를 완전히 뒷전으로 밀어내버렸다(아테네에서, 로마에서, 독일인들 사이에서). 그리고 부에 따른 자유민의 이러한 계급 분화와 나란히 특히 그리스에서는, 노예들의 수가 엄청나게 증가하였으며 그들의 강제 노동이 전체 사회의 상부구조의 기초를 이루었다.

 이제 그 전체적인 경제적 생활 조건들로 말미암아 자유민과 노예, 착취하는 부자와 착취당하는 빈자로 분열될 수밖에 없는 사회, 이 대립을 다시는 화해시킬 수 없을 뿐만 아니라 그것을 점점 더 극단으로 몰고 갈 수밖에 없는 사회가 나타났다. 이 사회는 이 계급들 상호간의 끊임없는 공공연한 투쟁 속에서만 혹은 제3의 세력의 지배 하에서만 존립할 수 있는 사회였다. 외견상 서로 싸우는 계급들 위에 서 있는 이 제3의 세력은 계급들의 공공연한 충돌을 억눌렀고 기껏해야 경제적 영역에서만, 이른바 합법적 형태로만 계급투쟁이 벌어지게 만들었다. 씨족 제도는 수명을 다하였다. 그것은 분업으로 말미암아, 그리고 그 산물인 계급으로의 사회 분열로 말미암아 파괴되었다. 그것은 국가로 대체되었다.

　　　－출전 : 《가족, 사유재산, 국가의 기원》, 김대웅 옮김, 아침, 1989

| 자본론

시초 축적의 비밀 | 우리는 화폐가 어떻게 자본으로 전환되는가, 자본은 어떻게 잉여가치를 생산하는가, 그리고 잉여가치로부터 어떻게 보다 많은 자본이 만들어지는가는 보았다. 그런데 자본의 축적은 잉여가치를 전제로 하며, 잉여가치는 자본주의적 생산을 전제로 하며, 자본주의적 생산은 상품생산자들의 수중에 상당한 양의 자본과 노동력이 존재하고 있는 것을 전제로 한다. 그러므로 이 모든 운동은 끝없는 순환 속에서 빙빙 돌고 있는 것 같이 보이는데, 여기로부터 벗어나기 위해서는 우리가 자본주의적 축적에 선행하는 '시초' 축적, 즉 자본주의적 생산양식의 결과가 아니라 그 출발점인 축적을 상정하지 않으면 안 된다.

이 시초 축적이 경제학에서 하는 역할은 원죄가 신학에서 하는 역할과 거의 동일하다. 아담이 사과를 따먹자 그와 동시에 죄가 인류에게 떨어졌다. 시초 축적의 기원도 그것을 옛날의 비사(秘史)로서 이야기함으로써 설명되고 있다. 아득한 옛날에 한편에는 근면하고 영리하며, 특히 절약하는 특출한 사람이 있었고, 다른 한편에는 게으르고 자기의 모든 것을 탕진해 버리는 불량배가 있었다는 것이다 (그런데 신학상의 원죄에 관한 전설은 인간은 어떻게 하여 이마에 땀을 흘리면서 밥을 얻어먹지 않으면 안 될 운명에 빠지게 되었는가를 우리에게 이야기하여주고 있지만, 경제학상의 원죄의 역사는 그렇게 할 필요가 전혀 없는 인간들이 어떻게 나타나게 되었는지를 우리에게 밝혀준다). 그것은 어찌 되었든, 전자는 부를 축적하였으며 후자는 결국 자기 자신의 가죽 이외에는 아무 것도 팔 것이 없게 되었다는 것이다. 그리고 이 원죄로부터 대다수의 빈곤(계속 노동하여왔음에도 불구하고 여전히 자기 자신 이외에는 아무 것도 팔 수 없다)과 소수의 부(훨씬 오래 전에 노동을 그만두었음에도 불구하고 끊임없이 증대하고 있다)가 유래하고 있다는 것이다.

이 낡아빠진 어린애 같은 이야기가 소유를 옹호하기 위하여 매일 우리들에게 설교되고 있다. 그러나 일단 소유에 관한 문제가 무대에 등장하면, 그 유치원 이야기의 관점이라고 하는 것이 모든 연령층과 모든 발육단계의 사람들에게 적합한 유일한 관점이라고 주장하는 것이 신성한 의무로 된다. 주지하는 바와 같이, 현실의 역사에서는 정복이라든가, 노예화라든가, 강탈이라든가, 살인이라든가, 한마디로 말해 폭력이 큰 역할을 하였다. 그러나 경제학의 부드러운 역사는 옛날부터 목가적인 곡조가 지배하였다. 정의와 '노동'은 옛날부터 유일한 치부 수단이었다. 물론 '금년'은 예외였지만, 그러나 시초 축적의 방법들은 사실상 전혀 목가적인 것이 아니다.

화폐와 상품은 생산수단과 생활수단이 그러하듯이 결코 처음부터 자본인 것은 아니다. 이것들은 자본으로의 전환을 필요로 한다. 그러나 이 전환 자체는 일정한 사정 하에서만 가능한데, 그 사정은 요컨대 다음과 같은 것이다. 즉 아주 다른 두 종류의 상품 소유자―한편에서는 자기가 소유하고 있는 가치액을 증식시키기 위하여 타인의 노동력을 구매하려고 갈망하는 화폐와 생산수단과 생활수단의 소유자와, 다른 한편에서는 자기 자신의 노동력의 판매자[따라서 노동의 판매자]인 자유로운 노동자―가 서로 대립하고 접촉하지 않으면 안 된다는 사정이 바로 그것이다. 자유로운 노동자라 함은 두 가지 의미를 가지고 있다. 즉 그들 자신은 노예나 농노 등과는 달리 생산수단의 일부가 아니라는 의미와, 자영농민 등과는 달리 자기 자신의 생산수단을 가지지도 않으며 따라서 그들은 생산수단으로부터 분리되고 유리되어 있다는 의미를 가지고 있다. 상품시장의 이와 같은 두 계급으로의 분화와 함께 자본주의적 생산의 기본조건들이 주어진다. 자본관계[자본과 임금노동 사이의 관계]는 노동자가 자기의 노동을 실현할 수 있는 조건들의 소유로부터 완전히 분리되어 있는 것을 전제로 한다. 자본주의적 생산이 일단 자기 발로 서게 되면, 그것은 이 분리를 다만 유지할 뿐만 아니라 그것을 끊임없이 확대되는 규모에서 재생산한다. 그러므로 자본관계를 창조하는 과정은 노동자를 자기의 노동조건의 소유로부터 분리하는 과정(즉, 한편으로는 사회적 생활수단과 생산수단을 자본으로 전환시키며, 다른 한편으로는 직접적 생산자를 임금노동자로 전환시키는 과정) 이외의 어떤 다른 것일 수가 없다. 따라서 이른바 시초 축적은 생산자와 생산수단 사이의 역사적 분리과정 이외의 아무것도 아니다. 그것이 '시초'인 것으로 나타나는 것은 그것이 자본과 그에 대응하는 생산양식의 전사(前史)를 이루기 때문이다.

  자본주의 사회의 경제구조는 봉건사회의 경제구조에서 성장해 나왔다. 후자의 해체는 전자의 요소들을 해방시켰다.

  직접적 생산자인 노동자는 그가 토지에 결박되지 않고, 또 타인의 노예나 농노이기를 멈춘 후에야 비로소 자기의 몸을 자유로 처분할 수 있었다. 또한 그가 노동력의 자유로운 판매자로 되어 자기의 상품(노동력)에 대한 수요가 있는 곳이면 어디든지 그것을 가지고 갈

수 있기 위해서는 길드(동업조합)의 지배에서, 도제와 직인에 관한 길드의 규약에서, 그리고 또 길드의 구속적인 노동규제에서 벗어나지 않으면 안 되었다. 그리하여 생산자를 임금노동자로 전환시키는 역사적 과정은 한편으로는 농노적 예속과 길드의 강제로부터 그들이 해방되는 것으로 나타나는데, 우리의 부르주아 역사가들은 이 측면만을 중요하게 생각한다. 그러나 다른 한편으로, 이 새로 해방된 사람들은 그들의 모든 생산수단을 박탈당하고, 또 낡은 봉건적인 제도로부터 생존의 보증을 부여받았던 모든 권리들을 박탈당한 뒤에야 비로소 자기 자신의 판매자가 된다. 그리고 그들에 대한 이 같은 수탈의 역사는 피로 얼룩지고 불로써 타오르는 문자로 인류의 연대기에 기록되어 있는 것이다.

(…중략…)

역사적으로 보아 시초 축적의 역사에서 획기적인 사건 ─ 이미 스스로 형성되어가고 있던 자본가계급에게 지렛대로서 이바지한 모든 변혁들이 해당되지만, 그 가운데에서도 특히 획기적인 사건 ─ 은 많은 인간이 갑자기 폭력적으로 그 생존수단으로부터 분리되어 보호받을 길 없는 '프롤레타리아'로서 노동시장에 내던져진 그 사건이다. 농촌의 생산자 곧 농민으로부터의 토지 수탈은 이 모든 과정의 기초를 이루고 있다. 이 수탈의 역사는 나라마다 다른 모습을 보이고 있으며, 이 역사가 여러 단계를 거치는 순서와 역사상의 시대도 나라마다 다르다.

─ 출전 : 《자본론》, 김수행 옮김, 비봉출판사, 1990

2부
하이에크와 케인즈의
시장과 정부 논쟁

시장에 대한 정부의 개입은 정당한가?
시장에 대한 정부의 개입은 어디까지 허용되어야 하는가?

시장에 대한 정부의 개입은 정당한가?

박쌤 | 미국발 금융위기가 전 세계를 강타한 뒤 시장의 한계를 지적하는 목소리들이 곳곳에서 터져나왔습니다. 이미 1980년대부터 시장에 대한 정부의 간섭을 죄악시했던 미국이 스스로 엄청난 규모의 구제 금융과 주요 은행에 대한 부분 국유화, GM에 대한 사실상의 국유화 등 전례 없는 정부 개입을 전면적으로 실시하고 있습니다. 유럽이나 아시아의 사정도 마찬가지이고요. 사르코지 프랑스 대통령은 "자유방임은 끝났다."고 선언하기도 했습니다. 심지어 로완 윌리엄스 켄터베리 영국 성공회 대주교는 "자본의 방종을 경고한 마르크스의 비판이 옳았다."고 말하기도 했죠.

오늘은 전 세계적으로 논란이 증폭되고 있는, 자본주의 시장경제에서 시장에 대한 정부 개입과 관련한 논쟁의 자리를 만들었습니다. 시장과 정부의 관계 논쟁에서 자타가 공인하는 대표적 사상가 두 분을 모셨습니다. '신자유주의 경제학의 대부'라고 알려져 있는 하이에크 선생과, 자유방임 자본주의를 수정자본주의로 전환시킨 장본인인 케인즈 선생입니다. 두 분은 별도의 소개가 필요 없는, 20세기 세계 경제학의 거두이죠.

우리는 흔히 자본주의를 한마디로 표현할 때 '시장경제'라고 합니다. 그만큼 시장의 위기는 자본주의의 위기와 밀접한 관련을 맺고 있다고 믿어왔습니다. 그래서 마르크스주의자들은 주기적인 공황을 근거로 자본주의의 몰락을 예언하기도 했죠. 케인즈 선생은 정부의 개입, 유효수요의 창출이라는 처방을 통해 시장의 위기를 치유하고자 했고요. 시장의 위기가 다시 불거진 오늘의 상황에서 케인즈 선생이 다시 역사의 전면에 부상하게 된 것은 어찌 보면 당연한 것이 아닐까 싶습니다.

하지만 케인즈의 부활에 대한 우려의 목소리도 작지 않습니다. 이미 20세기 중반에 케인즈 정책의 문제점을 겪은 경험이 크게 작용하고 있어요. 정부의 시장 개입이 불러온 경기 침체와 그에 따른 물가 인상, 즉 스태그플레이션의 악몽을 잊지 않고 있기 때문이죠. 그래서 단기적인 위기 수습책 정도로 케인즈가 필요할 뿐, 결국 위기가 지나면 재정 적자에 따른 인플레이션을 방지할 수 있는 하이에크나 프리드먼식의 신자유주의 정책 중심으로 돌아갈 수밖에 없다는 주장이 벌써 제기되고 있습니다.

최근 가장 뜨거운 주제인 만큼 두 분의 치열한 논쟁을 기대해봅니다. 오늘 논쟁은 다음과 같이 크게 두 가지 주제로 나누어서 진행할 생각입니다.

- 시장에 대한 정부의 개입은 정당한가?
- 시장에 대한 정부의 개입은 어디까지 허용되어야 하는가?

첫 번째 주제는 시장과 정부의 관계에 대한 근본적인 이해를 위한 것입니다. 자본주의 사회에서 시장의 의미와 역할, 그리고 한계에 대해 이야기를 나누고자 합니다. 이 과정에서 자연스레 자유와 시장의 관계까지 다루게 될 겁니다. 두 번째 주제는 좀 더 구체적인 현실의 문제로 파고들어가서 정부 개입의 정도와 방식을 다루는 것입니다. 현대 사회에서 정부가 시장에 어떠한 개입도 하지 말아야 한다고 주장하는 사람들은 아마 없을 것입니다. 문제는 어디까지 개입이 가능한가의 문제겠지요. 여기에서는 역사적인 사례까지 검토하면서 보다 구체적인 논의가 가능하지 않을까 싶습니다.

먼저 시장의 의미와 역할에 대해 짚어보는 것이 올바른 순서일 것 같습니다. 아무래도 이 주제에 대해서는 하이에크 선생이 먼저 말문을 열어주는 것이 논의의 진행에 도움이 되지 않을까 싶습니다.

하이에크 ㅣ 시장에 대한 저의 기본적인 생각은, 다들 아시다시피 애덤 스미스에 기초하고 있지요. 그가 《국부론》를 통해 정립한 시장 이론을 더 심화하고 확장하는 방식이라고 생각하면 될 것 같아요. 그래서 저의 주장을 이해하기 위해서는 애덤 스미스가 《국부론》에서 밝힌 다음과 같은 내용을 이해하는 것이 우선일 것입니다.

"개인이 최선을 다해 자기자본을 국내 산업 지원에 사용하고 노동생산물이 최대의 가치를 갖도록 노동을 이끈다면, 개인은 필연적으로 사회의 연간수입을 그가 할 수 있는 한 최대치가 되게 하려고 노력하는 것이 된다. 그는 노동생산물이 최대의 가치를 갖도록 그 노동을 지도함으로써 오직 자신의 이득을 의도한 것이다. 그는 이렇게 함으로써 다른 많은 경우와 같이 '보이지 않는 손'에 이끌려 그가 전혀 의도하지 않은 목적을 증진시키게 된다. 그는 자기 자신의 이익을 추구함으로써 종종 그 자신이 진실로 사회의 이익을 증진시키려고 의도하는 경우보다 더욱 효과적으로 그것을 증진시킨다. 자기의 자본을 국내산업의 어떤 분야에 투자하면 좋은가, 그리고 가장 큰 가치를 가진 생산물을 생산하는 산업 분야는 무엇인가에 대해 개인은 자신의 지역적 상황에서 어떠한 정치가나 입법자보다 훨씬 더 잘 판단할 수 있다는 것은 명백하다."

애덤 스미스의 말처럼, 기본적으로 사회 구성원들이 갖는 부를 근거로 하는 사회의 부는 개인들의 사적인 이익 추구에서 발생한다고 보아야 해요. 사회의 부는 그 사회에서 만들어진 교환가치와 일치하기 때문이지요. 부는 저절로 주어지는 것이 아니라 생산을 통해 만들어지고, 궁극적으로는 사회적인 교환을 통해 실현됩니다. 교환가치를 지니지 않는 것, 즉 상품으로서의 생산물이 아니라 그저 자기가 사용하기 위해 만든 것은 사회적인 부라고 보기 어렵죠. 결국 자신의 이익을 늘리기 위한 이기적인 목적에서 자본을 투자하고 경영을 잘할 때 더 많은 사회적인 이익이 발생하는 것입니다. 사적인 이익 추구가 사회적인 이익으로 연결되는 것은, 이렇게 생산물이 개인의 사용을 넘어서 교환가치를 통해 사회적인 부를 실현한다는 점에서 '보이지 않는 손', 즉 시장의 역할에 의해서 가능해집니다.

그럼, 한 사회를 위해 정부가 해야 할 가장 중요한 일은 사적인 이익 추구를 최대한 보장하는 것이 됩니다. 애덤 스미스도 말했지만, 어디에 어떻게 투자할 때 자신에게 가장 큰 이익이 되는가는 그 개인이 가장 잘 알기 때문이지요. 반대로 정부가 투자와 경영에 간섭을 하게 되면 사적 이익은 물론이고, 결과적으로 사회의 이익도 줄어들게 됩니다. 투자나 경영만이 아니라 교환 과정, 즉 시장 자체에 개입하는 것도 마찬가지의 결과를 초래합니다. 왜냐하면 시장은 생산자와 상인과 소비자들 사이의 경쟁을 일으켜 균형을 잡아주는 역할을 하니까요. 어떤 생산자가 비싸게 물건을 공급하면 소비자들이 구매를 꺼릴 것이고, 반대로 소비자의 희망대로 가격을 낮추면

" 지금의 경제 위기는 정부가 경제에 지나치게 간섭해서 생긴 결과입니다.
경제는 '보이지 않는 손'에 맡겨야 합니다. "

이윤이 줄어들어 생산자의 공급이 줄어들겠죠. 서로의 불이익을 피하기 위해 적정 가격을 스스로 찾아가는 것이 시장의 가장 중요한 기능인데, 여기에 정부가 개입하면 자원 배분은 균형을 상실하고 교란 상태에 빠지게 됩니다. 그렇기 때문에 투자, 경영, 교환 등 경제활동에 필수적인 요소들에 대한 정부의 개입을 비판하고, 사적인 이익 추구와 시장의 기능에 맡겨야 한다고 주장하는 것이지요.

케인즈 | 제 생각은 애덤 스미스나 하이에크 선생의 주장이 현실적인 면과 이론적인 면 모두 치명적인 결함을 가지고 있다는 데서 출발합니다. 일단 애덤 스미스나 하이에크 선생이 말하는 '시장에 의한 균형'이 현실에서 이루어지고 있다고 보기 어렵잖아요. 자본주의 발흥기로부터 꾸준하고 반복적으로 나타나는 불황, 특히 공황이 이를 잘 증명하고 있습니다. 자유방임시장이 결코 완전한 시장이 아니라는 것을 역사는 여러 차례 우리에게 증명해보였잖아요. 각자가 자기의 이기심을 추구하더라도 저절로 사회적 조화가 이루어지는 것은 아니라는 걸 현실이 보여주고 있는 것이지요. 경제는 지극히 현실적인 영역입니다. 그러니 경제에서 발생하는 문제에도 현실적인 진단과 처방이 필요하고요. 무작정 시장에 맡기자는 생각은, 현실에서 둑에 금이 가고 구멍이 나서 물이 새고, 심지어는 둑이 무너져 소비자만이 아니라 생산자에게도 심각한 타격을 주고 있는데, 비가 그치면 나아질 거라는 식으로 방치하는 것에 불과합니다.

시장 자체를 비판적으로 보자는 것은 결코 아닙니다. 사적인 창의성이나 이익 추구를 부정하는 것은 더욱더 아니고요. 오히려 시장을 보호하기 위해서도 시장의 결함을 정확히 이해하는 것이 필요합니다. 그럼 누가 개입하고 보호할 것인가? 개인이나 시장이 아니라면, 자원을 동원하고 배분할 수 있는 힘을 가지고 있는 주체가 정부 말고 도대체 누가 있겠습니까?

이번에는 이론적 결함을 얘기해보죠. 애덤 스미스는 《국부론》에서 내내 개인에 대해 이야기합니다. 그런데 그가 말하는 개인이란 누구입니까? 그는 개인이 "자기자본을 국내산업 지원에 사용"하고, "노동생산물이 최대의 가치를 갖도록 노동을 이끈다."고 해요. 이것은 개인이 필연적으로 사회의 연간수입을 그가 할 수 있는 한 최대치로 끌어올리려고 노력한다는 뜻입니다. 또 자기자본을 사용한다는 것은 자본 투자를 한다는 얘기일 테고, 노동을 이끈다는 것은 경영을 한다는 얘기겠죠. 그리고 이러한 일을 할 수 있는 사람은 당연히 기업가입니다. 결국 그가 말하는 개인이란 철저히 기업가죠. 이러한 발상에서 소비와 소비자의 영역은 매우 부차적인 것이 됩니다. 그저 시장 가격을 형성하는 기능을 할 뿐인 부차적인 요소로 떨어져 버리는 것이죠.

상품이 어디 저절로 팔린답니까? 생산은 소비와 떼려야 뗄 수 없는 밀접한 관계를 가지고 있어요. 상식적으로 소비자가 상품을 사야 팔리지요. 그렇기 때문에 생산은 유효수요의 한 부분을 차지하고 있는, 살 수 있는 소비자의 능력에 상당 부분 의존할 수밖에 없습니다. 그런데 우리가 살고 있는 자본주의 사회, 시장경제의 두드러진 결함은 완전고용을 성취하지 못한다는 점이에요. 그러니 상품을 사고 싶어도 살 능력이 없는 사람들이 상당한 층을 형성하게 되죠. 또한 보이지 않는 손에 맡기다 보니, 부와 소득의 분배가 자의적이고 불평등하다는 점도 중요한 결함입니다. 소득 분배의 불평등 역시 소비 위축을 가져올 수밖에 없고, 이는 부메랑이 되어 생산의 위축으로 이어집니다. 이러한 결함은 시장이 가진 고유한 한계이기 때문에 정부의 개입으로 결함을 보완하여 시장을 지키는 것이 매우 중요합니다.

박쌤 | 일단 두 분이 시장에 대한 기본적인 생각을 밝혀주었는데요. 앞으로 전개될 더 직접적이고 구체적인 논의를 한국의 독자들이 충분히 이해하기 위해서도, 두 분의 생각을 좀 더 쉽게 설명해주는 게 필요할 것 같습니다.

하이에크 | 좋습니다. 그러면 시장경제와 관련하여 흔히 사용되는 비유를 통해 좀 더 알기 쉽게 설명할게요. 물이 흐르는 수로가 하나 있습니다. 그 수로의 한쪽 끝에는 기업이 있고 다른 쪽 끝에는 가계가 있다고 생각해봅시다. 기업은 인간에게 유용한 재화와 서비스, 즉 상품을 생산하며 가계는 이것을 소비합니다. 기업이 생산하는 모든 상품은 누군가의 소득이 됩니다. 생산과정에서 노동자에게 임금의 형태로 소득이 형성되니까요. 소비자는 그 소득으로 상품을 구입하므로 가계의 소득은 다시 기업으로 흘러들어갑니다. 이렇게 기업과 가계 사이에는 소득과 지출이 연속적으로 흐르면서 순환하게 됩니다. 소득과 지출의 흐름을 매개하는 것은 당연히 화폐겠죠. 또한 수로에 흐르는 소득과 지출의 흐름이 풍성할수록 그 사회는 풍요로워

집니다.

이 수로는 완전히 폐쇄되어 있지는 않습니다. 어디선가 새는 곳도 있고, 또 물이 보충되기도 해요. 만약 가계가 소득을 다 지출하지 않고 그 일부를 저축한다면, 수로에서 외부로의 누출이 발생하겠죠. 만약 수로에 아무것도 새로 주입하지 않았는데, 소득의 일부가 계속해서 누출된다면 수로의 물은 금방 바닥날 것입니다. 하지만 그런 일은 일어나지 않아요. 저축이라는 누출 역시 투자라는 주입으로 상쇄되기 때문이죠. 가계의 저축은 대부분 은행예금이나 유가증권 등의 형태로 적립되기 마련이고, 기업가들은 그 기금으로 새로운 투자를 합니다.

그런데 저축은 가계의 결정에 달려 있고, 투자는 기업의 판단에 좌우되는 것이기 때문에 시장에만 맡겨두면 균형이 깨지고 수로의 물이 마르는 사태가 발생하지 않느냐라는 반론이 있습니다. 만약 어떤 계기로 가계의 저축이 기업의 투자보다 훨씬 커지는 일이 일어난다면, 조만간 수로의 물이 줄어들어 가계의 소득과 기업의 생산이 빈약해질 것 아니냐는 비판이지요. 하지만 이는 시장을 잘 이해하지 못해서 나오는 대표적인 단견입니다. 그런 상황은 발생하지 않고, 만약 발생한다 하더라도 일시적인 것에 불과합니다. 왜냐하면 이자율이 저축과 투자의 균형을 잡아주는 역할을 하기 때문입니다. 저축이 투자를 초과하면 이자율이 하락하게 됩니다. 저축이 차고 넘치니 은행이 이자율을 낮추는 것은 당연하잖아요. 그러면 기업은 이자율이 낮아졌기 때문에 손쉽게 투자를 증대시키게 됩니다. 반대로 투자가 저축을 초과하면 이자율이 높아지겠죠? 돈을 필요로 하는 기업이 많으니 이자율이 당연히 올라갈 테니까요. 이자율이 높으면 저축이 늘어나기 때문에 다시 저축이 증가하는 경향이 생깁니다.

생산을 한다는 것은 가계의 소득을 만들어내는 것이기 때문에 소비자인 대중이 너무나 가난해져서, 즉 소비 능력이 말라버려서 생산된 상품을 소비할 수 없는 과소소비 공황의 가능성이 커진다는 것은 지나친 우려에 불과합니다. 물론 사회 구성원 사이에 일정한 불평등은 존재하겠죠. 하지만 중요한 것은 소비의 총량이에요. 일정한 경기의 부침은 있겠지만, 케인즈 선생처럼 시장의 위기나 결함이라고 주장할 만한 상황이 소비가 적어서 발생하는 것은 아니라고 할 수 있어요. 즉 시장이 저축과 투자의 균형을 만들어주기 때문에, 둘 사이의 불일치가 생길 수는 있어도 그것은 일시적인 현상이고, 시장의 힘에 의해 해결이 가능한 것입니다.

케인즈 | 하이에크 선생은 그 수로에 대해 참 낙관적인 생각만을 갖고 있군요. 선생의 주장은 어떤 부분에서는 타당하지만, 또 어떤 부분에서는 주관적인 희망에 불과해요. 수로 속에서 투자가 이자율의 직접적인 영향을 받는 것은 타당한 면이 있어요. 만약 이자율이 매우 낮아지거나 거의 제로에 가까울 때 기업가들은 투자를 하려는 욕구를 갖겠죠. 하지만 저축에서는 다른 상황이 전개됩니다. 결론부터 말하자면, 저축은 이자율이 아니라 소득 수준에 좌우됩니다.

좀 더 구체적으로 살펴볼까요? 사람들은 자기 소득의 일부를 소비에 지출하고 나머지를 저축합니다. 사람들이 소득을 소비에 지출하는 정도를 '소비 성향'이라 하고, 저축하는 정도를 '저축 성향'이라고 합시다. 그런데 소비 성향은 이자율이 아니라 소득의 크기에 좌우됩니다. 소비는 소득이 증가하면 증가하고, 소득이 감소하면 감소합니다. 하지만 소득의 증가 속도와 소비의 증가 속도는 같지 않아요. 예를 들어 100만 원의 월급을 받아 70만 원을 지출하고 30만 원을 저축하는 사람이 있다고 합시다. 그런데 어느 날 월급이 두 배로 인상되었다고 가정해봐요. 그렇다고 해서 그가 추가 소득에 해당하는 100만 원 가운데 또 70만 원을 지출하고 30만 원을 저축할까요? 아마 50만 원 정도를 지출하고 50만 원은 저축하는 경우가 많을 것입니다. 대체로 사람들은 다시 임금이 내려가거나 큰돈이 들어갈 '만약의 상황'에 대비하려는 경향을 갖고 있으니까요.

반대로 200만 원을 받아 150만 원을 지출하고 50만 원을 저축하던 사람이 갑자기 월급이 줄어들어 100만 원을 받는다고 가정해봅시다. 그가 같은 비율로, 즉 75만 원을 지출하고 25만 원을 저축하기는 어려울 겁니다. 소비 성향이라는 게 그렇게 쉽게 변하는 것이 아니니까요. 아마도 기껏해야 10만 원을 저축하거나 아니면 한 푼도 저축하지 않는 게 일반적인 경우일걸요. 앞에서 말했듯이, 저축의 정도가 이자율에 의해 결정되는 것이 아니라 소득에 의해, 그것도 비례 관계가 아니라 적지 않은 격차를 보이면서 나타난다는 것을 어렵지 않게 알 수 있습니다.

개인의 경우를 예로 들었는데요. 이러한 경향은 사회 전체에 적용해서 살펴봐도 결과는 마찬가지일 것입니다. 구성원 전체의 소득이 계속 오르는 호경기에는 사회 전체의 저축이 소득의 증가보다 더 빠른 속도로 증가합니다. 반면 소비의 증가 속도는 소득의 증가 속도보다 느리게 나타나겠죠.

자, 그럼 선생을 비롯한 자유주의 경제학자들의 주장처럼 소득의 증가보다 더 빠른 속도로 증가한 저축이 투자로 전환된다고 생각해 봅시다. 어떤 사태가 벌어질까요? 소비보다 투자가 더 빠르게 증가하는 현상이 나타나겠죠? 이 격차는 필연적으로 투자에 의해 생산된 상품의 총량과, 소비자들의 구매량 사이의 격차로 전환될 것입니다. 이러한 불일치가 일정 기간 지속되면 점점 구매할 수 있는 양을 넘어서는 생산품이 쌓이기 시작하겠죠? 재고가 계속 쌓이는데도 생산량을 계속 늘리거나 유지하려는 기업가는 아마 없을 겁니다. 당연히 투자와 생산을 축소하기 시작하고, 경제는 불황으로 빠지게 됩니다. 자유주의 경제학의 희망과는 다르게 투자와 저축의 불일치가 발생하는 것이죠.

이 상황에서 하이에크 선생이 주장하듯이, 그저 시장에 맡겨두면 과연 정상적인 균형 상태가 만들어질까요? 바보가 아닌 이상 기업가들은 이자율만이 아니라, 경기 전망이 밝은지 어떤지를 꼼꼼하게 따져보고 신중하게 투자 여부를 판단합니다. 앞으로의 경기 전망이 극히 어둡다고 판단하면, 기업가들은 이자율이 낮아져도 새로운 투자를 주저하게 됩니다. 그러면 불황은 점점 더 골이 깊어질 테고요.

이 상태를 방치할 때 시장경제는 더 큰 타격을 받게 됩니다. 투자의 감소는 곧바로 소득의 감소를 낳고, 소득의 감소로 인한 소비의 감소는 다시 기업에서 생산의 감소를 낳아 실업자가 증가하게 돼요. 소비자의 구매 능력은 그만큼 더 줄어들게 되고요. 그렇다고 해서 소비자가 소비를 당장 극한으로 줄일 수는 없어요. 먹고살아야 하니

> 수많은 사람들이 불황과 공황으로 엄청난 고통을 겪고 있습니다. 하이에크 선생은 이 상태를 방치해야 한다고 보시는 겁니까?

까요. 소득이 줄어들면 사람들은 호경기에 마련해두었던 저축을 꺼내 소비 지출에 충당하므로, 이번에는 저축이 소득보다 더 빠른 속도로 감소하게 됩니다. 가장 밑바닥까지 내려가면 투자도, 저축도 더 이상 여력이 없는 상황을 초래하게 되고요. 그만큼 직장을 잃은 많은 실업자들과 가족들의 고통도 커지겠죠.

물론 경기가 밑바닥까지 내려가면 회복이 시작될 것입니다. 불황이 찾아온 것과 같은 이치로 시간이 지나면 다시 호황이 찾아오니까요. 그런 점에서 저는 마르크스주의자들이 주장하는 자본주의의 붕괴에 대해 전혀 찬성하지 않아요. 호황과 불황이 자본주의의 사망을 의미하는 것은 전혀 아닙니다. 문제는 불황과 공황으로 수많은 사람들이 엄청난 고통을 받는 것이지요. 또 시장에만 의존하면 불황이 지나 호황이 찾아와도 또다시 그 절정에서 추락할 운명을 지니고 있다는 점입니다. 왜 이 상태를 방치해서 고통을 반복적으로 겪어야 합니까? 정부의 적극적인 개입으로 시장의 한계 때문에 발생하는 악순환의 고리를 끊어야 합니다.

박쌤ㅣ 두 분 모두 경제의 중심은 시장이라는 점 자체에 대해서는 동의하시는 것 같습니다. 또 현실 경제가 화폐경제라는 사실, 그런 점에서 실물 부문에 대한 분석에만 머무는 것이 아니라 실물경제와 화폐 부문을 통합한 이론을 펼치고 있다는 점에서도 공통점이 있는 것 같습니다.

하지만 그 방법이나 내용에 있어서는 큰 차이를 보이고 있는데요. 특히 시장의 한계를 바라보는 관점의 차이가 매우 큰 것 같습니다. 이와 관련해 중요한 것들을 세분화해서 논쟁을 펼쳐나가는 것이 효과적이지 않을까 싶습니다. 시장의 한계와 관련해서는 흔히 '시장 실패'라고 부르는 문제들을 검토하는 게 좋겠고요.

보통 시장의 한계로 가장 먼저 지적되는 것은 아마 빈부격차 문제일 것입니다. 이미 케인즈 선생이 시장에만 의존할 때 나타날 수 있는 극심한 불평등 문제를 지적했는데요. 소득의 불균형이 누적되면서 나타나는 빈부격차의 확대, 빈곤의 심화는 수요의 위축을 낳아 시장 기능에 부정적인 영향을 준다는 것이죠.

시장 경쟁의 과정에서 일어날 수 있는 독과점의 횡포 문제도 빠질 수 없을 것입니다. 시장이 독과점 기업에 의해서 지배될 경우에는 자원의 효율적인 배분조차 제대로 이루어지지 않는 상황이 만들어진다는 문제가 제기됩니다. 그리고 교육, 국방, 치안, 도로, 교량, 댐 등과 같이 기업이나 가계의 경제활동에 있어서 반드시 필요한 것이나 개인이나 사기업이 제대로 공급하기 어려운 공공재의 경우도 시장의 한계로 지적되는 것이고요. 또 생산자나 소비자들의 경제활동이 제3자에게 피해를 가져다주는 경우, 예를 들어 환경오염으로 인한 피해도 해당되는 사항일 것 같습니다.

시장의 한계로 인한 문제는 시장의 자율적 조정만으로 해결할 수 없다는 주장이 많습니다. 그래서 정부가 시장에 개입해 문제를 해결하거나 완화하는 데 적극적인 역할을 해야 한다는 입장이지요. 그렇게 해야 시장의 기능이 더 원활해질 수 있다는 것이고요.

먼저 시장에 의해 발생하는 빈부격차의 확대, 즉 양극화 문제부터 논의에 들어가겠습니다.

하이에크 | 제가 시장경제가 완벽하다고 주장하는 것은 아닙니다. 당연히 문제가 있겠죠. 인간이 모든 것을 다 예측할 수는 없는 노릇이니까요. 시장도 인간이 만든 것인 이상 인간이 갖는 이성의 한계로부터 완전히 자유로울 수는 없을 것입니다. 하지만 보석에 때가 묻었다고 보석이 아닌 것은 아니죠. 때는 닦으면 되는 겁니다.

일반적인 의미에서의 부의 불평등이야 당연히 존재하겠지요. 개인마다 능력과 노력의 차이가 있기 때문에 부의 정도가 각자 다른 것은 필연적이고 정당한 것이라고 할 수 있습니다. 이 점에 대해서는 케인즈 선생도 별 이견이 없을 것이라고 생각합니다. 지적되고 있는 것은 부의 편차가 벌어진다는 점인데요. 여기에 대해서는 우리의 발상을 바꿔야 하지 않을까 생각합니다.

우리가 주목해야 하는 것은 부의 편차 문제가 아니라 구성원 전체의 풍요가 증가했는가의 문제입니다. 만약 부의 편차가 극히 소수에게만 혜택을 주고 구성원 상당수의 경제적 조건을 더 악화시키는 방향으로 간다면 문제겠죠. 이는 전반적인 후퇴에 해당하는 것이니까요. 하지만 시장경제 아래에서 나타나는 부의 편차는 모두의 경제적 조건이 과거에 비해 나아지는 것을 전제로 하고 있습니다. 예를 들어 박쌤이 살고 있는 한국만 해도 양극화에 대한 비판이 많지만 사실 서민층의 삶도 과거에 비해 나아지고 있지 않습니까? 물론 경기의 영향에 따라 단기간 안의 오르내리는 부침이야 있겠지만, 수십 년의 과정을 놓고 보면 전반적인 물질적 풍요의 증가는 부정할 수 없는 사실일 것입니다. 이런 상태에서 부의 편차가 확대되는 게 왜 문제점인가요? 전체의 풍요를 위해 기여한 사람이 그만큼 더 많이 가져가는 것은 당연하지 않나요? 오히려 그런 창조적 소수에게 사적 이익을 보장해야 모두에게 결과적으로 더 큰 이익이 돌아가는 것 같은데요?

양극화를 근거로 정부의 분배 정책을 옹호하는 논리는 오히려 모두에게 불이익을 안겨줄 수 있습니다. 자칫 정부가 소득 이전을 통한 분배 쪽으로 개입을 하면 성장 잠재력을 갉아먹어서 전반적인 빈곤을 초래할 수 있으니까요. 빈부격차 문제를 해결하기 위해서는 성장을 통한 물질적 풍요의 증가와 중산층 복원에 초점을 맞추어야 합니다. 기업이 성장 잠재력을 극대화시킬 수 있는 방향으로 기회를 주고 유인을 해야 하죠. 자본주의 사회의 특징은 사회의 구성원들에게 각자의 창의력과 책임의 영역을 할당하는 데 있습니다.

케인즈 | 저 역시 불평등이 긍정적인 역할을 할 수 있다고 봅니다. 또한 시장이 무조건 양극화를 초래하는 것도 아니에요. 정부의 개입이 차단되고 오직 시장에 모든 것이 맡겨질 때 나타나는 현상이지요. 문제는 불평등 자체가 아니라 불평등의 '정도'입니다. 저는 소득과 부의 불평등을 정당화하는 사회적, 심리적 이유가 있다고 생각하지만, 그것이 오늘날 존재하는 큰 격차까지 정당화할 수는 없다고 생각합니다.

그리고 극심한 빈부격차는 현실 경제에 큰 악영향을 주기 때문에 문제입니다. 좀 전에 불황과 호황이라는 경기 순환에 대해 논의를 했는데요. 대부분 순환의 규칙성은 자본의 한계효용이 변동하는 방식에 의존합니다. 경기 순환에 영향을 미치는 많은 요소들이 있겠지만, 중요하게는 자본의 한계효용의 변화에 의한 것으로 보는 것이 적절하다는 것입니다. 그래서 자본은 생산력을 발전시키고 소비자의 욕구를 충족시키는 데 한계에 봉착하게 됩니다. 여기에서 기본적으로 불황의 경향이 생기고 앞에서 말한 저축과 투자, 투자와 소비의 불일치가 영향을 미치면서 소비 위축과 생산 감소라는 악순환의 고리를 만드는 것이죠.

물론 창의적인 노력을 기울인 기업에 의해 다시 돌파구는 열릴 겁니다. 하지만 모든 기업이 다 돌파구의 역할을 하는 건 아니지요. 하이에크 선생이 말한 창의적인 소수가 중요한 역할을 할 겁니다. 나머지 많은 기업은 고통을 겪게 되고, 또한 적지 않은 기업이 시장에서 퇴출을 당하게 될 것입니다. 이들 기업의 입장에서는 생존을 위해 대규모 구조조정으로 고용을 축소하거나 비정규직을 확대하겠지요. 이 과정에서 하이에크 선생의 예상과는 전혀 다른 일이 생깁니다. 노동자들과 부유층의 격차만 만들어지는 것이 아니라 절대적인 수준의 빈곤 상태에, 심지어는 실업에 빠지게 된다는 점입니다. 이런 현상이 방치되면 필연적으로 수요 축소로 이어지게 되고, 결국에는 극심한 불황이나 공황을 초래하지요.

이런 문제에 국가가 적극적으로 나서 소득을 만들어주거나 소득을 보전하게 해서 순환을 제어하고 낙폭을 낮춘다면 심각한 불황을 방지하고 지속적인 발전을 이룰 수 있습니다. 그런데 우리가 왜 정부의 개입을 회피해야 합니까? 또 이를 통해 선생이 말한 창의적인 소수의 역할이 전 사회적으로 더 빛날 텐데 말입니다.

하이에크 선생의 주장은 여전히 생산 개념만 가득하고 소비 개념은 취약하기 짝이 없습니다. 또 지나치게 국가 경제, 혹은 사회 전체적인 부에 대한 총량 개념만 있고, 구성원 사이의 불평등 문제에 대한 고민은 없어요. 그러다보니 어떻게 하면 순환의 연착륙을 이끌어내고 지속적인 발전을 이룰 것인가에 대한 고민이 부족합니다. 그저 시장에 맡기고 기다리라든가, 창의적인 소수에 의해 문제가 해결될 것이라고만 말하지요. 하지만 그런 생각은 인류의 운명을 운에 맡기는 위험한 발상입니다.

하이에크 | 맞습니다. 저는 총량이 가장 중요하다고 생각합니다. 그리고 그런 점에서라면 벤담의 공리주의가 부분적으로 타당한 면이 있다고 생각해요. 최대 다수의 최대 행복 원리를 도덕의 기초로 삼는 공리주의에 따르면 모든 행위는 전체 행복의 증진에 기여하는 만큼

옳고, 그렇지 않은 만큼 옳지 않습니다. 공리주의의 기준은 행위자 개인의 최대 행복이 아니라 전체 행복의 총량인 것이지요. 노벨 경제학상 수상자인 먼델(Mundel)은 "파이를 나누는 것은 쉽지만 파이를 키우는 일은 어렵다. 이는 국가를 발전시키는 길이다."라고 하더군요. 그의 말대로 우선 파이, 즉 총량을 키워야 합니다. 성장을 통해 파이를 키우면 양극화는 자연스레 시장의 기능에 따라 해결될 것입니다.

하지만 벤담의 공리주의는 다른 면에서 큰 문제가 있습니다. 그는 행복의 총량을 증진시키기 위해 개인의 가장 큰 선까지도 희생할 수 있고, 그 희생이야말로 인간이 이룰 수 있는 최고의 덕이라고 합니다. 그러나 이런 논리는 자유주의와 양립할 수 없지요. 자유시장에서 파이를 키우는 일은 희생이 아닙니다. 경제 주체로서 자신의 이익을 극대화시키기 위해서도 총량을 증진시키는 것이 우선이니까요. 시장은 이렇게 사익 추구와 공익 추구의 일치를 보장해주는 거의 유일한 장치입니다.

그리고 선생이 인류의 운명을 운에 맡기고 있다면서 저를 비판했는데요. 그것도 맞습니다. 저는 《노예의 길》에서 "진정한 합의가 이루어진 영역에서만 의식적인 통제가 가능하고, 다른 영역에서는 일을 운에 맡길 수밖에 없다는 사실은 민주주의가 치러야 할 대가이다."라고 규정했습니다. 정부의 역할은 국가에 의한 강제가 아니라 기업가들도 흔쾌히 동의할 수 있는 영역으로만 제한해야 합니다. 나머지 영역은 운에 맡기는 수밖에 없어요. 이성의 한계로부터 필연적으로 나오게 될 수밖에 없는 귀결이지요. 시장에서 가장 중요한 구성단위인 개인은 제한된 지식만을 가지고 불완전한 판단을 하는 존재입니다. 시장에서 벌어지는 그 많은 변수들을 개인이나 정부가 어떻게 모두 알 수 있겠습니까? 극히 제한적인 범위 내에서만 판단할 수 있을 뿐이죠. 그러니 나머지는 개인의 능력과 운에 맡길 수밖에 없습니다. 인간은 개인의 불완전성을 해결할 수는 없지만, 다행히 보완해줄 수 있는 장치는 가지고 있습니다. 바로 시장이지요. 보다 정확하게 말하자면 애덤 스미스가 말한 시장의 수요, 공급 원리에 의한 가격 조정 시스템입니다.

그렇기 때문에 저는 경제활동을 '카탈락시 게임'으로 봅니다. 시장이라는 코스모스를 말하는 것이지요. 그만큼 서로 이기적인 상대가 그 이익 추구로 서로의 이익을 증진시키는 특성을 갖는다는 점을 강조한 것입니다. 시장은 목표들의 질서가 단일하지 않고, 서로 얽히고설킨 많은 경제들의 그물망으로 이루어져 있습니다. 이렇게 경기에 참가하는 선수들의 지식과 목적은 모두 다르지만, 누구든 시장이라는 게임의 룰을 따라야 한다고 강조한 것이죠. 모든 이에게 공정한 기회를 주되 게임의 결과는 개개인의 운과 기량에 맡겨야 한다는 주장입니다.

하나 더 짚고 넘어가야 할 것이 있습니다. 케인즈 선생은 정부의 시장 개입을 통해 불황을 피하고 창조적인 소수의 역할을 더 보장할 수 있다고 반박을 했는데요. 케인즈 선생의 주장과는 반대로 오늘날 경제 불황은 주로 정부의 과도한 개입이 원인입니다. 정부가 복지 정책 등을 통해 과도하게 시장에 개입하여 화폐 공급을 남발하다 보니 인플레이션 현상이 일상화되고, 심지어 경기 침체기에도 인플레이션이 지속되는 현상이 나타나게 됩니다. 그러다가 그 거품이 걷히면서 불황이 나타나고 있는 것이죠.

케인즈ㅣ 총량의 증가가 중요하다고 했는데요. 총량이 증가해도 일부 사회 구성원들의 빈곤까지 함께 증가하는 문제에 대해서는 여전히 이렇다 할 대답이 없어요. 단순한 부의 불평등 분배를 넘어서 사회 구성원 가운데 적지 않은 사람들이 실업 등으로 절대적인 상태가 더 악화되는 문제에 대한 답이 없는 것이죠. 기업이 자진해서 이윤의 증가에 비례해 노동자의 임금을 올려줄 리는 없습니다. 그런데 자꾸 총량을 늘리면 소득이 늘어난다고만 얘기하니 답답하군요. 심지어 나머지는 운에 맡기자고 하는데, 그럼 극심한 불평등을 그냥 운으로 돌려버리면 절대빈곤이나 사회 전체의 불안정성은 그냥 방치하자는 겁니까?

하이에크ㅣ 부의 편차가 아무리 증대되더라도 그 자체는 어쩔 수 없습니다. 기업의 이익, 즉 사적 이익을 배타적으로 보장해주지 않는다면 누가 최대한의 노력을 하겠습니까? 그런 점에서 애덤 스미스가 《국부론》에서 "우리가 식사를 할 수 있는 것은 정육점 주인, 양조장 주인, 빵집 주인의 자비심에 의한 것이 아니라 자기 자신의 이익에 대한 그들의 관심 때문이다. 우리는 그들의 인간성에 호소하지 않고 그들의 이기심에 호소하며, 그들에게 우리가 필요한 것을 이야기하지 않고 그들의 이익을 이야기한다."라고 주장한 것은 여전히 타당합니다.

만약 기업가나 경영자가 사적 이익이 아닌 사회적 이익을 직접 고려한다면, 오히려 기업의 경영 악화를 초래해 사회 구성원 전체에게 더 큰 피해를 줄 것입니다. 선행을 위한 기업의 노력은 시장에서 낭비로 해석될걸요? 이런 성격이 추가된 비용은 기업을 파산으로 이르게 하는 지름길입니다. 반대로 기업이 자기 이익에만 충실하면 전체적인 번영이 가능합니다. 프리드먼이 《선택의 자유》에서 "서구의 자본주의가 이룩한 위대한 업적은 주로 대중의 이익으로 돌아가는 것이었다. 그 덕택에 전에는 부자와 권력층만의 특권적 전용물이었던 여러 편리시설을 대중도 이용할 수 있게 되었다."라고 주장한 걸 부정할 수 있을까요? 18세기보다는 19세기 노동자의 삶이, 또 그보다는 20세기나 21세기 노동자의 삶이 윤택해진 것은 분명하지 않습니까? 그리고 후진국이나 개발도상국보다는 선진 자본주의 국가 노동자들의 경제적 조건이 더 좋지 않나요?

그렇다고 사회의 일부 계층에 존재하는 절대빈곤 문제에 대해 우리가 아무런 일도 하지 말아야 한다는 것은 아닙니다. 애덤 스미스도 그런 점에서는 마찬가지였지요. 그는 《도덕 감정론》에서 "인간이 아무리 이기적이라고 할지라도 인간의 본성에는 분명히 연민과 동정심의 원리가 존재한다. 이 원리들로 인해 우리는 인간의 운명에 관심을 가지게 되며 자기에게는 별 이익이 없어도 타인이 행복하기를 바라게 된다. 타인의 비참함을 목격할 때 우리는 이러한 연민과 동정심을 느낀다."라고 합니다. 보통 선진 자본주의 사회에서 나타나는 자선 활동의 폭발은 이를 잘 보여주는 것이지요. 그런데 자선 활동의 폭발이 왜 선진 자본주의 사회에서 나타날까요? 그것은 부의 급속한 성장에 의해 가능하게 된 것이라고 봐야 합니다. 즉 시장에 맡길 때 절대빈곤 문제도 자연스럽게 해결될 수 있다는 것을 보여주는 것이지요.

케인즈 | 그렇다면 반대로 경제 주체들의 이익 추구에 모든 것을 맡기면 불황이나 공황을 초래해 전 지구적 피해를 만드는 것은 대해서는 왜 외면합니까? 자본주의 사회에는 기업가, 소비자, 투기꾼 등 다양한 성격을 가진 경제 주체들이 있습니다. 이들은 모두 물욕과 개인주의에 사로잡혀 있어요. 이런 사람들은 미래가 불확실하다는 사실을 받아들이고 자기 나름대로 대응을 하려고 합니다. 앞에서도 말했듯이 소비자는 불확실한 미래에 대비하기 위해 소득이 오르더라도 소비를 조절하여 상대적으로 저축 성향을 높입니다. 투기꾼은 단기적인 투기 이익을 노려서 주식 등의 유가증권에 투자할지, 아니면 화폐를 그대로 보유할지를 결정하겠죠. 기업가는 이자율과 예상할 수 있는 투자 수익률을 비교해서 전자가 후자보다 낮으면 투자를 할 겁니다.

이렇게 서로 다른 이해관계를 가진 각자가 자기 이익만을 추구하면, 시장을 움직이는 톱니바퀴에 균열이 생기고 불황을 초래하게 되죠. 소비자의 저축 성향 증가는 소비 위축을 낳고, 투기꾼은 이자율이 완전고용을 달성할 수 있는 낮은 수준으로 내려가는 것을 막습니다. 그래서 이자율이 어느 수준까지 내려가면 더 이상 내려가지 않을 것으로 예상하고, 주식을 사지 않고 현금을 쥐고 있게 됩니다. 왜냐하면 이자율이 반등하면 주식 가격이 내려가서 손해를 볼 우려가 있기 때문이죠. 이렇게 투기꾼이 현금을 쥐고 있으면 시중 자금이 모자라서 실제로 이자율이 뛰고, 따라서 기업가는 투자를 꺼리게 됩니다.

기업가는 이자율보다 예상 투자 수익률이 높을 때 투자를 합니다. 예상 투자 수익률은 어떤 객관적인 기준이 있는 것이 아니기 때문에 기업가가 미래를 낙관적으로 보면 상승하고, 비관적으로 보면 저하하게 되지요. 이렇게 각 경제 주체가 자신의 이익만을 추구하다 보니 불확실성은 더 심해지고, 이 과정에서 유효수요인 소비수요와 투자수요는 점점 낮아지면 불황으로 가는 것이죠. 다시 말해 소비자, 투기꾼, 기업가에게 모든 걸 맡겨두면, 즉 시장에만 의존하면 자본주의 경제는 불황에 빠지게 됩니다. 그러므로 정부가 개입해 소비와 투자를 증가시켜야만 기업가가 장래 전망을 낙관적으로 보고 투자를 증가시키기 때문에 경제가 호황으로 전환할 수 있어요.

특히 이 과정에서 볼 수 있듯이 부유층의 저축이 투자로 이어지지 않고 부동 자금화 되는 현실, 이자율의 인상이나 불확실성으로 기업가가 투자를 꺼리는 현실, 설사 기업이 투자를 하더라도 '고용 없는 성장'이라는 현상이 나타나는 현실 등을 고려할 때 총량의 증가가 시장을 통해 저절로 분배된 선생의 주장은 설득력이 없어요.

또 하이에크 선생은 자선 활동을 언급했는데요. 사회 전체의 경제 규모를 고려할 때 자선 활동을 통한 분배 효과나 수요를 창출하는 효과는 거의 '언 발에 오줌 누기' 수준입니다. 그러니 결국에는 파이를 키우기 위해서라도 적절한 정부 개입을 통한 유효수요 창출이 중요한 겁니다.

박쌤 | 불황과 연관해서 시장의 한계에 대한 논쟁이 이어지고 있는데요. 당장 현실에서 터진 글로벌 금융위기에 대한 평가가 간단하게라도 필요할 것 같습니다. 이와 관련해 두 분의 논쟁이 다시 부각되고 있기도 하니까요. 금융위기가 전 세계를 덮치면서 현상적으로는 지구상에 '작은 정부'가 사라져가는 것 같습니다. 대공황 이후 최악이라는 금융위기와 가파른 경기 후퇴가, 자의든 타의든 정부의 시장 개입과 인위적 경기 부양을 불러왔으니까요.

케인즈 | 지금의 금융위기는 하이에크 선생식의 신자유주의 이론이 만들어낸 것입니다. 지난 수십 년간 미국과 유럽의 주요 국가들은 하나같이 하이에크나 프리드먼의 영향을 받아 자본시장 규제를 없애버리는 정책을 취했어요. 투자은행은 감독을 전혀 받을 필요가 없는 형태로 운영되었죠. 이것이 위기의 싹이었습니다. 그러다가 신용위험의 전가로부터 시작해서 파생상품이 생겨나고 서브프라임 사태가 시작된 것입니다.

미국의 주택 경기 지표를 보면 2001년부터 5년 동안에 주택 값이 두 배로 뛰었어요. 자산효과에 의한 소비증대가 계속 이뤄지며 미국 경제를 뒷받침했는데, 2006년 말부터 집값이 무너지니까 서브프라임 사태가 일어나고 소위 말하는 파생금융상품이 문제가 됐습니다. 조금 더 자세히 살펴보면, 이 현상은 신용 위험 전가 방식을 통해 금융으로 폭탄 돌리기를 한 결과라는 것을 알 수 있습니다. 계산상으로만 돈이 계속 늘어나는 거죠. 일반 실물과는 다른 형태로 돌아갔습니다. 그러다가 어디 한 군데가 막혀서 구멍이 나니까 세계 금융이 마비되는 사태가 일어난 것이고요.

미국의 위기가 세계로 빠르게 확산되는 것도 그렇습니다. 하루 외환 거래량이 1990년대 말에는 1조 달러에 불과했는데, 그놈의 금융시장 자유화의 광풍을 타고 2000년대 들어와서는 하루에 2조 달러씩 거래가 되었죠. 그러다가 미국에서 문제가 생기자 곧바로 전 세계 금융위기로 이어졌어요. 이런 경험과 2007년부터 시작된 서브프라임 사태로 얼마든지 지금의 금융위기를 예측할 수 있었는데, 시장에 맡겨 놓으면 저절로 해결될 것이라는 시장주의자들의 안이한 생각이 일을 망친 것입니다.

하이에크 | 케인즈 선생은 세계 금융위기의 원인을 저와 정반대로 분석하고 있군요. 진짜 원인은 자유시장이 아니라 과도한 정부의 개입입니다. 클린턴 정부 때 실시한 저소득층에 대한 과도한 주택지원제도가 부동산 시장 붐을 일으켰고, 이것이 금융위기의 시초가 된 것입니다. 정부의 개입으로 저소득층은 물론이고 은행과 증권회사들까지 흥청망청하다가 위기가 발생한 것이지요.

또한 통화에 대한 정부의 개입과 재정 정책도 이번 위기를 불러온 주요 원인 가운데 하나입니다. 지난 30년 동안 미국연방준비은행과 미국 정부는 평균보다 낮은 이자율과 값싼 모기지 등을 조장해 왔습니다. 이러한 정책이 부동산과 신용 시장에 규명되지 않는 거품을 만들어냈고, 그 거품이 터지자 시스템이 완전히 붕괴한 것이죠.

즉 금융위기는 시장에 충실했기 때문에 발행한 것이 아니라 반대로 정부의 개입이 불러온 화였던 것입니다. 여기에는 케인즈 선생의

그림자가 한몫을 했지요. 다른 한편으로는 자유주의 경제학자이지만 정부의 통화정책을 신뢰하는 오류를 저지른 통화주의자 프리드먼의 책임도 있습니다. 프리드먼이 시장에 더 철저했어야 하는데, 정부의 개입을 필요 이상 허용했던 것이 문제였지요.

그렇기 때문에 미국 정부를 비롯한 세계 각국에서 마치 신자유주의가 끝나고 케인즈 선생의 이론이 유일한 해법이라는 분위기가 형성되고 있는 것은 정말 위험한 현상입니다. 시장에 대한 적극적인 정부 개입을 중심으로, 각국 정부가 펼치고 있는 경제 정책들과 각종 규제 법안이 일시적으로 재미를 보고 화난 민심을 달랠 수는 있겠지요. 하지만 문제는 그 다음입니다. 경제대국 미국은 물론, 전 세계 경제의 발전 동력을 흔들고 시장의 기반을 흔들 수 있어요. 새로운 활로는 정부가 아닌 시장과 기업에서 찾아야 합니다.

박쌤 | 불황이나 공황의 문제에서 두 분 모두를 비판하는 또 다른 시각도 있어요. 마르크스가 《자본론》에서 주장한 '이윤율의 경향적 저하'가 그것인데요. 마르크스주의자들은 시장의 한계를 보다 근본적으로 지적하면서, 자본주의는 계속되는 불황의 고리를 끊을 수 없고 오히려 점점 더 심화되다가 스스로 붕괴할 것이라고 합니다. 시장 자체의 근본적인 한계이기 때문에 하이에크 선생이 주장하듯 시장을 통한 해결은 물론이고 케인즈 선생과 같은 정부의 개입을 통한 해결도 불가능하다는 주장입니다. 두 분 모두 잘 알고 있는 내용일 테지만, 한국 독자들을 위해 아주 간단한 설명을 하겠습니다.

'이윤율의 경향적 저하'는 한마디로 자본주의 생산은 이윤율이 경향적으로 저하될 수밖에 없는 운명에 처해 있다는 것입니다. 이 이론을 이해하기 위해서는 '자본의 유기적 구성의 고도화'에 대한 이해가 필요합니다. 마르크스는 생산에 투입된 자본을 불변자본과 가변자본으로 나누었어요. 전자는 설비, 기계, 원료 등 생산수단의 구입 등에 투하된 자본이고, 후자는 노동력을 뜻합니다. 자본의 유기적 구성의 고도화란 바로 이 불변자본의 구성이 높아지는 경향입니다. 기계와 기술의 혁명적 변화가 불변자본의 급속한 성장을 가져온다는 것이지요. 문제는 이에 따라 기계와 설비 등 생산수단이 점차 거액화되는 현상이 나타나는 것인데요. 예를 들어 자동차 회사나 전자 회사 등 주요 기업의 생산설비 규모를 생각해보면 날이 갈수록 거액화되는 현상을 쉽게 짐작할 수 있겠죠.

또한 기업들 사이의 경쟁이 격화되는 가운데 어떤 기업이 생산력이 높은 설비와 기술을 도입하면, 다른 기업들도 생존을 위해서 새로운 설비에 막대한 비용을 지불해야 하는 상황을 맞이하게 됩니다. 이것을 보고 자본의 유기적 구성의 고도화라고 합니다. 그리고 고도화되면 될수록 이윤율은 떨어집니다. 이윤율의 경향적 저하 작용은 자본주의의 모순을 한층 첨예화하는데, 기업은 이윤율 하락을 이윤 크기의 증가로 보상받으려는 노력을 하게 됩니다. 그 일환으로 자본가들은 노동자에 대한 착취를 가중시키고 점차 유효수요의 한계를 초과하게 되지요. 이것이 유효수요 대비 과잉생산에 의한 경제 공황을 낳으며 자본주의 사회의 모순이 격화될 수밖에 없다는 것입니다. 자본의 유기적 구성의 고도화를 필연으로 하는 자본주의 아래에서는 갈수록 공황의 정도가 심해질 수밖에 없다는 것이고요.

그래서 마르크스는 "자본주의는 그 자체 내의 모순 때문에 붕괴된다."면서 자본주의의 실패를 공언했습니다. 마르크스는 자본주의의 속성에서 비롯된 공황이 더욱 짧은 호황기와 더 심각한 불황을 야기하면서 규칙적으로 되풀이되고, 더욱 대규모로 반복될 거라고 주장합니다. 자본주의 내부에 품고 있는 시한폭탄과 같은 불황의 위험이야말로 경기 변동의 요체라는 것이죠. 그러니 시장은 물론이고 정부의 개입으로도 해결할 수 없다는 것이고요. 이러한 주장에 대해서는 어떻게 생각하는지요?

하이에크 | 이윤율 저하에 의한 공황발생론은 현실을 무시한 터무니없는 이론입니다. 일단 마르크스의 주장과 현실은 상당히 다릅니다. 새로운 기술의 발전이 설비와 기계 비용을 증가시키는 쪽으로만 작용한다는 주장은 성립하지 않습니다. 기술의 발전은 오히려 저렴한 비용으로 생산을 가능케 하는 요소로 작용하는 경우가 많지요. 예를 들어 최근 기계 발전의 핵심적 역할을 하고 있는 컴퓨터 기술만 해도 그렇습니다. 컴퓨터 기술이 처음 개발될 때는 엄청난 비용을 지불해야 했지만 관련 기술이 발전할수록 가격이 내려가지 어디 올라가던가요?

또한 자본주의적인 혁신은 새로운 분야로 산업을 확장하는 특성을 갖습니다. 앞서 얘기한 정보산업도 그렇고요. 생명공학을 통한 새로운 산업 영역의 확장도 그렇지요. 다양한 분야로 서비스 산업이 확대되는 것도 마찬가지입니다. 기업가는 끊임없는 혁신을 통해 새로운 이윤의 통로를 개척합니다. 이를 통해 새로운 고용을 창출하는 역할을 하고요.

그런 점에서 불황은 주기적이거나 법칙적인 것이 아니고, 기술의 발전이나 이윤율의 하락에서 발생하는 것은 더욱 아닙니다. 경기 변동의 원인은 화폐적 현상이에요. 예상치 못한 통화량의 변화 등과 같은 화폐적인 충격에 의한 것이죠. 경기 변동의 사이클에서 통화량 변동과 같은 외부의 충격으로 인해 균형이 깨지는 현상이 경기 변동이죠. 경기 변동은 시장경제에서 자기 정화의 역할도 하는데, 하나의 균형에서 새로운 균형으로 이동을 하게 됩니다.

케인즈 | 이윤율의 경향적 저하가 공황의 원인이라는 주장은 저도 별로 근거가 없는 주장이라고 생각합니다. 그리고 하이에크 선생이 주장하듯 통화량의 변동 같은 외부 충격만으로 이해하는 것도 안이한 발상이지요. 앞에서 언급했듯이 경기 변동은 기본적으로 유효수요의 부족과 투자의 불안정성 때문에 발생합니다. 유효수요 부족과 투자의 불안정성으로 인해 경제는 장기에 걸쳐서도 완전고용 이하의 수준에서 벗어나지 못하는 경향을 보입니다. 과소고용 상태는 시장에 맡기고 시간이 지나면 자동적으로 치유될 불균형 상태가 아니라, 장기간 유지되는 경향이 있고요. 이 상태가 심화되어 나타나는 게 불황입니다.

또한 마르크스는 자본주의가 공황을 해결할 수 없다고 예언했는데, 현실은 다릅니다. 20세기 초의 파국적인 공황을 교훈 삼아 각국 정부가 제 이론을 수용하면서 오랜 호황기를 구가했지요. 물론 최근까지 오는 과정에서 몇 차례의 경기 변동은 있었지만, 그것은 공황이라고 말할 수 있는 성질의 것이 아닙니다. 유효수요 창출을 위한 정부의 적극적인 시장 개입이 경기 변동의 폭을 줄이고 공황을 방지할 수 있다는 점을 보여준 것이지요.

다른 한편으로 불황은 자본의 한계효용과도 밀접한 연관을 갖습니다. 하지만 한계효용 상황은 일시적인 것입니다. 시장에서의 경쟁은 기업이 새로운 효용을 창출하면서 지속적으로 유지, 발전하도록 유인하는 역할을 합니다. 그래서 이윤을 형성하는 근거가 꼭 노동력에만 있다고 볼 수 없습니다. 기업이 새로운 효용을 창출하고 더 비싼 가격을 매겨 더 높은 이윤율을 실현하는 것이지요. 마르크스는 노동력이라는 하나의 근거만으로, 복잡하기 그지없는 자본주의 경제를 단순화하는 것이 가장 큰 결함입니다.

박쌤 | 두 선생의 반론에 대해 마르크스주의 입장에서 몇 가지의 재반론이 가능할 것 같습니다. 현실에서 이윤율 하락을 상쇄시키기 위한 자본의 노력은 있겠지요. 예를 들어 불변자변 요소의 가격 하락을 통해 자본의 유기적 구성의 고도화를 막는다는 하이에크 선생의 주장이 그런 이야기일 텐데요. 하지만 속내를 들여다보면 그게 그리 만만치가 않습니다. 만약 기술의 발달로 개별 기계의 가격이 하락하는 경우가 있다고 하더라도, 기업들은 더 높은 이윤을 창출하기 위해 기계 구입 경쟁에 대대적으로 돌입할 것입니다. 그래서 전체 자본에서는 교체 비용 증가로 인한 이윤율 하락 현상이 마찬가지로 나타나곤 하죠.

또한 현대 사회에서 기술의 발전은 주로 공장 자동화와 연관이 깊은데요. 공장 자동화는 필연적으로 다수 노동자의 해고를 동반하게 되지요. 혹은 추가적인 고용이 발생하지 않는 현상이 구조화되면서 노동자의 전체적인 빈곤화를 초래하기도 하고요. 이는 유효수요의 고질적이고 구조화된 축소로 이어지겠죠.

다른 방법으로 이윤율 저하를 상쇄시키려는 선진 자본주의 국가들의 노력이 후진국이나 개발도상국에 투자하는 것으로 나타나기도 했습니다. 자본가들은 이윤율을 높이기 위해서 자본가들은 경제적으로 후진적인 국가에 투자했지요. 이들 국가는 기계화 수준이 훨씬 낮고 자본의 유기적 구성 또한 낮아서 선진 자본주의 국가보다 이윤율이 더 높기 때문입니다. 이 경우 이윤은 선진국으로 유입되어 선진국의 평균 이윤율을 높입니다. 하지만 이러한 시도는 경제적으로 착취당하는 저개발국과 발전된 자본주의 국가 간의 모순을 첨예하게 만듭니다. 결국 자본주의 체제 내의 갈등을 격화시키는 요소로 작용하게 되지요.

결론적으로 자본주의 기업이나 국가는 이윤율의 경향적 저하를 상쇄시키고자 다양한 방법을 동원했습니다. 그리고 때로는 일정한 효과를 보기도 했지요. 공황을 늦추거나 정도를 완화하는 역할도 했고요. 하지만 문제는 이러한 조치들이 두 분 선생이 말하는 것처럼 진정한 해결과는 거리가 멀다는 점입니다. 단기적으로는 효과를 볼 수 있겠지만, 장기적으로는 더 큰 갈등과 폭발을 키우고 있다는 반박이죠. 그냥 임시로 문제를 틀어막고 있다는 겁니다. 최근 세계 금융위기처럼 약간의 틈만 생기면 전 세계를 휘청거리게 할 정도의 휘발성을 지니게 되었다는 얘기고요.

경기 변동과 관련된 시장의 한계 문제에 대해 두 분 선생에게 제기되는 반론은 이 정도에서 정리하겠습니다. 오늘 논쟁은 주로 두 분의 차이를 중심으로 진행해야 하니까요. 물론 앞으로도 다른 시각에서 두 분에게 제기되는 반론을 간단하게 짚는 시간은 계속 가질 생각이고요.

앞에서는 주로 시장의 한계와 관련하여 자주 제기되는 쟁점으로 불평등의 문제를 다뤘는데요. 이번에는 약간 초점을 옮겨서 독점의 문제를 다룰까 합니다. 시장의 자유에 모든 것을 일임할 때 필연적으로 독과점 문제가 발생하고, 이것이 진정한 시장 경쟁을 가로막는 역할을 하기 때문에 정부가 시장에 개입해서 문제를 해결해야 한다는 주장이 많습니다. 이에 대해서 두 분은 어떤 생각이지요?

하이에크 | 제게 대표적으로 제기되는 반박인데요. 이 문제에 대해서는 더 냉철한 이해와 판단이 필요할 겁니다. 독점은 분명히 바람직하지 못한 것이라고 생각합니다. 하지만 희소성이 바람직하지 못한 것과 같은 의미에서만 그렇지요. 자원과 재화의 희소성은 인간에게 바람직할 것이 없습니다. 부족해서 좋을 게 뭐가 있겠습니까? 바람직하지 않지만 피할 수 없는 현실이기 때문에 받아들여야 하는 것이죠. 독점의 문제도 마찬가지입니다. 바람직하지는 않지만 피할 수 없는 현실이지요. 어떤 특정한 조직이 다른 조직이 갖고 있지 못한 능력이나 이점을 갖고 있다는 점은, 어떤 재화가 희소하다는 사실과 마찬가지로 불쾌한 사실입니다. 하지만 그렇다고 이 사실을 무시하거나 이를 제한해서 자유로운 시장 경쟁이 아닌, 사이비 경쟁의 조

건을 만들려고 한다면 저는 그 제한에 단호히 반대합니다.

케인즈 | 독점이 긍정적이라고 보기는 어렵습니다. 그렇다고 하이에크 선생처럼 자원이나 재화의 희소성과 같은 차원으로 이해하는 것도 다소 문제가 있지요. 재화의 희소성은 자본주의 시장경제의 전제에 해당하는 것이지만 독점은 그렇지 않으니 말입니다. 오히려 시장경제의 정상적인 기능에 지장을 초래하는 역할을 하지요. 대표적으로 독점기업은 시장 가격의 자연스러운 형성을 왜곡하는 역할을 합니다. 애덤 스미스는 시장을 통해 상품 가격이 자동 조절된다고 봤습니다. 하지만 독점기업들이 버젓이 있는데 상품 가격이 누구 마음대로 자동 조절이 되겠습니까? 독점기업은 독점가격을 통해 상품가격의 경직성을 초래합니다. 그런 점에서 부정적인 역할을 하지요.

박쌤 | 차이가 있기는 하지만 독점에 대해서는 두 분 모두 문제가 있다는 생각인 것 같습니다. 하지만 그럼 어떻게 해야 하는가는 좀 다르군요. 하이에크 선생은 독점기업의 존재 자체는 인정하되 부당한 행위는 제한을 하는 것으로 한정을 짓고, 케인즈 선생은 특별히 어떻게 해야 한다는 구체적인 대안은 없었습니다.

경쟁 원리에 기초해 계획경제를 반대하고 자본주의를 옹호하는 입장 중에서도 독점에 대해서 보다 강하게 비판을 하는 사람들도 있습니다. 흔히 '사회적 시장경제'를 주장하는 흐름인데요. 시장의 자유 경제를 인정하지만 국가가 경제, 사회 정책을 통하여 책임을 져야 한다고 주장합니다. 슐레히트(Schlecht)는 《사회적 시장경제》에서 독점기업에 대해 다음과 같이 주장합니다.

"경제가 시장 기능에만 의존하면 시장이 붕괴될 수 있기 때문에 국가는 경제 정책을 수립할 필요가 있다. 기업은 경쟁 질서를 준수할 때보다 경쟁 질서에 반하여 행동할 때 더 큰 이윤을 얻을 수 있다고 생각하기 때문에, 경쟁 질서에 반하는 행위를 하고자 하는 충동을 가지게 된다. 안정을 얻고자 하는 욕구와 권력에의 의지가 각 개인들에게 경쟁의 자유로운 흐름을 조작하고자 하는 동기를 부여한다. 일단 형성된 경제 권력은 시장 자체의 힘에 의해서 자연스럽게 붕괴하기 어렵다. 그런데 강력한 경제 권력은 경쟁 관계를 마비시키고, 권력구조의 고착화로 인하여 경제적 비효율을 초래하며, 경제의 흐름을 왜곡하여 우수한 시장 참여자에게 손해를 끼친다. 그러므로 국가는 경쟁이 그릇된 방향으로 흘러가지 않도록 경쟁을 보호할 임무가 있다. 국가는 경쟁의 원칙을 세우고 이를 관철시켜야 하며, 기업은 이러한 틀 안에서 경쟁을 통하여 제 기능을 발휘할 수 있어야 한다."

독점의 형성으로 시장 기능 자체가 붕괴되는 것을 방지하기 위해서는 정부가 개입하여 독점기업을 규제하고 경쟁 질서를 보호해야 한다는 것이죠. 물론 규제의 목적은 경쟁이 제대로 기능을 발휘하게 하는 것이고요. 보통 사회적 시장경제를 주장하는 사람들은 이를 위한 방안으로 독점으로 인한 경쟁 제한을 방지하기 위한 반독점법의 제정, 독점기업이 중소기업의 활동을 위협하지 못하도록 중소기업 분야를 확정하는 법의 제정 등을 요구해요. 실제로 이러한 법을 시행하는 나라들도 있고요. 독점기업의 문제점을 단순히 지적하는 것을 넘어서 정부가 적극적으로 대응하는 것에 대해서는 어떻게 생각하는지요?

하이에크 | 대응이 과도해서는 안 됩니다. 법이나 정부는 독점 자체를 막아서는 안 되고, 단지 그 행위 유형들에 대해서만 개입해야 합니다. 만약 독점기업이 부당하게 인위적인 진입 장벽을 통해 경쟁을 제거하려 한다면 정부가 개입할 수 있겠죠. 예를 들어 다른 기업이 아예 그 영역에 들어오지 못하도록 의도적인 덤핑 판매를 해서 독점 가격을 유지한다면 문제가 되겠죠. 그러나 독점 그 자체, 혹은 크기 자체는 해로운 게 아니라는 겁니다. 하지만 현실에서는 종종 정부의 개입이 부당한 인위적 진입 장벽을 제거하는 데 머무는 것이 아니라 독점 자체에 제한을 두려한다는 점에서 문제가 생깁니다.

슘페터(Schumpeter)는 독점기업을 옹호하기도 합니다. 제가 독점에 대해 슘페터와 완전히 같은 생각을 가진 것은 아니지만, 적어도 독점기업에 대한 과도한 규제를 경계한다는 점에서 그의 생각에 귀를 기울일 필요는 있어요. 그는 《자본주의·사회주의·민주주의》에서 다음과 같이 주장합니다. "자본주의의 현실에서 중요한 것은 전통적 형태의 경쟁이 아니라 신상품, 신기술, 신공급원, 신조직형태 등과 관련한 경쟁이다. 이 경쟁은 비용 또는 품질에서 결정적 우위를 차지하게 하는 결과를 초래하며, 기업의 이윤이나 생산량의 다과(多寡)를 좌우하는 정도에 그치지 않고 기업의 토대와 생존 자체까지 좌우한다. 이런 종류의 경쟁은 다른 경쟁보다 훨씬 더 중요하다. 어떤 사업자가 자기 분야에서 독점적 지위를 가지고 있는 경우에, 외부에서는 경쟁 압력이 없을 것이라고 생각하겠지만 그는 늘 경쟁 상태에 있다고 느낀다. 예외가 없는 것은 아니지만, 그는 결국 완전경쟁 상태에 있는 것과 마찬가지로 행동하게 될 것이다. 따라서 경쟁이 독점보다 언제나 바람직하다는 명제는 성립하지 않는다. 이러한 관점에서 자본주의 사회의 성공적인 혁신자가 차지하는 독점이윤은 정당하다고 할 수 있다."

케인즈 | 독점이 문제가 있다고 해서 독점기업 일체를 국가가 나서서 없애는 방식은 과도하다고 생각합니다. 시장의 자연스러운 기능에 부정적 영향을 준다고 해서 모두 없앨 수는 없지요. 예를 들어 시장의 자율적인 가격 결정에 지장을 주는 것은 독점기업만이 아니라 노동조합도 그렇습니다. 노동조합과 맺은 임금계약서의 잉크 빛이 선명하게 살아 있는데 어떻게 임금이 자동 조절되겠습니까? 이처럼 노동조합으로 인해 임금 역시 경직성을 띠게 됩니다. 하지만 노동조합을 없앨 수는 없지요. 마찬가지로 문제가 있지만 현실을 인정하면서 독점기업이 과도한 독점가격을 유지하지 못하도록 국가가 조정자의 역할을 하는 것이 필요하다고 봅니다.

박쌤 | 사실 독점 문제와 관련해서는 두 분에게 여전히 의문이 남아요. 하이에크 선생은 다른 문제에 대해서는 자유시장 질서를 교란시킬 수 있는 일체의 요소에 대해서 그토록 단호하게 비판을 하면서 왜 시장의 정상적인 작동을 방해하는 독점에 대해서는 그토록 관대한 것인지 이해가 잘 안 되네요.

케인즈 선생도 마찬가지인데요. 선생은 유효수요의 창출, 그중에서도 저소득층의 소비 능력이 높아져야 한다고 강조하잖아요. 그런데 저소득층 대부분이 취업해 있는 곳은 중소기업이에요. 그러니 저소득층의 소비 능력을 유지하려면 중소기업의 안정이 그만큼 중요할 텐데요. 그런데 선생은 중소기업의 안정을 위협하는 대표적 요소인 독점기업의 문제에는 별로 관심이 없는 듯합니다. 독점기업이 고용 없는 성장의 대명사라는 점도 잘 알고 있을 텐데도 사실상 침묵에 가까운 태도를 보이고 있어요. 두 분 모두 자신에게 불리한 문제에 대해서는 혹시 회피하고 있는 것은 아닌지 의문이 생깁니다.

하이에크 | 박쌤이 오해하지 않기를 바랍니다. 문제를 회피하는 것은 아니에요. 하지만 독점 문제에 대해 많은 말을 하지 않은 것은 사실입니다. 왜냐하면 자본주의 경제를 분석할 때 그다지 중요한 문제가 아니라고 보기 때문이지요. 물론 독점이 시장에 피해를 미치는 경우가 간혹 있어서 일정한 제한은 필요하겠지만, 정부가 개입하는 과정에도 신중함이 요구된다는 생각입니다. 무엇보다도 독점기업의 활동 전부를 비판할 게 아니라 발생하는 구체적인 사안을 잘 구별해야겠지요. 소비자에게 싸고 좋은 제품을 공급해 시장 점유율을 높였다면 그것은 시장 실패가 아니라 성공적으로 작동한 결과이기 때문입니다. 또 많은 사람들의 편견과는 달리 시장에서 1위를 차지하고 있는 기업은 자리를 지키기 위해 부단히 노력을 합니다. 그래서 다른 기업들에게 혁신을 위한 동기와 분위기를 부여하기도 하지요. 그리고 이런 노력은 시장 기능을 활성화시킵니다.

박쌤 | 시장의 한계를 지적할 때 꼭 언급되는 것이 있는데요. 이제 그 문제를 잠깐 다루려고 합니다. 아마도 하이에크 선생에게 유쾌하지 않을 수 있을 텐데요. 바로 환경 문제입니다. 환경 문제는 생산과 소비 과정에서 대규모로 발생하지만, 기업이 스스로 해결하기 어렵다는 점에서 정부에 의한 규제의 필요성이 가장 강력하게 제기되는 분야잖아요. 이런 규제가 기업의 활동을 제약하기도 하고요.

특히 하이에크 선생이 일관되게 주장하는 신자유주의 정책은 기업에 대한 각종 규제를 철폐하는 것을 주요한 모토로 하고 있습니다. 모든 것을 시장 경쟁에 맡기자는 것이죠. 이 관점에서는 환경 역시 자원의 일부로 시장 경쟁의 도구로 사용되고요. 신자유주의 입장에서는 줄곧 기업의 활동과 관련하여 환경기준, 환경평가 절차, 환경세, 환경오염에 대한 책임 등의 규제를 완화할 것을 요구해왔지요. 환경보호를 요구하는 입장에서는 당연히 하이에크 선생의 논리가 환경파괴의 주범이라는 날선 비판을 할 텐데요.

하이에크 | 환경 문제에 정부의 개입이 필요한 부분은 있습니다. 예를 들어 유조선이 침몰해서 엄청난 기름이 흘러나오고 있는데 국가가 팔짱을 낀 채 보고만 있으면 안 되겠지요. 그러나 이런 상황에서도 시장의 기본적인 기능을 훼손시키지 않는 범위 내에서 개입해야 합니다. 이런 일 외의 나머지 문제는 오히려 시장 기능을 통해서 더 효과적으로 환경을 보호할 수 있습니다. 즉 기업 활동을 직접 제한하는 방식이 아니라 시장 원리에 따라 오염자나 수혜자에게 비용과 부담을 부과하는 세제 정도가 적절한 수준이겠지요.

생태계 자산을 하나의 상품으로 시장에서 거래되도록 하는 것도 좋은 방안입니다. 생태계 자산은 현대 사회에 들어오면서 물이 갖는 중요성과 다이아몬드가 갖는 희소성까지 갖기 시작했습니다. 생태계 자산이 갖는 경제적 측면의 잠재적 가치가 늘어나기 시작한 것이지요. 생태계 자산과 서비스에 대한 소유권을 확립하고 거래를 하도록 해서 경제적 이익이 발생하도록 유인하는 겁니다. '탄소권'이 대표적인 사례가 될 것 같군요. 탄소권은 각 나라가 방출할 수 있는 탄소량을 규정하고, 그 이상을 방출할 때는 규정 이하의 탄소량을 방출한 나라에 돈을 주고 방출 권리를 사오도록 강제하는 것입니다. 이처럼 앞으로 삼림 생태계 서비스를 구매할 수 있는 국제시장이 발전하면 자연 자원은 '시장 가치'나 가격을 가지게 되어 환경을 보호하는 데 큰 역할을 할 겁니다. 하여튼 제가 강조하고자 하는 것은 가급적 시장 기능에 친화적인 방식으로 환경 문제를 해결하는 것이 필요하다는 것이죠.

박쌤 | 하지만 하이에크 선생이 주장한 신자유주의가 세계화되면서 환경파괴도 지구 전역으로 확산되고 있어요. 특히 신자유주의식 세계화를 이끄는 초국적 기업들은 전 세계에 걸친 생산망을 통해 자원과 에너지를 대량으로 상품화하고 있고요. 선생의 예상과는 달리 자연이 상품으로 바뀌면서 지역 생태계는 광범위한 파괴와 교란을 겪고 있습니다. 개발도상국은 초국적 기업에 의해 자원생산을 늘리도록 사실상 강제받기 때문이지요. 이 과정에서 선진국의 환경 편익은 증가할지 몰라도 오염과 피해라는 비용은 개발도상국으로 전가되

고 있는 것이 현실입니다.

그러므로 환경 문제 해결을 위해서는 개별 국가의 시장은 물론이고 세계 시장에 대해서도 정부와 세계기구 차원에서 더 포괄적이고 적극적인 제한이 필요하다는 주장이 자연스럽게 나오고 있어요. 선진국이 개발권을 명목으로 개발도상국의 자원을 무차별적으로 이용하는 것을 제한하고, 규정 이상의 환경물질을 배출하는 기업에는 솜방망이에 불과한 벌금이 아니라 실질적인 처벌을 요구하고 있습니다. 그리고 궁극적으로는 자연을 자원으로 생각하는 자본주의적인 시장 체제의 변화가 필요하다고 얘기하기도 하고요.

케인즈 | 글쎄요~ 환경 문제를 이유로 지나치게 시장을 제한하다가는 그 이상의 파국적인 결과를 가져올 수 있습니다. 현실에서 인류의 삶을 규정하는 가장 중요한 요소는 경제입니다. 물론 인간에게 필요한 여러 가치가 모두 조화롭게 공존할 수 있다면 그것보다 좋은 건 없을 겁니다. 하지만 그런 가치들이 불가피하게 충돌한다면 우리는 현명한 선택을 해야겠지요. 20세기 초의 대공황도 그렇고, 이번에 세계에 몰아닥친 금융위기도 얼마나 많은 사람들의 삶을 궁지로 몰아넣었습니까? 그래서 환경 문제를 해결할 때도 개발과 성장이라는 과제를 수행하는 과정에서 진행해야 합니다. 개발을 전제로 환경의 지속성을 보완하는 방식이지요.

박쌤 | 여기까지 시장 문제와 연관된 범위 안에서만 환경 문제를 논하는 것으로 하겠습니다. 지금까지 시장에 대한 정부의 개입은 정당

한가에 대한 논의를 진행했는데요. 그 과정에서 흔히 시장 실패라고 불리는 시장의 한계 문제를 집중적으로 다루었습니다. 대부분 경제 문제에 해당하는 것이었고요. 그래서 시장의 원리와 기능, 경기 변동의 원인, 불평등과 독점 문제 등을 시장과 정부의 관계에 초점을 맞춰 논쟁을 했습니다.

그런데 그간의 논쟁을 보면 시장의 문제는 경제적인 것을 넘어서 자유 일반의 문제로까지 확대되는 경향이 있더군요. 특히 하이에크 선생의 《자유헌정론》은 시장과 자유의 관계에 대해 상당 부분 지면을 할애하고 있습니다. 시장에 대한 정부의 개입을 제한하는 것과, 개인에 대한 국가의 간섭을 제한해서 자유를 확대하는 것을 거의 동일한 맥락에서 설명하고 있더군요. 자유주의와 민주주의의 관계에 대해서도 규정을 하고 있고요. 그래서 오늘 논쟁의 첫 번째 주제는 과연 시장에 대한 국가의 역할 축소가 인간에게 더 많은 자유를 보장하는지를 둘러싼 논의로 마무리를 하려고 합니다. 먼저 하이에크 선생에게 부탁을 하겠습니다.

하이에크 | 시장의 자유는 한 사회의 자유의 정도를 가늠하는 리트머스 시험지입니다. 보다 정확히 말하자면, 시장의 자유는 정치적인 자유를 비롯한 모든 자유의 전제 조건이지요. 이 개념을 이해하기 위해서는 먼저 자유주의와 민주주의의 관계를 정확하게 파악해야 합니다.

저는 다수가 받아들이는 것이 법이 되어야 마땅하다고 보지만, 그렇다고 이것이 필연적으로 바람직한 법이 된다고 믿지는 않습니다. 우리는 흔히 '자유민주주의'라는 말을 자연스럽게 사용합니다. 언론에서도 상습적으로 사용하는 표현이지요. 그만큼 일반적으로 자유주의와 민주주의를 구분하지 않고 마치 같은 개념인 것처럼 쓰고 있습니다. 하지만 이 두 가지는 서로 다른 개념입니다. 역사적인 형성 과정도 많이 다르지요.

먼저 민주주의는 통치의 방식, 즉 다수의 지배를 가리키는 것으로 엄격히 국한됩니다. 다수결이라는 의사 결정 방식을 표현하는 말에 불과하지요. 그렇기 때문에 민주주의는 '무엇이 법이 되어야 하는가를 가늠하는 방식에 대한 원칙'이라고 볼 수 있습니다. 즉 다수가 지지한 것을 법으로 규정하는 것이 민주주의이지요. 그런데 제가 보기에 민주주의를 신봉하는 사람들의 문제는 다수가 무언가를 원한다는 사실이 그것을 선하다고 볼 수 있는 충분한 근거가 된다고 여기는 사고방식입니다. 사실 다수가 원하는 것이라 하더라도 선하지 않을 수 있습니다. 때로는 악을 선택할 수도 있어요. 예를 들어 우리는 히틀러가 선거라는 절차를 통해서 다수결로 정권을 잡고, 당시 독일 국민 다수의 열광적인 지지에 기초하여 전쟁을 감행한 것을 잘 알고 있습니다. 이 선거는 다수결이었습니다. 말하자면 이 절차로 최악의 전체주의를 만들어낼 수도 있는 것이지요.

이번에는 자유주의의 정확한 의미를 이해할 차례입니다. 민주주의가 무엇이 법이 되어야 하는가를 가늠하는 방식에 대한 원칙이라면, 자유주의는 '법이 어떠해야 하는가에 대한 원칙'이라고 할 수 있습니다. 다시 말해서 자유주의는 민주주의가 선택할 수밖에 없는 통치의 범위와 목적에 관한 원칙이라는 얘깁니다. 다수의 이름으로,

법의 이름으로 관여할 수 있는 범위를 어디까지로 할 것인가를 고민하는 것이 자유주의의 영역인 것이죠. 왜냐하면 민주주의는 다수의 권력이 '어디까지', '어떻게' 쓰여야 하는지에 대해서는 아무 말도 하지 않으니까요. 그래서 자유주의로 통치에 수반하는 강압적 권력을 제한하는 것이 필요합니다.

자유주의가 통치의 범위에 관심을 갖는다는 게 무엇을 의미하는지 좀 더 쉽게 이해하기 위해서 예를 들어보겠습니다. 다수결에 의한 결정이 권위를 갖는다고 해서 모든 문제를 다수결의 방식으로 푸는 것은 곤란하겠지요. 예를 들어 사회 구성원의 다수가 머리카락의 길이를 얼마 이하로 한정하는 것을 동의한다고 해도 이를 정해서 개인에게 요구할 수 있을까요? 어떤 사람이 효도를 하지 않는다고 국가가 처벌하는 것이 타당할까요? 많은 나라에서 투표율이 낮아서 문제인데, 그렇다고 투표에 참가하지 않은 사람들에게 벌금을 부과한다면 정당할까요? 이렇듯이 다수의 의사로 개인의 판단과 행위를 간섭하고 처벌을 하는 것은 안 된다는 것이 저의 주장이자 자유주의 사상의 핵심입니다. 이러한 문제 때문에 존 스튜어트 밀은 《자유론》에서 국가가 개인에게 개입할 수 있는 경우를 개인의 행동이 타인에게 해를 미치는 경우로 한정하고 있는 것입니다. 그렇다고 자유주의가 법 자체를 부정적으로 보는 것은 아닙니다. 자유주의도 법이 다수결에 의해 만들어지는 것은 인정해요. 하지만 앞에서도 말했듯이 그것이 바람직한가의 문제와는 무관합니다.

이제 제가 자유주의와 민주주의를 어떻게 구분하고 있는지 어느 정도는 이해가 가지요? 민주주의는 하나의 방식이지 목표가 될 수 없습니다. 이에 비해 자유는 인간이 지향해야 할 목표지요. 자유주의적 가치가 우선해야 한다는 게 저의 기본적인 생각입니다. 민주주의의 이름으로 자유주의를 제한하는 일은 없어져야 한다는 것이죠. 그러나 현대 사회에서는 민주주의를 지나치게 신봉한 나머지 수단이 목적으로 둔갑하는 일이 허다하게 발생하고 있는 게 가장 큰 문제점입니다.

수단에 해당하는 민주주의가 목적에 해당하는 자유주의를 제한하는 일이 가장 빈번하게, 그러면서도 가장 당연하다는 듯이 벌어지는 곳이 바로 경제 영역입니다. 원래 가장 많은 부를 차지하는 사람들은 창조적인 소수이기 마련입니다. 다수는 이들에 의해 이익을 보고 있음에도 상대적으로 자신이 덜 가진 것에 불만을 갖습니다. 그래서 다수의 이름으로 각종 법을 제정하여 분배를 강제하려 합니다. 정부에 의한 시장 개입이 가장 대표적인 경우입니다. 다수가 원하는 민주주의이기 때문에 개입 요구가 정당하다고 합리화하죠. 이러한 강제가 가장 극단적으로 나타나는 것이 사회주의입니다. 이른바 '복지국가'도 정도의 차이가 있을 뿐 수단으로 목적을 강제한다는 점에서 원리적으로는 마찬가지입니다. 민주주의에 기초한 법과 정부의 행정적 개입을 통해 개인의 자유 영역을 심각하게 위협하는 것이죠. 그렇기 때문에 시장의 자유를 공고히 하는 것, 민주주의라는 명목으로 자행되는 정부의 시장 개입을 최소화하는 것이야말로 자유주의를 지키는 가장 중요한 실천입니다.

케인즈 | 만약 정부가 법을 이용해서 개인의 소유권을 침해하려 한다

든가, 생산물에 대한 직접적인 분배를 강제하려 한다면 하이에크 선생이 지적한 대로 자유주의를 심각하게 위협하는 것일 겁니다. 그리고 사회주의가 여기에 해당하지요. 생산수단에 대한 사적 소유 자체를 부정하고, 전체 생산물 분배를 정부가 처리하는 사회주의 아래에서 자유주의는 숨을 쉴 수 없을 것입니다.

하지만 제가 주장하는 것은 이와는 전혀 다릅니다. 국가가 생산수단을 소유하거나 직접 소득을 분배하는 게 전혀 아니니까요. 정부는 시장의 원활한 기능을 위해, 일정한 범위 내에서 투자의 사회화 방식으로 자원의 배분에 개입해야 합니다. 저는 이런 방식이 개인의 자유와 능력을 보호하고 유지할 수 있다는 점에서 개인주의를 진정으로 옹호하는 것이라고 생각합니다.

기본적으로 개인주의는 다른 어떤 체제보다 개인적 영역을 크게 확대하기 때문에 개인의 자유에 대한 가장 좋은 방패입니다. 개인주의는 개인의 선택을 존중해서 생활의 다양성을 보장해주니까요. 만약 어떤 사회가 이러한 다양성을 잃는다면 전체주의 국가로 변질되겠지요. 그런데 개인주의가 개인적 자유를 보호하는 장치가 되려면 전제 조건이 필요합니다. 그 단점과 남용을 모두 일소해야 한다는 것이지요.

시장에서의 개인 활동은 잠재된 사회적 생산능력 전체를 실현하는 방향으로 가야 합니다. 애덤 스미스도 사회적 이익을 최대화할 수 있기 때문에 사적 이익 추구나 시장을 옹호했던 것이지요. 만약 시장만으로 사회적 이익을 추구하는 데 한계가 있다면, 사회적 생산능력을 극대화하는 것이 진정한 의미에서 시장을 옹호하는 것 아닐까요? 앞에서도 얘기했듯이 시장에만 맡기면 기업가, 투기꾼, 소비자의 서로 다른 이해관계 때문에 잠재된 투자 능력만큼 생산에 투자되는 것이 아니라 투기나 현금 보유와 같은 식으로 투자를 약화시킵니다. 그리고 그 결과로 실업의 문제가 나타난다는 것이 역사적 현실입니다. 그래서 이런 단점을 보완하기 위해 정부의 개입이 필요합니다. 이것은 결코 개인의 자유를 침해하는 것이 아닙니다. 개인의 창의와 책임이 작용해야 할 광범위한 영역은 여전히 남아 있지요. 이 영역에서 개인주의와 자유주의의 전통적인 여러 가지 이점이 효력을 발휘하는 것입니다.

또한 민주주의를 단지 '다수의 지배'로 국한하는 것이 과연 정당할까요? 민주주의에는 다수의 지배라는 절차와 방법만이 아니라 사회 구성원 모두가 평등한 권리를 가져야 한다는 원리도 포함되어 있습니다. 그 평등한 권리에는 사회의 자원에 대한 일정한 권리까지 포함되어 있지요. 투자는 기업만의 권리가 아닙니다. 따라서 개인의 자유가 사회적 자원에 대한 국민의 권리를 침해하는 방향으로 사용될 때 이를 제한하는 것은 정당합니다. 이러한 점들을 다 배제하고 민주주의를 단순한 다수결이라는 절차의 의미로 한정해서 자유주의와의 관계를 설정하는 것은 그릇된 전제에 기초한 논리 전개가 아닐까요?

하이에크 | 소유권이나 생산물의 분배를 정부가 직접 통제하지 않으니 진정한 자유를 허용하는 것이라고 말할 수는 없습니다. 케인즈 선생은 정부가 시장에 개입하는 것은 매우 부분적으로만 자유를 제

한하는 것일 뿐이라고 했습니다. 그러나 이는 자유의 본질을 제대로 이해하지 못한 주장입니다.

정부의 시장 개입은 결국 개인이 돈을 버는 행위에 대해 간섭하는 것입니다. 우리는 왜 돈을 벌려고 합니까? 제가 《노예의 길》에서 분명히 밝혔듯이 돈은 우리에게 노력의 열매를 향유할 때 가장 큰 선택의 폭을 제공합니다. 그런 점에서 돈은 사람이 발명한 것 가운데 가장 큰 자유의 수단이지요. 따라서 정부에 의한 경제적 통제는 단순히 다른 부분들로부터 분리될 수 있는, 인간의 삶의 한 부문 정도를 통제하는 것이 아닙니다. 우리 삶의 목적을 이루기 위한 수단을 통제하는 것이지요. 이것을 통제하면서 대부분의 자유는 보장되어 있다고 말하는 것은 매우 기만적입니다. 정부의 역할은 폭력으로부터 국민을 지키고, 재산권을 보호하며 심판자로서 경쟁을 촉진하는 역할에 국한되어야 하는 겁니다.

또한 선생은 민주주의의 개념을 자원 배분에 이르기까지 자의적으로 확장해서 정부의 역할을 과도하게 설정하고 있습니다. 만약 민주주의의 개념이 이렇게 확대된다면 다수의 이름으로 자행되는 모든 행위가 정당화되어버립니다. 그래서 민주주의 개념은 엄격하게 제한되어야만 합니다.

케인즈 | 돈을 벌더라도 사회 전체에 도움이 되는 방식으로 벌어야 하는 것 아닙니까? 투기꾼들처럼 사회의 잠재된 생산 능력을 실현하는 데 심각하게 방해가 되는 방식으로 돈을 번다면, 그래서 많은 사람들이 그로부터 피해를 본다면 정부가 개입을 해서 생산적인 방

식으로 자원이 사용되도록 조정하는 것은 다수의 자유를 위해서도 꼭 필요합니다.

선생의 생각과는 달리 자유의 개념이야말로 엄격히 제한되어야 합니다. 통제로부터 벗어나는 모든 것을 자유라고 한다면, 사회로부터 개인을 보호하기 위한 국가의 역할이 지나치게 축소되서 개인은 무방비 상태가 되어버립니다. 그 결과 심한 경우에는 맹목적인 자유가 기본적인 자유를 파괴해버리는 역설적인 상황이 만들어지겠지요. 선생과 같은 자유방임적 방식은 국민을 폭력으로부터 보호하고 자유를 지키는 게 아니라, 오히려 폭력 상태로 내몰고 자유를 파괴하는 경우까지 나타날 수 있습니다.

국민이 폭력 앞에 무방비로 노출되고 개인의 자유가 가장 심각하게 훼손되는 대표적인 상황은 아마 국가 간 전쟁일 것입니다. 전쟁 상황에서는 최소한의 자유조차 허용이 안 되는 경우가 비일비재합니다. 그리고 국가의 일방적인 명령과 통제가 가장 강력한 힘을 발휘하지요. 그런데 하이에크 선생이 말하는 자유방임적인 체제는 전쟁을 부추기는 경향이 두드러지게 나타납니다. 전쟁에 대한 왜곡된 국민적 열정을 부채질하는 가장 쉬운 방법은 경제적 유인입니다. 자유방임 경제가 초래하는 만성적 혹은 간헐적인 과소고용 상태를 구제할 수 있는 방책 가운데, 시장 확보를 위한 전쟁만큼 단기적이고 확실한 효과를 보여주는 것도 없지요. 자본주의가 형성된 이래 국가 간에 발생한 전쟁의 원인이 대체로 시장 확보를 위한 것이었던 이유가 바로 여기 있습니다. 이 때문에 하이에크 선생이 그토록 강조하는 개인의 자유가 가장 극단적인 피해를 보아야 했습니다.

그런 점에서 정부의 시장 개입을 통한 고용확대 정책은 개인의 자유를 심각하게 파괴하는 전쟁 위험을 최소화해서 자유를 확대하는 데 크게 기여합니다. 만일 국가들이 완전고용을 마련할 방법이 있다는 것을 알게 된다면, 전쟁은 불필요해지거나 획기적으로 줄어들 것입니다. 그렇기 때문에 완전고용에 가까운 상태를 만들기 위한 정부의 시장 개입은 하이에크 선생이 주장하는 자유방임체제에 비해 국가 간의 평화를 만드는 데 바람직한 영향을 미칠 것입니다. 이를 통해 개인의 자유도 보장받을 수 있지요.

박쌤 | 시장과 자유 일반의 관계에 대한 두 분의 주장과 관련하여 다른 관점에서 제기될 수 있는 반론이 있을 것 같아 소개해보려고 합니다.

먼저 하이에크 선생의 자유와 민주주의에 대한 관점 자체가 매우 협소하거나 편의적으로 왜곡된 게 아니냐는 반론이 나올 것 같습니다. 선생의 자유 개념은 소극적인 의미의 자유에 불과하고, 자유방임적인 자유가 오히려 진정한 자유의 본질을 훼손한다는 주장인데요. 대표적으로 에리히 프롬을 들 수 있겠죠. 그는 《자유로부터의 도피》에서 이렇게 말합니다. "자본주의 사회에서 자유는 그 자체의 다이내믹한 운동 법칙에 따라 자유와 상반되는 것으로 전환하려는 위협을 받는 위험한 위치에 도달했다."고 주장합니다.

프롬은 또 "근대인은 전통적 권위에서 해방되어 '개인'이 되었지만, 동시에 고립되고 무력한 존재가 되고, 자기 자신이나 타인으로부터 분리되어 외재적인 목적의 도구가 되었다."고 합니다. 여기에서 전통적인 권위란 신분적인 권위를 비롯해서 근대 이전의 억압적인 질서를 의미하는 것일 텐데요. 우리가 흔히 '~부터의 자유'라고 말하는 게 여기에 해당되겠지요. 이렇게 종교적, 신분적 억압으로부터 벗어나는 것을 그는 소극적 자유라고 규정합니다. 선생이 말하는 자유는 프롬이 말하는 소극적 자유에 해당하는 것이죠.

프롬은 개인이 주체가 되지 못하고 고립된 이유는 소수에 의한 "숨은 지배력"과 "사회의 비합리적이고 무계획적인 성격" 때문이라고 합니다. 사회는 민주주의적 결정에 의해 움직이는 것 같지만, 실질적으로는 소수의 자본가가 지배하고 있습니다. 이 사실은 사회에 조금이라도 관심이 있는 사람이라면 알 수 있죠. 또 개인의 삶은 별도의 보호 장치 없이 오직 경쟁만이 존재하는 시장에 내던져진 상태입니다. 프롬이 지적하는 것은 바로 이겁니다. 개인이 신분적 자유를 획득했음에도 고립된 존재, 주체가 아닌 대상으로 전락하게 되었다는 것이지요.

그런데 문제는 사람들이 자유를 확대하기 위해서 고립감으로부터 벗어나는 길을 찾는 것이 아니라, 오히려 새로운 속박으로 자진해서 복종하는 것으로 해결하려고 한다는 겁니다. 개인주의 사회가 만들어낸 고독감이, 오히려 무언가 하나의 강한 흐름 속에서 자신을 속하게 함으로써 어떤 귀속감을 느끼고 싶어하는 심리를 만들어 자발적으로 복종하게 만든다는 것이지요. 프롬은 개인주의와 자유주의가 발달한 유럽에서 자발적으로 히틀러와 나치즘에 열광적으로 복종하는 경향을 만들어낸 원인을 복종을 통해 고립감에서 벗어나고자 하는 경향으로 설명을 합니다.

그래서 프롬은 자유가 그 자체의 다이내믹한 운동 법칙에 따라 자유에 상반되는 것으로 전환하려는 위협을 받는 위치에 도달했다고 말한 것이지요. 즉 '자유로부터 도피'하려는 경향이 생겨났다는 겁니다. 자유의 상태가 자유의 기피를 만들어내는 역설적이고 이중적인 상황을 만든 것이지요.

프롬은 자유를 확대하기 위해서 '소극적 자유'에서 벗어나 '적극적 자유'로 나아가야 한다는 것을 강조해요. '~로부터의 자유'를 넘어서 '~으로의 자유'로 나아가야 한다는 것이죠. 그가 보기에 자유나 자아실현은 언뜻 보기에 추상적이고 관념적인 영역의 문제인 것 같지만, 본질적으로는 경제적, 사회적 변혁과 연결되어 있다고 지적합니다. 진정한 자유, 즉 적극적 자유를 획득하기 위해서는 경제적, 사회적 변혁이 이루어져야 한다는 것이지요. 그에게 있어서 적극적 자유란 빈곤과 실업에 대한 공포 때문에 복종하거나 인간으로서의 자부심을 잃지 않을 자유, 인간의 근본적인 활동인 노동에 실제적인 자유, 창의, 자발성을 실현시킬 수 있는 것입니다. 진정한 자유란 단지 통제에서 벗어나는 것이 아니라 자본과 시장에 구속되는 삶에서 벗어나는 것이고, 진정한 민주주의란 단지 정치적인 절차만이 아니라 사회 구성원이 최소한의 경제적인 조건을 사회에게 보장받는 것이라는 의미죠. 그는 이를 위해 소수 자본가들의 숨은 지배력을 제거하고 계획경제를 실시해야 한다고 주장합니다.

하이에크 | 과연 프롬처럼 자유를 소극적 자유와 적극적 자유로 구분하고, 어느 것이 다른 것보다 진전된 것이라고 규정하는 것이 옳을

까요? 자유의 본질은 간섭과 통제에서 벗어나는 것 자체 아닐까요? 그런 점에서 '~부터의 자유'는 소극적 자유가 아니라 자유의 본질입니다. 다만 무엇으로부터 자유로워져야 하는가에 있어서 과거와 현재의 차이가 있을 뿐이죠. 단순히 어떤 통제로부터 벗어난다고 해서 다 똑같은 게 아니란 말입니다. 프롬처럼 신분적, 종교적 통제에서 벗어났다고 해서 소극적 자유를 이미 성취했다고 생각하면 큰 오산이에요. 현대 사회로 오면서 국가에 의한 통제가 인간의 자유를 위협하는 가장 중요한 요소로 부각되었지요. 과거에는 신분과 종교적 억압으로부터의 자유였다면, 현대 사회에서는 국가 통제로부터의 자유가 중요해진 것입니다.

특히 시장에 대한 정부의 간섭과 통제는 매우 자의적이라는 것이 큰 문제입니다. 하지만 그 통제가 참 교묘해서 대부분의 사람은 피해를 제대로 인식하지 못하곤 하지요. 이에 대해 제가 예전에 《법, 입법, 그리고 자유》에서 다음과 같이 지적했습니다. "오늘날 일반적으로 사회적 또는 분배적 정의라고 간주되는 것은 인위적인 질서에서만 의미를 가질 뿐이지 자생적인 질서 속에서는 전혀 의미가 없다. 자유의 제한은 특정한 목적을 달성하기 위한 것이지만, 그것 때문에 잃게 되는 것은 일반적으로 인식되지 않는다. 시장 질서에 대한 간섭의 직접적인 효과는 대부분 가시적이며 피부로 느낄 수 있으나, 간접적으로 나타나는 부정적인 효과는 대부분 알기 어렵기 때문에 무시되기 쉽다. 따라서 자유와 간섭 사이의 선택이 그때그때 편의에 맡겨진다면, 이는 분명히 자유의 점진적인 파괴를 초래할 것이다. 자유를 제한하여 야기되는 손실을 인식하지 못한다는 이유로 자유를 제한하는 것은 정당화될 수는 없다."

시장에 대한 간섭은 당장 나타나는 것만 보자면 매우 작고 사소해 보이는 경우가 많습니다. 처음에는 낮은 수위로 간섭할 수도 있죠. 하지만 정부의 행정적인 개입은 법으로 세세한 부분을 정하고 실행되는 것이 아니라, 정치적인 행위에 해당하는 것이 많기 때문에 상당히 자의적인 면이 큽니다. 그러다보니 우리는 자기도 모르는 사이에 자유의 본질적인 의미를 잃게 되는 것이죠. 그렇기 때문에 모든 자유의 본질인 경제적인 분야부터 정부의 간섭에서 벗어나는 것이 매우 중요합니다.

박쌤 | 하이에크 선생은 국가가 개인을 통제하는 데서 의미의 일반적 자유에서 곧바로 시장에 대한 정부의 간섭에서 벗어난다는 시장의 자유를 도출합니다. 그리고 이 두 가지를 동일한 것으로 규정하는 논리를 펼치고 있어요. 즉 누구도 부정할 수 없는 일반적인 의미의 정치적 자유를 경제적인 자유로 바로 연결시키는 논리죠. 《자유헌정론》의 전체 구성만 보더라도 앞부분에서 정치적 자유, 혹은 자유 일반에 대해 옹호를 한 후에 뒷부분에서 시장의 자유를 당연한 것으로 연결하고요. 하지만 이러한 논리는 정치적 자유의 문제와 경제적 자유의 문제에 대한 혼동이자, 이 둘 사이의 차이와 간극을 무시하는 논리적 비약 아닌가요?

정치적 자유와 경제적 자유는 상당히 다른 특징을 지니고 있잖아요. 예를 들어 자유가 정치적인 개념으로 쓰일 때 자유와 평등은 사이좋은 부부처럼 다정하다가도, 경제적인 개념으로 쓰일 때는 이혼을 앞둔 부부처럼 으르렁거리며 정면충돌로 치닫는 경향이 있습니다. 이런 점을 무시하고 두 가지 개념을 뒤섞어서 쓰게 되면 완전히 엉뚱한 논의로 흐를 수 있어요.

좀 더 구체적인 설명을 해보죠. 자유 개념이 정치적으로 쓰일 때는 모든 사람이 어떻게 태어났는가와 상관없이 신분의 자유, 신체의 자유, 사상의 자유 등을 가져야 한다는 의미를 지닙니다. 정치적인 의미의 평등도 마찬가지 내용이지요. 평등이 정치적인 의미로 쓰이면 어떤 피부색, 어떤 성, 어느 집안에서 태어나든 동일한 권리를 가진다는 뜻이니까요. 이렇게 정치적인 의미로 쓰일 때 두 개념은 거의 충돌할 일이 없이 비슷한 내용으로 나타납니다. 그래서 시민혁명 때 자유의 가치를 대변하는 시민계급과 평등을 강조한 농노, 노동자들이 동맹을 맺었던 겁니다.

그때 왜 시민계급이 목숨을 걸고 신분적 자유를 획득하려고 했을까요? 시민계급이 목숨을 거는 경우는 대체로 그들의 가장 중요한 행위 동기라 할 수 있는 '이윤'의 문제가 걸린 상황에서였습니다. 더 많은 이윤을 얻기 위해서는 대공장을 운영해야 하는데, 여기에는 수많은 노동자들이 필요하잖아요. 필요한 노동력이 충당되기 위해서는 농노들이 도시로 이주해 와서 노동자로 일을 해야만 했습니다. 하지만 농노는 신분적으로 예속되어 있어서 거주 이전의 자유가 없었고 귀족의 농지에 묶여 있는 상황이었어요. 결국 이들에게 신분의 자유를 주고 도시 노동자로 일하게 만드는 것 이외에는 시민계급이 이윤을 획득할 수 없는 상황이 찾아온 겁니다. 그러니 목숨을 걸고 혁명에 나선 것이지요.

시민혁명이 성공을 거두었고, 기본적인 정치적 자유를 획득한 상황에서 시민계급은 당연히 원래 자신의 목적이었던 이윤 추구를 본격적으로 추진하게 됩니다. 이제 거칠 것 없이 이윤을 추구하게 된 시민계급은 그 순간 자유의 개념도 정치적인 것에서 경제적인 것으로 바꿉니다. 시민계급이 강조하는 자유의 개념이 '신분의 자유'에서 '시장의 자유'로 본색을 드러낸 것이죠.

시장의 자유란 하이에크 선생이 주장하듯이 자본가의 이윤 활동에 아무런 제한을 두지 말라는 뜻이잖아요. 예나 지금이나 기업가가 이윤을 획득하는 가장 중요한 방법은 임금을 낮추는 것, 노동시간을 연장하는 것, 노동 강도를 높이는 것이었지요. 임금을 낮추면 같은 시간의 노동에서 이윤의 몫이 늘어나거든요. 동일한 임금에 노동시간을 늘려도 그렇고요. 또한 노동과정의 효율성 강화는 일반적으로 노동 강도의 강화로 나타나는데, 이 역시 같은 노동시간에 더 많은 일을 하게 해서 이윤의 확대를 낳아요. 그러니 이윤 추구에 아무런 제한을 두지 않으면 당연히 빈곤의 심화가 나타납니다. 경제적 불평등이 심화되는 것이죠. 실제도 시장에 대한 정부의 개입 일체를 부정한 자유방임체제에서 빈곤과 불평등이 극심한 상태로 치달았다는 것을 부정할 사람은 거의 없을 것 같습니다.

역사에서 확인할 수 있듯이 정치적인 자유와 경제적인 자유는 상당히 다른 원리 위에서 다른 기능으로 나타나는 경우가 많습니다. 그런데 하이에크 선생은 이 간극을 다 건너뛰거나 무시하고 두루뭉수리하게 하나로 섞는다는 느낌이 듭니다.

하이에크 ㅣ 정치적인 자유와 경제적인 자유가 항상 동일한 것은 아닐 수도 있습니다. 하지만 그렇다고 하더라도 현대 사회에서 경제적 자유가 정치적 자유를 보장하는 조건이라는 사실, 그리고 어떤 면에서는 경제적 자유가 일차적이라는 사실은 변하지 않습니다. 경제적인 자유가 더 많은 자유와 실질적으로 자유와 평등을 더 증진시킬 수 있으니까요. 정치적인 영역은 앞에서도 말했지만 자의적인 면이 매우 많습니다. 특히 행정부는 자의적인 간섭을 할 수 있는 가능성이 높지요. 그래서 정치적인 차원에서의 '자유와 평등의 보장'이라는 것은 얼마든지 기만적일 수 있습니다. 정부의 정책이란 언제든지 변할 수 있는 것이고, 정치적인 수사를 통해 얼마든지 자신을 위장할 수 있기 때문입니다.

이와 관련하여 프리드먼은 《선택의 자유》에서 이렇게 말합니다. "사람들은 내게 '우리가 거대한 관료 조직인 정부를 가지고 있는 것과, 자동차를 생산하는 거대한 제너럴 모터스를 가지고 있는 것, 이 두 가지는 서로 어떤 차이가 있는가?' 하고 종종 물어온다. 그것은 분명히 차이가 있다. 제너럴 모터스는 경찰을 보내 당신의 주머니에서 돈을 훔칠 수는 없지만 정부는 할 수 있다. 제너럴 모터스는 정부가 하지 않아도 되는 봉사를 당신의 이익을 위해 해야만 한다. 왜냐하면 제너럴 모터스가 당신의 이익을 위하여 봉사하지 않는다면 당신은 포드의 제품이나 크라이슬러의 제품이나 도요타를 살 수 있기 때문이다. 그것이 제너럴 모터스가 당신을 착취할 수 없도록 하는 이유이다."

이 이야기는 시장에서의 자유로운 경쟁이 왜 자유를 보장하는 가장 실질적인 장치이자 전제인지를 잘 이해할 수 있게 해줍니다. 정부는 관료 기구와 세금을 통해 우리 지갑에서 많은 돈을 가져갑니다. 하지만 시장에서 기업은 소비자에게 일방적인 강제를 할 수 없지요. 왜냐하면 시장은 경쟁이 지배하는 곳이기 때문입니다. 만약 소비자를 착취하거나 억압하면 당장 다른 기업의 제품을 구입할 게 뻔한데, 어떻게 그럴 수 있겠습니까? 오히려 각종 편의와 서비스를 제공해서 자신의 제품을 구매하도록 노력하죠. 이처럼 기업은 다양한 제품을 생산해서 소비자들에게 더 많은 선택의 자유를 제공하고, 더 풍요로운 삶을 보장하는 역할을 합니다. 그런 점에서 경제적 자유가 빈곤을 심화시킨다는 주장은 성립할 수 없습니다. 불평등이야 생기겠죠. 하지만 여러 번 말했듯이 불평등 자체나 그 크기는 전혀 문제될 게 없습니다. 문제는 절대적인 빈곤인데, 자유시장은 사회 구성원 전체에게 전반적인 물질적 풍요를 제공하기 때문에 해결될 수 있으리라고 생각합니다.

경제적인 자유는 우리 인간과 사회의 더 실질적인 자유를 보장하는 보루 역할을 합니다. 최소한의 민주주의 절차가 보장된 나라에서 국가가 국민들에 대한 노골적인 통제를 하는 것은 쉽지 않아졌습니다. 이제 국가는 개인의 삶이 실질적으로 이루어지는 경제 영역에서 복지라는 이름으로 더욱 광범위한 통제를 합니다. 정치적인 통제는 눈에 확 띄기 때문에 확인도 쉽고 그만큼 저항도 쉽지요. 하지만 경제적인 통제는 잘 보이지 않는 데다가 복지라는 가면까지 쓰고 있기 때문에 그 해악을 알아차리는 것이 쉽지 않습니다. 그만큼 통제가 용이한 것이지요. 그러나 소리 없이, 자연스럽게 개인을 얽매는 겁니다. 그러다가 결국에는 빼도 박도 못하는 상태의 정치적인 통제를 정당화하게 됩니다. 그러나 현대 사회에서 경제적 자유를 수호하는 것은 무엇보다 중요합니다. 그래야만 비로소 정치적 자유가 보장될 수 있으니까요.

박쌤 | 일단 하이에크 선생에게 제기될 수 있는 반론은 여기에서 마무리하도록 하겠습니다. 이제는 케인즈 선생에 대한 반론을 소개해 보지요. 선생은 시장에 정부가 개입해서 고용을 확대하면 국가 간의 평화도 확대될 것이라고 주장하고 있습니다. 그런데 역사에서 고용 확대를 위한 정부의 개입은 오히려 군수산업을 확대해서 전쟁 가능성을 더욱 키우지 않았나요?

히틀러는 케인즈 선생이 말한 방식을 군수산업과 전쟁 준비에서 찾았습니다. 히틀러는 정부 재정을 동원하여 군수 공장을 지어서 전투기와 전차, 대포 등의 무기에서 사병의 군복에 이르기까지 전쟁을 위한 군수품을 대량생산했죠. 또한 전국에 걸쳐 도로를 확충하고 비행장을 닦았고요. 이 모든 정부 지출은 국민의 소득이 되었고 소득의 향상은 소비의 증가와 민간 투자의 증가로 이어졌습니다. 점차 실업자가 줄어들었고 인플레이션이 잦아들면서 경제가 활성화되었어요. 전쟁으로 경제가 회복되는 것을 보면서 독일 국민들은 위대한 독일제국의 부활을 기대했습니다. 그리고 이 기대감과 안정된 경제지표가 제2차 세계대전으로 나아가는 중요한 원인으로 작용합니다.

엄밀하게 보자면 당시에 미국도 군수산업으로 고용확대와 수요 창출이라는 점에서 별로 예외가 아니었죠. 독일에 비해서는 상대적

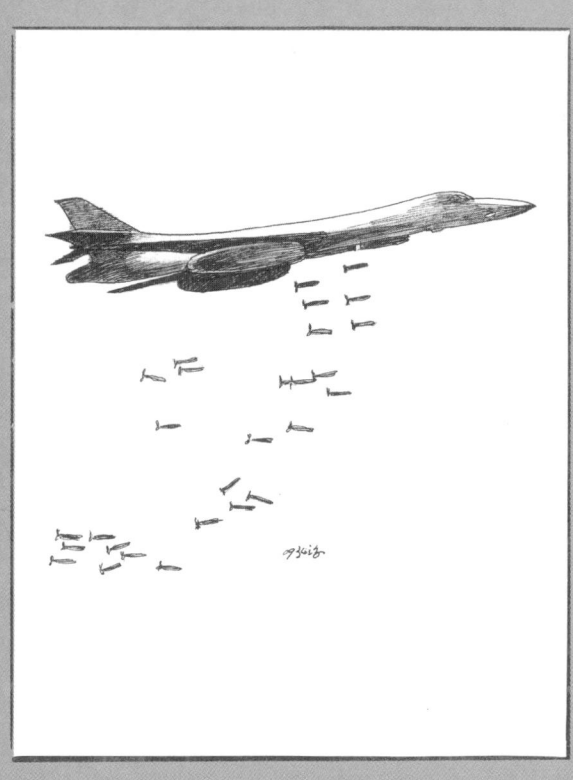

으로 평화적인 방식이었지만, 미국도 군수산업에 대한 막대한 투자라는 점에서 크게 벗어나는 것은 아니었어요. 그리고 미국이 대공황의 그림자에서 완전히 빠져나오는 데 결정적인 역할을 한 것은, 제2차 세계대전이 발발하여 군수산업이 확대된 이후였다는 것은 이미 상식이고요.

케인즈 | 흠~ 전쟁광인 히틀러를 저와 연결시키는 것은 썩 유쾌하지 않네요. 히틀러는 제 이론에 기초한 것이라기보다는 제 이론을 왜곡한 것입니다. '정부의 개입을 통한 투자의 사회화'라는 형식만 보면 비슷할지 몰라도 제 문제의식 자체를 비틀었지요. 저는 전쟁을 통한 부의 형성을 극도로 혐오합니다.

제 경험만 봐도 그래요. 제1차 세계대전이 끝난 직후에 강화회의가 열렸습니다. 미국과 영국이 이 회의의 주역이었는데, 이들은 독일에게 무려 1300억 마르크에 달하는 천문학적 규모의 전쟁배상금을 징수하기로 결정했습니다. 당시 영국 강화회의 대표단의 일원이었던 저는 화가 나서 사표를 던지고 집으로 돌아가버렸습니다. 그리고 《평화의 경제적 귀결》이라는 책을 집필하면서 미국과 영국이 독일을 너무나 가혹하게 다루고 있다고 비판했습니다. 패전국의 국민들은 이미 패전 자체만으로도 공포와 굶주림에 직면해 있는데, 과도한 전쟁배상금을 징수하는 것은 더욱 절망에 빠뜨려 또 다른 전쟁이 원인이 될 수도 있다는 사실을 지적했지요. 국가 간의 전쟁과 내전은 "우리 세대의 문명과 진보를 파괴할 것"이라고 규탄하기도 했습니다.

전쟁을 통해 경제 성장을 꾀하는 것은 죄악입니다. 파괴와 기아만을 낳을 뿐이지요. 미국이 제2차 세계대전을 통해 군수산업에서 막대한 이익을 얻은 것은 공황에서 완전히 탈출하는 데 분명히 영향을 주었습니다. 하지만 이것은 부분적이고 일시적인 현상입니다. 이때 뉴딜 정책은 기본적으로 평화적인 방식으로 투자의 사회화를 이루고자 했던 것입니다. 그러니까 기본적으로 제 이론은 공황에서 벗어나는 평화적인 길입니다.

박쌤 | 글쎄요~ 케인즈 선생의 정책을 가장 적극적으로 수용한 나라가 미국일 텐데요. 미국이 군수산업으로 경제를 활성화시키는 것이 과연 특정한 시기에 일시적으로 나타난 것에 불과하거나 부분적인 영향을 미친 것 정도일까요?

이 문제에 대해서는 현실적인 반박 사례가 만만치 않을 것 같은데요. 제2차 세계대전 이후에 미국이 개입한 전쟁은 케인즈 선생의 이야기와는 전혀 다른 사실을 보여줍니다. 대표적으로 한국 전쟁, 베트남 전쟁, 이라크 전쟁 등을 꼽을 수 있을 텐데요. 미국이 사용하는 전쟁 방식은 대체로 엄청난 물량 공세입니다. 아예 융단 폭격이라는 전술을 만들어낼 정도였죠. 일단 전쟁이 터지고 미국이 개입하면 언제나 대규모로 군수 물자를 투입하고, 이 과정에서 미국의 경기가 활성화되는 경향이 보였습니다.

이런 사례만으로도 미국의 경제 성장이 일상적으로 군수산업에 상당히 의존하고 있다는 것을 알 수 있습니다. 또 현재 미국의 전체 산업 중에 군수산업과 연관성이 있는 부분을 합하면 거의 40퍼센트에 이른다는 통계가 있는데요. 이 통계는 미국이 일상적이고 구조적으로 하는 전쟁 준비가 미국 경제를 뒷받침하는 주요 동력임을 알 수 있게 하는 지표 아닌가요?

케인즈 | 만약 그 말이 사실이라면 미국은 더 이상 제 이론의 적자라고 볼 수 없습니다. 어떤 경우에도 다른 국가와의 전쟁을 통해 유효수요를 창출하려는 시도는 정당화될 수 없어요. 무역을 비롯하여 다른 국가와의 관계가 국내 경제에 미치는 영향이 매우 크다는 점은 인정하지만, 기본적으로 한 나라의 경제적 안정은 일차적으로 내부적인 요소에 의해 마련되어야 합니다.

박쌤 | 첫 번째 주제에 대한 논쟁은 여기에서 마무리하겠습니다. 앞의 논의에서 다소 부족했던 부분이 있으면 두 번째 논쟁에서 구체적인 논의가 진행되는 가운데 보완해주면 좋을 것 같습니다. 그럼 잠시 휴식 시간을 갖고 시장에 대한 정부 개입의 정도를 어디까지로 해야 하는가에 대한 논의로 들어가겠습니다.

지식넓히기 1

시장과 정부 논쟁의 의미와 배경

시장과 정부 논쟁의 의미

자본주의 시장경제와 관련한 논쟁 가운데 가장 대표적인 것이 시장에 대한 정부의 개입을 둘러싸고 벌어지는 논쟁이다. 특히 최근 세계를 뒤흔든 글로벌 금융위기 이후 시장과 정부의 관계에 대한 논의가 더욱 활발해지고 있다. 지난 수십 년 간 자본주의 경제를 지배해 왔던 상식은 자유시장 확대와 정부의 역할 축소를 중심으로 하는 신자유주의였다고 해도 과언이 아니다. 서구 사회는 물론, 세계를 지배하는 신자유주의 이데올로기는 경제, 정치, 문화 등 현대 사회의 각 분야에서 막강한 영향력을 행사했다. 하지만 세계 금융위기가 자유로운 시장의 영광을 하루아침에 흔들어놓았다. 미국을 비롯한 주요 자본주의 국가에서 위기 대응책으로 다시 정부의 적극적인 시장 개입 필요성이 대두되었다.

시장의 자율성에 정부가 간섭해서는 안 된다는 입장을 대표하는 경제학자로는 누구도 주저하지 않고 하이에크를 꼽는다. 그는 철저하게 개인의 능력과 자유를 강조한다. 개인의 자유로운 판단과 창의성에 맡길 때 가장 효과적으로 사회와 개인이 발전할 수 있다는 입장이다. 그리고 이 기본 원리를 가장 극적으로 표현하고 있는 것이 시장이라는 영역이다. 하이에크는 자유로운 개인이 주체가 되어 움직여야 하는 시장에 정부가 개입하는 것을 격렬하게 반대한다. 이른바 '큰 시장, 작은 정부'가 필요하다는 주장이다. 하이에크는 경제적인 측면만이 아니라 자유주의 사상 일반에 치밀한 논리를 펼친 학자로도 유명하다.

반면, 시장에 대한 정부의 적극적 개입을 대표하는 경제학자로 케인즈를 꼽는다. 그는 1930년대에 대공황이 일어난 원인이 소비능력 저하에 있고, 이를 해결하기 위해서는 정부의 재정지출을 늘리는 방식의 개입이 필요하다고 주장했다. '케인즈 혁명'이라는 말이 생겨났을 정도로 그의 주장은 미국, 유럽을 비롯한 많은 나라들의 핵심적인 경제 정책으로 자리를 잡았다. 1970년대 이후 신자유주의가 부상하기 전까지 케인즈의 경제 이론은 자본주의 경제를 뒷받침하는 기둥 역할을 했다.

시장과 정부의 관계에 대한 논쟁은 단순히 정부의 개입 여부를 판단하는 문제만이 아니다. 자본주의 경제를 바라보는 기본적인 시각은 물론이고 자유와 평등에 대한 이해, 개인주의의 가치 문제에 이르기까지 매우 폭넓고 다양한 쟁점들을 포함하고 있다. 그러므로 현대 자본주의 사회에 대한 이해를 위해서도 시장과 정부의 관계에 대한 논쟁은 필수적인 것이라고 할 수 있다.

시장과 정부 논쟁의 배경

20세기 초반까지 자본주의 경제를 지배한 것은 애덤 스미스를 중심으로 한 자유주의 경제학이었다. 자본주의는 18세기 영국에서 시작된 산업혁명을 발판으로 거대한 부와 사회적인 변화를 일으켰다. 그리고 몇 차례의 불황과 제1차 세계대전 등의 우여곡절을 겪으면서 20세기 초반에 이르기까지 외형적 발전을 해왔다. 자본주의는 제1차 세계대전이 끝난 후 10여 년 동안 그리 심각한 불황을 겪지 않았다. 전쟁의 상처를 씻어낸 자본주의는 영원히 번영할 것 같았다. 특히 전쟁의 직접적인 피해에서 비켜나 있었던 미국 경제는 그 번영의 정점에 올라 있었다.

하지만 1929년에 시작된 '대공황'은 자본주의 사회에 몰아닥친 거대한 충격이었다. 북미와 유럽을 중심으로 전 세계 산업지역에서 거의 10년에 걸쳐 경기 침체가 지속되었다. 1920년대 과잉자본에 의한 호황기의 과잉생산은 1929년 10월 주식시장이 붕괴하자 대공황을 낳았다. 당시 870억 달러에 달하던 뉴욕 증시의 주가 총액은 1933년에 190억 달러로 폭락했다. 곧이어 런던, 파리, 베를린, 도쿄 등 전 세계에 주가 폭락 사태가 이어졌다. 월스트리트에서 시작된 금융위기는 미국을 비롯해 전 세계 경제를 불황으로 몰아넣은 것이었다.

주가 폭락으로 재산과 예금 구좌를 날려버린 사람들은 소비를 줄였다. 기업들은 물건을 팔 수 없자 생산을 감축하고 노동자를 대량 해고했다. 1932년까지 미국 노동자의 4분의 1이 실직했다. 독일과 영국을 비롯한 국가들에서도 수백만 명의 노동자들이 일자리를 잃었다. 미국의 실업률은 27퍼센트까지 치솟았고 영국은 23퍼센트, 독일은 32퍼센트의 실업률을 기록했다. 실업자가 증가하고 빈곤이 확산되자 상품 판매는 더욱 어려워졌고 기업은 생산을 더 감축했다. 자금난에 빠진 수만 개의 기업들이 문을 닫았다. 세계의 공업 생산은 20년 전으로 후퇴해버렸다. 대공황이 시작된 지 불과 3년 만에 주요 산업국가의 공업 생산액은 공황 이전의 60퍼센트 수준으로 떨어졌다. 가장 극심한 피해를 당한 미국은 1928년에 850억 달러이던 국민총생산이 1932년에는 370억 달러로 줄어들었다. 주가의 폭락과 기업의 몰락은 은행의 파산을 낳았다. 공산품만이 아니라 농산물 가격도 폭락했다. 지옥 같은 악순환이 자본주의 경제를 갈수록 나락으로 떨어뜨렸다.

전 세계를 강타한 공황 충격으로 국제 무역은 사라졌다. 나라마다 금 본위제를 포기하고 보호무역주의가 득세하면서 수입이 급감했다. 1932년 무렵에 세계무역의 총가치는 절반으로 줄었다. 공황은 각국 자본주의 경제가 위기로부터 스스로 회복할 수 있는 힘을 빼앗았다. 결국 1930년대에 불황은 만성화되었다. 이것은 경제적으로는 블록 경제를 초래함으로써 자유무역체제를 교란시키고, 정치적으로는 독일, 이탈리아, 일본 등에 파시즘을 낳아 제2차 세계대전의 도화선이 된 대사건이었다.

대공황의 발생은 '보이지 않는 손', 즉 시장이 수요와 공급을 스스로 조절해 경제의 균형을 맞출 것이라는 고전파 경제학의 신념에 근본적인 의문을 제시하게 했다. 공황의 가능성을 부인한 신고전파 경제학은 대공황이라는 전대미문의 사태에 직면하여 아무 일도 할 수 없었다. 대공황이 몰고 온 혼란과 고통은 너무나도 강력하고 광범위한 것이었기 때문에 그들의 경제학은 쓸모없는 것으로 무시당했다.

이때 자본주의 위기의 해결사로 나선 것이 케인즈였다. 케인즈는 시장에 모든 것을 맡기는 자유방임주의 정책이 최선이라는 고전 경제학의 이론을 부정하고, 정부의 적극적인 경제 정책과 시장에 대한 관리로 공황을 예방할 수 있다고 주장했다. 또 공급에 비해 수요가 부족한 과잉생산이 공황의 원인이라고 분석하면서 정부가 나서서 고용을 창출하고 과감한 복지 정책을 도입해 유효수요를 창출하면 공황을 극복할 수 있다고 주장했다. 미국은 케인즈의 이론에 따라 뉴딜정책에 의존하여 불황 극복에 나섰다. 이어 세계 각국의 정부도 시장에 적극적으로 개입해 공황을 극복하는 데 큰 역할을 했다.

케인즈의 처방은 자본주의 국가에서 두 갈래로 나타났다. 하나는 독일에서 히틀러 방식으로 나타났고, 다른 하나는 미국의 뉴딜 방식이었다. 히틀러는 케인즈가 말한 정부 지출의 방식을 군수산업과 전쟁 준비에서 찾았다. 루스벨트 미국 대통령은 '뉴딜'이라고 불리는 시장에 대한 정부의 개입 정책을 사용했다. 정부는 거액의 공채 발행을 통해 막대한 투자 재원의 조달에 나섰다. 그리고 케인즈가 제안한 투자의 사회화 일환으로 테네시 계곡 개발 등의 대규모의 공공 사업에 투자했다. 농산물의 경작 제한과 공산품의 경쟁 제한, 생산 제한에 대한 보상금 지급 등은 물론이고 광범위한 실업 구제 사업도 실시했다.

케인즈 이론은 점차 미국 정부의 경제 각료는 물론이고 경제학자들 사이에서도 설득력을 얻게 되었다. 미국의 성공은 제2차 세계대전 이후 자본주의 국가들에 자극을 주어 전 세계적인 케인즈의 승리를 낳았다. 반면, 케인즈를 비판하면서 자유방임의 원칙에 따라 장기적인 관점에서 통화 가치와 시장 질서를 안정시켜야 한다고 주장한 하이에크는 주목을 받지 못했다. 대공황이 장기간 지속되는 상황에서 시장에 맡긴 채, 그냥 기다리자는 하이에크의 처방은 설득력이 떨어져 인정받지 못했다. 1970년대에 닉슨 미국 대통령이 "우리는 모두 케인지언"이라고 말하고, 케인즈 혁명이라는 말이 사용될 정도로 케인즈의 영향은 압도적이 되었다.

하지만 1970년대 두 차례에 걸친 오일쇼크 후에 발생한 스태그플레이션, 즉 고물가 속의 경기 둔화로 자본주의 사회의 번영이 느려지면서 케인즈 이론에 대한 회의가 광범위하게 확산되었다. 특히 다른 나라보다 앞장서서 케인즈의 정책을 도입한 영국의 경우, 이른바 '복지병'이라 불리는 생산성 저하와 정부의 재정 적자가 겹쳐 급기야 1976년에 IMF로부터 구제 금융을 받기에 이르렀다. 경기 침체와 인플레이션이 장기화되자 미시적 분석과 시장에 의한 자원배분을 강조하는 하이에크 이론이 케인즈를 대신하여 다시 부상하기 시작했다.

영국에서는 하이에크의 사상에 깊이 동감한 대처가 수상에 당선된다. 대처는 취임 이후 각종 사회복지 제도를 철폐하여 정부 지출을 대폭 축소하기 시작한다. 또한 공기업 민영화를 비롯한 일련의 작은 정부 정책의 실현에 나섰다. 재임 기간 중 연평균 6.6퍼센트의

경제 성장을 달성한 대처의 성공은 제2차 세계 대전 이후 케인즈에 밀려 주목받지 못하던 하이에크를 재조명하는 계기가 됐으며, 케인즈주의자에 대한 신자유주의자들의 승리를 상징하는 것이기도 했다. 이어 미국에서도 1980년에 작은 정부를 내세운 레이건이 대통령으로 당선됨으로써 케인즈의 시대는 막을 내리게 된다. 하이에크를 중심으로 한 신자유주의 이론은 개별 국가의 국민경제를 넘어서 경제의 글로벌화를 주도하면서 자본주의의 번영을 약속하는 역할을 하게 되었다.

하지만 21세기에 들어서 미국발 금융 위기가 세계를 덮치자 상황은 다시 돌변하기 시작했다. 이른바 미국 서브프라임 모기지 사태로 시작한 월스트리트 금융위기가, 글로벌화된 금융 네트워크를 타고 순식간에 세계 경제 위기로 번지고 있다. 실물 경제마저 흔들리면서 1929년 대공황 이래 최악이라 일컬어지는 경제 위기가 전 세계를 덮치고 있는 것이다.

부시 행정부는 2008 회계연도에 4500억 달러라는 사상 최대 적자를 기록하고 나서 "금융시장이 스스로 자구책을 갖출 능력이 없다."며, 7000억 달러 구제 금융과 9개 주요 은행 부분 국유화 등의 대책을 내놓았다. 이어 대통령으로 취임한 오바마도 정부에 의한 추가적인 대규모 경기 부양책을 연이어 발표하고 나섰다. 자본주의에 불어닥친 위기는 정부의 역할 축소와 자유시장 확대를 주장하면서 주류경제학으로 자리를 잡아왔던 하이에크와 프리드먼을 구석으로 몰아넣었다. 미국 민주당 정부에서 경제 고문 역할을 하고 있는 자레드 번스타인이 "전쟁의 참호 속에 던져진 사람은 누구나 신을 찾기 마련이다. 위기에 몰리면 무신론자가 없듯이 경제 위기인 요즘 시장주의자들을 찾아보기 어렵다."고 말할 정도로 시장에 대한 정부 개입을 요구하는 목소리가 급속하게 커지고 있다. 전 세계적으로 현실 정책에 있어서나 학문적으로 다시 케인즈가 화려하게 부활하고 있는 것이다.

시장에 대한 정부의 개입은 어디까지 허용되어야 하는가?

박쌤 | 20세기에, 특히 케인즈 선생의 이론이 탄생한 이후 다양한 형태로 정부에 의한 시장 개입이 있었습니다. 그 가운데는 케인즈 선생이 제시한 개입 수준에 준하는 것도 있었지만, 어떤 경우에는 그 정도를 넘어서는 방식으로 나타나기도 했죠. 이번 주제는 그동안 실험되었던 다양한 정부 개입의 사례들에 대한 두 분의 평가를 들어보려고 합니다. 개입의 범위와 정도에 대한 구체적인 고민을 진전시키기 위한 것이라고 보면 될 것 같고요. 이번에는 케인즈 선생이 먼저 말문을 열어주는 게 도움이 될 것 같습니다.

케인즈 | 사실 제가 제안한 것은 그리 어려운 게 아닙니다. 적어도 자

유방임주의라는 낡은 신조에 얽매이지 않은 사람들이라면, 부자들이라고 하더라도 누구나 쉽게 받아들일 만한 치유책이었지요. 이기심으로 움직이는 기업가나 투기꾼들이 투자를 기피하고 있어서 수로의 물이 줄어들었으니, 정부가 빚을 얻어서 대신 투자해야 한다는 것이 결론입니다. 정부의 투자는 곧 국민들의 소득이 되어 소비자의 구매 능력을 증가시킬 것이고, 소비자의 구매 능력 증가는 민간의 투자를 유발할 것이라는 제안이었지요.

그렇다고 어떤 사업 영역에서든 정부의 투자가 허용되어야 한다는 것은 아닙니다. 사기업들이 활동하고 있는 산업 부문에 투자한다면 그들의 반발에 부딪칠 것이 불을 보듯 뻔하지요. 그래서 저는 도로, 항만, 공항, 철도, 학교, 병원, 공원 등의 사회 기반 시설을 건설하거나 보조하는 공공사업에 투자하라고 권고했지요. 정부가 투자함으로써 수요를 확장하는 것 자체가 중요했습니다. 저는 심지어 약간의 과장을 섞어 다음과 같이 말하기도 했습니다.

"재무성이 헌 병에 지폐를 가득 넣어, 폐기된 탄광에 적당한 깊이로 묻고, 그 위를 도시의 쓰레기로 메운 다음, 많은 시련을 겪은 자유방임의 원리 위에서 사적 기업에게 그 지폐를 다시 파내도록 한다면 실업은 없어질 것이다. 주택 건설 등은 더욱 현명할 것이다. 정치적이고 실제적인 난관이 있다 할지라도 이렇게 하는 것이, 아무것도 하지 않는 것보다는 나을 것이다."

정부의 소비와 정부의 투자를 증가시켜야만 기업가의 장래 전망도 낙관적으로 변해서 투자를 증가시키기 때문에 경제가 호황으로 전환한다는 주장이었지요. 정부의 소비를 증가시키는 방법은 투자의 사회화 이외에도 여러 가지가 있을 것입니다. 예를 들어 공무원의 수를 늘리고 봉급을 인상하는 것, 사회 보장 제도를 확대해 빈민이나 저소득층에게 소득을 보조하는 것 등도 해당하겠지요. 물론 당연히 금융 정책과 재정 정책을 통해 사회의 유효수요를 증가시키는 것도 정부가 사용할 수 있는 중요한 수단입니다.

하이에크 ❘ 시장에 정부가 개입하면 선생이 말한 취지와는 전혀 다른 결과를 초래하게 됩니다. 여러 가지 부작용을 낳게 되죠. 그 가운데 가장 대표적인 것이 전반적인 기업 경쟁력의 약화일 것입니다. 투자의 많은 부분을 정부가 담당하면 공공 부문의 지나친 비대화를 초래하게 됩니다. 또 선생은 정부가 사기업의 영역에는 관여할 필요가 없다고 했지만, 현실에서는 공기업의 확장이 나타났습니다. 원래 정부의 개입은 자의적일 수밖에 없기 때문에 투자를 안정적으로 진행한다는 명목으로 공기업의 형식을 갖추게 된 것이지요. 그래서 영국은 1970년대 말에 국내 총생산에서 공기업이 차지하는 비중이 10퍼센트에 달할 정도였습니다.

 자원과 재화가 한정된 것이기 때문에 이런 결과가 어쩔 수 없이 나타나는 겁니다. 한정된 자원을 공공부문이나 공기업으로 투자하면 민간부문은 당연히 축소될 수밖에 없어요. 효율성은 사적인 이익을 위해 투자와 경영을 할 때 극대화됩니다. 그런데 이처럼 공공부문이 확대되서 기업 경쟁력이 갈수록 약화되는 경향이 나타나니 얼마나 답답한 일인지 모릅니다. 영국만 하더라도 19세기에 세계 제일의 경제력을 보유하였지만, 정부가 시장에 개입하고서부터 지속적인 생산성 하락과 수출 시장의 축소를 경험했지요.

그런 점에서 애덤 스미스가 《국부론》에서 "경쟁을 제한하는 것은 공공의 이익에 상반된다. 또 그것은 상인들이 자신의 이익을 챙기려고 적정 수준 이상으로 이윤을 끌어올려 다른 동료들로부터 말도 안 되는 세금을 받아내는 격일 뿐이다."라고 지적한 것은 여전히 옳습니다. 게다가 정부가 투자하는 돈은 하늘에서 떨어진 것이 아닙니다. 대부분 기업가나 자산가로부터 걷은 세금일 텐데, 효율적인 사기업을 위한 돈이 방만한 공공투자에 쓰여서 수로 파이프가 왕창 새는 결과가 나타나는 것입니다. 이것은 사회 전체의 이익에 손실을 입히는 셈이지요.

그렇다고 정부가 시장에 대해 아무런 일도 해서는 안 된다고 생각하지는 않습니다. 사회에 유익하지만 소수의 개인들이 그 비용을 보상할 수 있을 만큼 이윤이 나지 않는 서비스를 제공하는 일에는 국가의 역할이 필요합니다. 이때는 반드시 본질적으로 이윤이 날 수 없는 분야, 그럼에도 사회적으로 꼭 필요한 분야로 엄격하게 제한해야 합니다. 하지만 케인즈 선생의 제안은 도로, 항만, 공항, 철도, 학교, 병원 등의 아주 광범위한 영역에 걸쳐 정부의 투자를 인정해야 한다는 것 아닙니까? 그러나 이 영역들은 높은 이윤을 낼 수 있기 때문에 사기업의 효율성이 발휘되어야 합니다.

정부의 시장 개입으로 인한 문제는 기업 경쟁력의 저하만이 아닙니다. 정부의 역할이 필요 이상으로 확대되면 기업과 정부의 유착관계가 형성되면서 시장 기능에 교란 작용이 일어나게 됩니다. 시장 경쟁 과정에서 자연스럽게 도태되어야 할 기업들이 정경유착으로 생명력을 연장하는 문제가 생기곤 하죠. 나아가서 사회적으로는 비대해진 관료 집단의 이기주의, 부정, 부패를 양산하게 됩니다.

정부의 규제가 발생시키는 온갖 문제들이 누적되면서 1980년대 이후 세계 여러 나라들이 케인즈 선생의 이론을 버리고 저나 프리드먼의 신자유주의 경제 이론을 수용했습니다. 그리고 국민 생활과 기업 활동의 자율성을 보장하기 위해 정부 개입의 축소를 지속적으로 추진하고 있지요. 이것은 민간의 능동적 참여와 자발적 창의가 실현될 때, 지속적인 경제 성장이 가능하다는 사실을 뒤늦게나마 깨달았기 때문입니다.

박쌤 | 일단 두 분의 기본적인 입장을 들었는데요. 구체적인 논의를 위해서 중요한 정부의 개입 방식을 하나하나 쪼개서 살펴보는 것이 유익할 것 같습니다. 그럼 먼저 조세, 특히 누진세를 통한 재분배 문제부터 짚어보지요.

미국의 경우를 보면 1920년대에 소득세의 상한선이 24퍼센트에 그치고, 상속세는 20퍼센트 정도에 불과해 기업가나 부유층이 부를 유지하는 데 아무런 어려움을 느끼지 않았습니다. 하지만 뉴딜정책 시행 이후 세금이 대폭 올랐죠. 소득세 상한은 루스벨트 대통령의 첫 번째 임기 때 63퍼센트까지 올라갔고, 두 번째 임기 때는 79퍼센트까지 올랐습니다. 레이건 대통령 이후에는 신자유주의 정책을 거치면서 지금의 35퍼센트까지 내려갔고요. 이렇게 세금이 오르고 내리는 데 있어서 두 선생의 영향이 참으로 컸는데요. 어떻게 생각하시는지 들어보고 싶습니다.

하이에크 | 조세 제도 자체는 어느 누구도 반대하지 않을 겁니다. 문제는 누진 세제와 높은 세율입니다. 이에 대해서는 미제스가 《경제적 자유와 간섭주의》에서 지적한 것이 적절하다고 봅니다. 그는 "부정할 수 없는 사실은, 반공산주의 국가에서도 재정 정책에 반자본주의적 경향이 팽배해있다는 것이다. 개인소득세, 법인세, 상속세의 추세는 정도의 차이는 있으나 노골적으로 소위 '불로소득'이라는 명목 아래 완전 몰수의 방향을 향하고 있다. 이러한 반자본주의적 조치의 복합적인 영향은 인플레적인 금융 통화정책에 의하여 어느 정도 가려지고 있다. 그러나 머지 않아 근본적인 문제를 초래할 수밖에 없을 것이다. 즉 새로운 투자 재원을 어떻게 조달하느냐 하는 문제이다. 조세와 임금 결정에 적용되는 방식이 개인과 기업들이 저축과 자본 투자로 혜택을 보기 어렵게 만들기 때문이다."

케인즈주의가 단지 자본주의를 약간 수정한 것처럼 이해되고 있지만, 본질을 보면 자본주의의 기본 원리를 심각하게 훼손하고 있습니다. 개인의 노력으로 만든 이익의 상당 부분을 가져가버리니 말입니다. 국가에 따라 다르기는 하지만 수입의 50~70퍼센트 이상을 세금으로 가져가는 경우도 드물지 않은 게 현실입니다. 이는 사적 이익 추구라는 동기 부여에 상당한 지장을 초래할 뿐만 아니라, 개인의 투자 재원 형성에 큰 지장을 초래합니다. 투자와 효율적인 경영을 통해 높은 이윤율을 기록해봐야, 자기 손에 실제로 돌아오는 것은 상당히 줄어 있다면 적극적인 의욕이 살아날까요?

케인즈 | 누진세를 통해 기업가나 금융가가 벌어들인 수입의 적지 않

은 부분이 사회적으로 사용되는 것은 그들에게도 바람직한 것 아닌 가요? 직접과세의 방법을 통하여 기업가, 금융가 등의 실질적인 수입이 줄어들기는 할 겁니다. 하지만 이를 통해 고용 확대를 이루고 지속적인 경제 성장을 이룰 수 있다면 결과적으로 더 많은 이익을 보장하는 게 됩니다. 불황이나 공황을 통해 다수의 기업이 도산하면서 엄청난 경제적 손실을 초래하는 것을 막을 수 있으니까요. 이렇게 당장은 세금으로 적지 않은 돈이 나가서 이익이 줄어드는 것 같지만, 안정적인 이윤 확보가 가능하기 때문에 장기적으로는 오히려 높은 이윤을 보장하는 것이지요.

또 누진세는 간접세로 인해 발생하는 저소득층에 대한 과중한 부담을 상쇄시키기 위해서도 타당합니다. 대부분의 국가는 많은 종류의 간접세를 가지고 있어요. 예를 들어 물건을 구입할 때 지출하게 되는 소비세 같은 경우가 그렇지요. 하다못해 자장면을 한 그릇을 사서 먹더라도 간접세를 지불합니다. TV를 한 대 사더라도 기업가든 저소득층이든 동일한 액수의 간접세를 지불해야 하지요. 간접세의 특성상 구매자의 수입 정도와 상관없이 일괄적으로 징수해야 하니까요. 이런 특성 때문에 수입의 격차를 고려하면 저소득층에게는 과중한 부담을 주게 됩니다. 이를 보상하기 위해서도 직접세에 누진성을 적용하는 것은 형평성에서 문제가 되지 않습니다.

하이에크 | 백보 양보해서, 간접세가 저소득층에게 주는 부담을 고려하여 직접세의 누진성을 인정한다 하더라도, 이는 매우 제한적이어야만 합니다. 지금 조세 구조의 일부인 특별세에만 적용한다든가 하

는 제한이 필요한 것이죠. 하지만 현실의 누진세는 조세 체계 전체로 확대되어 있습니다. 그래서 전체 조세를 터무니없이 누진적으로 만들고 있지요.

　케인즈 선생은 누진세를 통해 지난 40여 년 동안 공공 지출의 막대한 증가가 가능했기 때문에 고용확대를 비롯한 경제 성장을 이룰 수 있었다고 주장합니다. 장기적인 관점에서는 기업가나 금융가들도 더 큰 이익을 본 것이라고도 주장하지요. 하지만 조세 수입을 좀 더 구체적으로 살펴보면 선생의 주장이 얼마나 허구적인지가 드러납니다. 고소득자, 특히 최고소득 계층에 고율로 부과된 조세 수입은 전체 조세 수입과 비교하면 상당히 적습니다. 그래서 누진성의 도입 이후에 오랫동안 이득을 얻은 이들은 선생이 그토록 강조하는 극빈층이 아니라 유복한 노동계급이거나 중간계급의 하위 계층이었지요.

무엇보다도 누진세나 높은 세율로 세금을 과도하게 징수하면 국민 전체적으로 저축으로 전환될 수 있는 돈이 축소되고, 그만큼 투자로 전환될 수 있는 재원이 줄어들게 됩니다. 그러면 수로에 흐르는 물이 점차 말라 경제가 침체에 빠지게 되지요.

케인즈 | 하이에크 선생은 여전히 저축에 대한 환상을 가지고 있군요. 저축이 투자를 확대한다는 근거 없는 희망 말입니다. 이제 절약이나 저축은 더 이상 자본주의적 덕목이 될 수 없어요. 저축보다는 소비가 필요합니다. 낮은 소비 성향은 상품 유통을 막아서 자본의 회전을 둔하게 만들기 때문에 기업가들의 투자 욕구를 감퇴시킵니다. 현대 자본주의의 중심은 자본 자신의 한계 외에는 아무런 제약도 없이 상품을 쏟아내는 대기업입니다. 지금 필요한 것은 초보적인 자본 축적을 위한 저축이 아니라, 쏟아지는 상품을 소화할 수 있는 소비 능력을 고양시키는 것이지요.

그런데 소비 활성화를 가로막는 장애 요인이 바로 부의 극단적인 격차입니다. 이 격차를 제거할 수 있는 가장 중요한 방법은 소득세, 부가세 및 상속세와 같은 직접세의 누진성입니다. 그런데 하이에크 선생은 자본의 성장이 개인의 저축 동기와 부자의 이윤에서 나오는 저축이라며 누진세를 반대하고 있습니다. 하지만 거듭 강조했듯이 자본의 성장은 결코 저축, 즉 낮은 소비 성향에 의존하는 것이 아닙니다. 오히려 소비하지 않고 저축하는 것 때문에 성장이 더뎌지지요. 말하자면 저축을 위해서 소비하지 않거나, 또 극단적인 부의 불평등 때문에 돈이 없어서 소비하지 못하는 현상이 불황의 주범입니다. 따라서 지금 우리에게 필요한 것은 소비 성향을 증가시킬 수 있도록 소득의 재분배를 도모하는 제 방안을 적극 추진하는 것입니다. 이렇게 자본의 성장에 적극적으로 기여하는 중요한 수단이 누진세이지요.

현실에서 나타난 세금 인하 정책의 허구성으로 선생의 주장이 갖는 문제점을 확인할 수 있습니다. 예를 들어 하이에크 선생이 주장하는 신자유주의의 화신인 미국 레이건 대통령의 선거 공약은 개인 소득세를 30퍼센트씩 삭감해주겠다는 것이었습니다. 그는 "다양한 납세자 집단 사이의 부의 이전이 아니라, 모든 사람의 세율을 동일하게 삭감"하는 것을 제도화하겠다고 말했습니다. 그러나 실제로는 부자들의 세금만 깎아줬죠. 결국 1980년에 연 1만 달러를 버는 가족은 더 많은 세금을 낸 반면, 연 25만 달러를 버는 가족의 납세 후 소득은 심지어 5분의 1 정도 증가했습니다.

이러한 현상은 신자유주의의 또 다른 적자인 영국 대처 정부 아래에서도 나타났습니다. 대처 정부는 최고 소득세율을 83퍼센트에서 40퍼센트로 대폭 내렸습니다. 소득 수준이 낮은 사람들에게는 기본 소득세율을 33퍼센트에서 25퍼센트로 낮춰주었으나, 대신 부가가치세를 8퍼센트에서 15퍼센트로 상승시키고, 국민보험 기여금을 6.5퍼센트에서 9퍼센트로 증가시켰지요. 이 개혁의 이익은 부유층에게 돌아갔습니다. 소득 수준 하위 절반의 사람들은 1주일에 1~2파운드의 이익을 봤을 뿐이지요. 그나마 그들 중 4분의 1은 더 빈곤해졌습니다. 그러나 가장 부유한 상위 5퍼센트의 가계는 연간 약 1500파운드의 이익을 보았지요.

그런데 문제는 과연 세금 감소로 인한 고소득자의 이익 증가가 소비로 이어지느냐 하는 문제입니다. 고소득층은 소득이 증가한다고 특별히 더 소비를 늘리지 않습니다. 이미 필요한 소비는 다 하고 있던 사람들이기 때문이지요. 하지만 저소득층은 달라요. 이들은 소비가 필요한데, 돈이 없어서 필수적인 소비조차 제대로 못하는 사람들입니다. 그래서 저소득층의 수입 증가는 곧바로 소비 증가로 이어지게 되어 있습니다. 그러니 선생의 이론처럼 고소득층의 수입을 늘려주고 저소득층은 방치하는 세금 정책은 경제 활성화를 저해하는 겁니다.

박쌤 | 이번에는 초점을 바꿔서 재정 정책과 금융 정책을 통한 정부의 개입 문제를 살펴보겠습니다. 주로 정부가 이자율을 조정하는 것으로 시장에 개입하는 방식이겠죠. 우리는 이를 흔히 정부의 통화 정책이라고 부르기도 합니다.

케인즈 | 당연히 정부는 금융 정책을 통해 이자율을 인하할 수 있고 또 그렇게 해야 합니다. 이자율을 낮춰서 돈이 돈을 버는 행위를 자연스럽게 방지하고 생산적인 투자로 전환될 수 있게 해야지요. 이자율을 낮추기 위한 정책은 여러 가지가 있습니다. 예를 들어 중앙은행이 국채 시장에서 국채를 사들이고 현금을 풀면 이자율은 낮아집니다. 만약에 그 반대의 정책을 취하면 올라가겠지요. 이것은 이른바 공개시장 조작 정책이라고 할 수 있습니다. 또한 중앙은행이 재할인율을 인하해서 시중의 이자율을 낮출 수도 있습니다.

이 밖에도 정부가 수출산업이나 중소기업, 첨단산업을 육성하기 위한 특별 자금을 재정 자금, 은행 자금등으로 조성할 수도 있습니다. 다시 말해 정부는 어떤 산업을 육성할 것인가라는 산업 정책을 세워 우선순위에 따라 재정 자금을 집행할 뿐만 아니라, 민간 금융 기관에게 자금의 분배를 요청할 수도 있겠지요.

하이에크 | 케인즈 선생은 완전 고용을 위한 여신 확대 정책을 계속 주장하고 있는데요. 결국 이자율을 낮춘다는 것은 화폐 공급을 늘린다는 얘기입니다. 그런데 시장에서 화폐량의 증가는 곧바로 인플레이션으로 나타납니다. 현실의 경제와 경제 이론이 증명한 부정할 수 없는 원리는, 화폐와 신용 확대 정책에 의한 번영은 착각이라는 겁니다. 당장 보기에는 경기 부양이 일어나 부가 늘어나는 것처럼 보이죠. 하지만 대부분의 국가에서 경험했듯이 이는 경기 침체와 경제 위기를 불러옵니다. 국가가 화폐 공급을 늘려서 이자율을 하락시키는 정책은 필연적으로 경제에 거품을 형성합니다. 이 거품은 조금만 시간이 지나면 꺼지지요. 그러면 큰 폭의 경기 침체는 불을 보듯 뻔한 결과입니다. 이러한 사례는 과거에 많았지만 미래에도 마찬가지일 것입니다. 문제는 정부가 불황을 억제하기 위해 다시 통화 정책을 유지한다는 점입니다. 그러면 경기는 침체나 불황인데 물가는 계속 오르는 스태그플레이션이 고질적으로 구조화되어 경제를 망칩니다.

반대로 불황의 반복을 피하는 것이 목적이라면, 우선 정부의 인위적인 조작을 막는 것부터 시작해야 합니다. 정부가 저금리 정책,

적자 예산 지출, 그리고 시중 은행에서 차용하는 정책을 중단하는 것에서 출발해야 해요. 그런데 케인즈 선생은 고집스럽게도 거꾸로 가고 있으니 큰일입니다.

케인즈 | 왜 반대의 경우는 회피합니까? 현대 사회로 올수록 투기적인 수요는 점점 증가하고 있습니다. 엄청난 자금이 직접적인 생산과는 무관하게 투기를 목적으로 흘러다니고 있어요. 만약 이자율 조정을 시장 기능에만 맡긴다면 이들은 끊임없이 이자율을 높이려고 할 겁니다. 심지어 엄청난 자금을 묶어두거나 비생산적인 투기로 전환시켜서 이자율을 높이려는 압박을 가하게 되죠. 우리는 이러한 기능 없는 투자자, 즉 생산적인 투자와 무관한 투기꾼들을 안락사시켜야 합니다. 이자율을 낮춰서 생산적인 수로로 물이 흐르게 하는 것이 필요한 것이죠.

또한 선생은 제 이론을 스태그플레이션과 연관시켜 비판했는데요. 스태그플레이션이 본격적으로 나타나기 시작한 것은 1970년대입니다. 그런데 당시 스태그플레이션의 핵심적인 원인은 중동 산유국들이 카르텔을 형성하여 석유 가격을 올리면서 오일쇼크가 터진 것입니다. 시장에 대한 정부 개입이 일차적인 원인은 아니라는 것이죠. 설사 이자율을 낮추고 정부가 개입해서 인플레이션 현상이 일어난다고 하더라도, 우리는 신중하게 선택을 해야 됩니다. 반대로 시장에 맡겼을 때 나타날 수 있는 불황이나 공황 위험성을 고려해야지요. 오일쇼크 이후 스태그플레이션이 시작되면서 하이에크 선생이 주장하는 신자유주의 경제로 전환했을 때 나타난 현실을 보세요. 레이건 이후 30년 정도 모든 것을 시장에 맡긴 결과 극심한 양극화 현상이 일어났습니다. 그래서 1978년부터 2005년까지 미국 근로자의 실질 임금은 전혀 오르지 않았어요. 이 상태에서 심각한 불황으로 빠져 들어가는 것은 시간문제입니다. 그러니 약간 인플레이션 현상이 일어난다고 하더라도 정부의 개입을 선택하는 것이 상대적으로 위험성을 줄이는 길이라는 얘깁니다.

하지만 이자율 조정은 한계가 분명합니다. 이자율을 조정하는 금융 정책만으로 고용의 획기적 확대를 이루는 것은 어려워요. 도움을 주거나 조건을 마련하는 정도이지요. 국가는 부분적으로는 과세를 통하거나 이자율을 정해서, 그리고 아마도 다른 방법을 통하여 소비성향에 지도적인 영향력을 행사해야겠지만 이것으로 최적 투자와 고용 확대를 이룰 가능성은 매우 희박합니다. 완전고용에 가까운 상태를 확보하는 가장 확실한 방법은 광범위한 투자의 사회화가 유일한 수단이라고 생각합니다.

박쌤 | 케인즈 선생이 강조하는 것은 이자율 조정이라기보다는 '광범위한 투자의 사회화'라고 하니, 이 문제를 더 중점적으로 살펴보는 게 필요할 것 같습니다. 투자의 사회화라는 지향 자체는 막연한 감이 있습니다. 이것 역시 쟁점을 좀 더 잘게 쪼개서 구체적으로 논의하도록 하죠. 케인즈 선생은 정부의 투자를 증가시키는 방법으로는 도로, 항만, 공항, 철도, 학교, 병원 등 사회 기반 시설을 건설하거나 보조하는 것을 꼽았는데요. 선생은 이 사업들을 고용창출을 위한 국가의 공공사업으로 규정하고 있습니다. 그러면 국가가 고용창

출을 위해 직접 시장에 개입하는 것이 타당한가의 문제가 제기될 텐데요. 하이에크 선생의 생각은 어떤가요?

하이에크 | 정부의 투자로 고용을 확대하는 정책은 이자율을 국가가 조절하는 것보다 더욱 위험합니다.

정부가 철도나 교량이 필요한데 이것을 공공사업을 통해 지어야겠다면 그 자체만으로는 문제될 게 별로 없습니다. 문제는 노동자들의 일자리를 만들기 위해서 공공사업을 벌이겠다는 것이죠. 나폴레옹은 노동자들에게 도랑을 팠다가 묻었다가 하는 일을 반복하도록 시켰는데, 그러면서 그는 자신이 매우 자비로운 일을 하고 있다고 믿었습니다. 나폴레옹은 "결국 결과는 같은 것 아닌가? 우리가 궁극적으로 필요로 하는 것은 부가 노동자들에게 분배되도록 하는 것 아닌가?"라고 했더군요. 나폴레옹이나 케인즈 선생이나 비슷합니다. 바로 이러한 희한한 발상이 문제인 것이지요.

이에 대해 바스티아(Bastiat)는 《법》에서 이렇게 비판합니다. "화폐는 우리에게 환상을 가져다준다. 공통의 사업을 위해서 돈을 나누어 내는 것은 따지고 보면 그 돈에 상당하는 노동력을 갹출하는 것과 같다. 일자리를 제공한다는 구실로 사람들을 불러 모아다가 아무도 이용하지 않는 도로나, 아무도 살지 않는 궁전을 지으라고 강요한다면 매우 어리석은 일임이 분명하다. 협조의 수단이 직접적인 노동이 아니라 납세인 경우에도 결과가 달라지는 것은 아니다. 물론 차이가 있기는 하다. 공공사업을 위해서 직접적인 노동을 제공할 경우, 잘못된 사업으로 인한 손해는 모든 시민들에게 돌아간다. 반면 조세라는 수단을 택하게 되면 그 공공사업 때문에 일자리는 갖게 되는 사람들은 손해를 면하게 된다. 그러나 그만큼 다른 납세자들의 부담은 더욱 늘어나게 된다."

결국 고용 확대를 위한 공공사업은 일차적으로는 납세자들의 부담을 증가시키는 것이고, 좀 더 본질적으로는 세금으로 나가는 돈이 노동의 결과물이라는 점을 고려할 때 사회 구성원들의 노동을 강제 징발하는 것이나 다름없는 것입니다. 그것도 현실에서 긴급하고 필수적인 분야가 아니라, 생산에 기여 여부도 막연하거나 불투명한 곳에 낭비되는 것이지요. 공공사업 그 자체의 필요 때문이 아니라 고용 확대를 위한 공공사업은 마치 환경미화원에게 일자리를 주기 위해 거리에 쓰레기를 쏟아 붓는 것과 같은 행동입니다. 이것은 인류가 가진 가장 유용한 자원인 인력을 헛된 일에 낭비하는 것에 불과해요.

케인즈 선생은 이러한 낭비를 영구적이고 일반적인 정책으로 채택해야 한다고 강조합니다. 공공사업을 통해서 새로운 일자리를 만들고 임금을 올린다는 것은 낭비성도 문제지만 더 근본적으로는 실현이 불가능합니다. 공공사업으로 당장은 일자리가 생기겠지만, 이것은 잠깐의 효과일 뿐입니다. 문제는 보이지는 않지만 숨은 효과가 더 크다는 점이지요. 공공사업을 위해서 세금을 거두어야 하기 때문에 만들어지는 일자리보다 훨씬 더 많은 일자리들이 없어집니다. 무슨 말이냐면 그 엄청난 자본을 다른 생산적인 기업에 투자했다면 더 많은 일자리가 창출됐을 거라는 겁니다. 그런데 공공사업으로 낭비해서 결과적으로는 고용을 축소한 꼴이 되어버리는 거죠. 더군다나 공공사업은 대부분 일회적으로 벌어집니다. 안정적인 고용은 사기업의 장기적 투자를 통해서만 실현할 수 있지요. 그런 점에서 공공사업 방식은 노동 시장에 전반적인 불안감을 증가시키는 요인으로 작용하기도 합니다.

결과적으로 공공사업을 위한 세금의 확대는 그만큼 사적인 투자를 축소시키고 이것은 또 일자리를 축소시켜서 케인즈 선생의 기대와는 달리 경제를 악순환으로 들어가게 만듭니다. 정부가 나서서 하는 일이란 대개 불필요한 일을 만드는 것과 다르지 않습니다. 국가가 자원 배분에 직접 개입하려고 하기보다는 시장을 통해서 효과적인 자원 배분을 하는 게 필요해요. '작은 정부'가 필요한 것이죠.

케인즈 | 공공사업이 투자 자본의 낭비를 낳는다니요? 하이에크 선생은 사기업이나 시장에 정말 무한한 신뢰를 가지고 있군요. 오히려 투자 자본의 낭비는 시장에만 모든 걸 맡길 때 발생하는 게 현실 아닌가요? 투자 자본의 낭비는 비생산적 투기화로 발생하는 것이 훨씬 일반적입니다. 예를 들어 부동산 투기 등이 여기에 해당하겠죠. 혹은 고리대금업을 통해 말도 안 되는 이익을 누리기도 하고요. 시장은 기본적으로 행위자의 이익만을 목적으로 하기 때문에 전체에 대한 고려가 사라질 수 있습니다. 투기가 일상화될 위험성을 항상 갖고 있다는 것이지요.

그러나 투자의 사회화로 투기 자본을 생산적 투자로 전환시키는 게 가능합니다. 도로, 항만, 공항, 철도, 학교, 병원 등의 사회 기반 시설은 낭비가 아니라 사회에 필수적인 것이에요. 또한 지극히 생산적인 분야이기도 합니다. 도로, 항만, 공항, 철도 등은 산업 발전에 필수적인 영역입니다. 이를 통해 기업의 원활한 생산과 유통이 보장될 수 있지만, 공공재가 시장을 통해 저절로 공급될 리는 만무하죠. 그러니 당연히 정부에 의한 적극적인 투자와 통제 대상이 되어야 합니다. 만약 시장에 맡기면 기반 시설의 부족과 낙후함 때문에 장기적으로 산업 전반에 매우 부정적인 영향을 미칠 것이 분명합니다. 또한 이에 대한 정부의 통제를 금지하면 오히려 비효율이 발생할 겁니다.

미국은 신자유주의 정책의 일환으로 수송, 통신 등의 분야에서 정부의 투자와 통제를 제거하는 정책을 폈습니다. 그래서 항공 수송의 규제 완화로 연간 110억 달러를 절약하게 되었다고 보고했지만 실상은 전혀 다릅니다. 규제 완화를 한 지 10년이 지난 후 《비지니스 위크》는 '광분한 하늘'이라는 제목으로 다음과 같이 보고했습니다. "복잡한 활주로, 낡은 비행기, 하늘을 지배하는 몇몇의 거대한 항공 회사들. 이러한 것들은 규제 완화를 주장했던 사람들이 결코 생각하지 않았던 미래다. 또 항공료의 급격한 인상이 바로 이 숭고한 실험의 결과다." 이 보도에 따르면, 규제 완화 이전에는 5대 항공사의 승객 수송 비율이 60퍼센트였는데, 완화 이후에는 70퍼센트로 증가했고, 5대 항공사는 격렬한 가격 전쟁으로 '신참자'를 축출하는 데 성공했던 것이죠. 이처럼 전반적인 비효율, 요금 폭등, 경제의 집중 현상 등의 부작용이 생긴 겁니다.

병원이나 학교에 대한 정부의 투자도 마찬가지예요. 이를 비생산적이라고 하다니 어처구니가 없습니다. 현대 사회에서 생산력의 발전은 기계의 발달만이 아니라 노동의 전문성에도 상당히 의존을 합니다. 그리고 학교가 이를 뒷받침하는 역할을 하지요. 또한 병원은 건강한 노동의 전제 조건입니다. 노동자를 위한 주택 건설도 마찬가지의 효과를 만들어내겠죠. 선생의 눈에는 사기업에 의한 투자만 생산적인 것으로 보이는 것 같은데, 지극히 근시안적인 태도입니다. 경제를 장기적인 관점에서 보십시오. 공공사업을 통한 고용 확대는 선생의 지적과는 반대로 소비 증가를 낳고, 이는 투자와 판매 증가로, 다시 고용 증가로 이어지는 경제의 선순환 구조를 정착시킬 수 있는 가장 확실한 방법입니다.

박쌤 | 투자의 사회화를 실현하는 방법 가운데 공기업을 통한 투자는 어떻게 봐야죠? 제2차 세계대전 이후에 자본주의 국가에서 케인

즈 이론을 수용하면서 대표적으로 나타난 방식인데요. 하이에크 선생의 입장이 궁금하군요.

하이에크 | 공기업은 본질적으로 이윤이 발생할 수 없지만 전체 산업을 위해 필요한 영역으로 엄격하게 제한을 해서 운영되어야 합니다. 하지만 많은 국가들이 이러한 제한을 넘어서서 광범위한 영역에 걸쳐, 심지어 사기업에 의해 충분히 이윤이 창출될 수 있는 분야임에도 정부가 투자하고 소유하는 경우들이 많이 나타나고 있어서 문제입니다.

공기업의 가장 큰 문제는 비효율성입니다. 기업은 확실하게 책임지고 경영할 수 있는 주체가 있어야만 효율적인 운영이 가능해요. 공기업에서 국민 개개인은 이론적으로는 공기업을 소유하고 있지만, 현실적으로는 고용된 경영자들을 제대로 감독해서 자신의 재산인 해당 국영기업을 관리하고자 할 만한 동기가 없습니다. 관리를 잘하든 못하든 자신에게 돌아올 직접적인 이익과 아무런 상관이 없기 때문이죠. 그러므로 굳이 국민이 일일이 신경을 써가며 관리를 할 이유가 없어요. 신경을 쓰나 안 쓰나 자신에게 돌아오는 이득이 똑같은데, 굳이 더 나서서 할 필요가 없는 것이죠. 관리를 할 수 있도록 유인하는 인센티브가 없는 것입니다. 이러한 이유들로 국영기업은 방만한 경영을 일삼는 등 비효율적일 수밖에 없습니다. 공공사업과 마찬가지로 투자 자본의 낭비로 귀결되지요.

케인즈 | 저 역시 공기업을 통한 정부의 개입에 대해서는 부정적입니

다. 국가는 생산수단을 소유해서는 안 됩니다. 하지만 하이에크 선생의 말처럼, 본질적으로 이윤이 날 수 없는 분야지만 전체 산업을 위해 필수적인 부분에서는 어느 정도 허용할 수 있겠지요. 정부가 최신 기술을 연구 개발하는 것에 투자하고, 민간의 첨단산업에 투자하거나 지원하는 정도로 말입니다. 하지만 이런 경우를 제외하고는 국유화를 통해 시장에 개입하는 것은 필요하지 않아요. 자칫하면 사회주의적 정책으로 연결될 위험이 있습니다.

국가는 생산수단을 소유하는 것이 아니라 생산수단을 증가시키기 위한 총자본량을 늘리려고 노력해야 합니다. 사회의 잠재적인 투자 능력을 현실화시켜야 하지요. 이것이 국가의 임무입니다. 나머지 영역에 대해서는 시장의 기능에 맡겨야 합니다.

하이에크 | 많은 국가들에서 실행되고 있는 공기업 정책이 케인즈 선생의 이론과 일치하는 것은 아닐 수 있습니다. 하지만 의도가 어쨌든 공기업 정책을 추진하는 데 상당한 영향을 주었다는 점을 부인하기는 어려워요. 정부의 시장 개입을 정당화하는 순간, 그 방식이 단순한 투자에서 소유로 번지는 것은 시간문제니까요.

결과는 심각한 것이었습니다. 주요 유럽 국가들의 재정 문제는 주로 국유화한 공기업이 파산함으로써 비롯되었거든요. 공기업의 적자는 도저히 치유 불가능할 정도입니다. 그동안의 역사적 경험을 통해 공기업 경영이 비효율적이고 낭비라는 것은 이미 상식입니다. 신자유주의 정책으로 전환이 일어나면서 공기업의 민영화가 추진되고 있는 것은 그나마 다행인 것이지요. 영국만 하더라도 산업에서 국가가 1979년에 GDP의 11퍼센트를 차지했습니다. 하지만 영국 정부의 민영화 프로그램에 의해 1979년 이래 그 규모를 절반 이하로 감축했어요. 29개의 대기업이 사유화되어 거의 80만 개의 일자리가 사기업으로 이전되었지요. 그 결과 전반적으로 경영의 효율성이 증가했습니다.

케인즈 │ 유럽 국가들이 공기업을 확대한 게 제 책임은 아닙니다. 이 문제와 관련해 저는 정부의 역할을 투자에 한정하였고, 국가가 소유의 주체가 되서는 안 된다는 점을 분명히 했으니까요. 그래도 정부 개입을 주장한 것 자체가 영향을 주지 않았다는 것은 논리적인 비약입니다.

박쌤 │ 하이에크 선생이 언급한 영국 공기업의 민영화와 관련해서는 전혀 상반된 평가가 나오기도 해요. 그래서 이에 대해서는 하이에크 선생의 평가와 비교 차원에서 잠깐 소개하는 것은 필요할 것 같습니다. 영국 민영화의 실패를 주장하는 견해들인데요. 영국에서 공기업 민영화는 다양한 영역에서 이루어졌는데, 가장 대표적인 것이 전력 분야라고 할 수 있어요. 전력 산업 민영화와 연관된 사례 하나만 소개하겠습니다.

영국 일간지 《인디펜던트》는 "영국 전력 생산량의 4분의 1을 차지하고 있는 브리티시 에너지가 극심한 자금난에 처해 재국유화를 포함하는 '블루 프로젝트'를 추진 중"이라고 보도했습니다. 기업분석 전문가들은 브리티시 에너지에 향후 12개월 안으로 약 8200억

원의 자금이 유입되지 못하면 파산할 것으로 보고 있습니다. 이 때문에 블루 프로젝트에는 최소한 약 9100억 원의 엄청난 공적 자금이 투입되어야 할 형편이지요. 6년 전 민영화된 브리티시 에너지는 민영화 당시만 해도 유럽에서 가장 최신형 원자력 발전소를 보유한 영국의 간판 발전회사였어요. 그러나 민영화를 통해 발전 산업에 경쟁을 도입하고 전기료를 낮추겠다던 영국 정부가 예상치 못한 난관에 봉착한 것이죠. 지난해 철도 민영화 실패로 선로 관리 업체인 레일트랙은 다시 국유화됐고요. 영국의 통상산업부와 재무부는 브리티시 에너지의 파산 사태만은 어떻게든 피하려고 애쓰고 있습니다. 그만큼 민영화의 허구성이 드러나고 있다는 주장이지요.

이제는 쟁점을 조금 바꾸겠습니다. 정부에 의한 사회보장에 대한 평가 문제를 간단하게 다뤄보지요. 공공 구제와 강제보험 등이 여기에 포함되겠죠. 흔히 복지정책이라고 불리는 것들인데요. 어떤 생각인지요?

케인즈 | 사회보장제도를 확대해 빈민이나 저소득층에게 소득을 보조하는 것은 좋습니다. 사회보장제도나 의료보험제도는 국민의 생활을 보호하는 역할뿐만 아니라 경제 활성화를 위해서도 반드시 필요한 국가의 역할입니다. 사회보험은 긴 역사를 가지고 있습니다. 19세기 후반부터 많은 역할을 해왔지요. 개인들이 스스로 해결하지 못하는 문제들을 국가가 대신해서 위험을 피할 수 있게 만든 안정적인 장치입니다. 의료보험만이 아니라 고령, 산업재해, 장애, 독립 능력 부재, 실업 대비와 같이 다양한 영역에서 저소득층을 보호하기

위한 장치로 역할을 했어요.

    사회보장제도는 저소득층의 지출을 줄여서 소비 능력의 향상을 낳습니다. 다른 한편으로 사회복지제도나 의료보험제도 자체가 고용을 확대하는 역할도 합니다. 1~2차 산업에서 무한정한 일자리가 만들어지는 것이 아닌 이상, 사회 전체적인 소비능력을 유지하고 확대하려면 서비스 산업에서 고용을 창출해야 합니다. 사회복지와 의료보험은 고용을 확대하기 위한 훌륭한 창구 역할도 하지요.

하이에크 | 피터 드러커는 정부에게 모든 문제의 해결을 맡겨서는 안 된다고 경고했습니다. 그는 정부가 잘하는 것이 딱 세 가지라고 합니다. 세금 추징, 인플레이션 조장, 전쟁 유발이죠. 국가가 시장에 개입해서 하는 일이란 대체로 부정적인 결과를 맺게 됩니다. 사회보장제도나 의료보험도 마찬가지예요. 그걸 왜 국가가 해야합니까?

    좋은 의료 혜택이나 적정한 은퇴 소득을 받으려면 정부에 맡겨서는 안 됩니다. 더 좋은 서비스는 오히려 민간 영역에서 더 좋은 서비스를 제공할 수 있습니다. 필요한 사람이 적극적으로 미래를 대비하게 해서 관련 재정의 건전성이 보장되고, 사기업이 담당하니까 효과적으로 기금이 운영될 수 있습니다. 사회보장제도나 의료보험이 마치 당연히 국가의 일인 것처럼 착각하는 경우가 많은데요. 오늘날 31개 국가가 개인 사회보장제도를 갖고 있어요. 정부가 운영하는 전국민 의료보험이나 사회보장제도보다 더 나은 결과를 가져다주고 있고요.

    국가에 의한 사회보장이나 의료보험이 개인에게 얼마나 많은 부담을 주고 있는지는 몇몇 나라의 사례를 보면 금방 알 수 있습니다. 프랑스 노동자들의 경우에는 사회보장이나 의료보험을 위해 지출되는 수치가 평균적으로 대략 총 노동비용의 3분의 1에 달합니다. 독일에서는 총국민소득의 약 20퍼센트가 사회보장기관의 수중에 들어갑니다. 과연 이 비율이 국가가 제공하는 서비스를 위해 노동자들이 기꺼이 포기할 수치인가요? 국민들이 원하는 것 이상으로 자원을 강제적으로 쓰는 것 아닌가요? 무엇보다도 관련 비용의 과다한 지출 때문에 기업은 기업대로 투자 재원의 축소를 낳고 개인은 소비 능력의 감소를 초래하게 된다는 것이 큰 문제입니다.

케인즈 | 아무래도 선생은 경제 현상을 한쪽 눈만 뜨고 보는 게 아닌가 싶습니다. 미국에서 국가의료보험제도가 실시되지 않고 사적인 보험에 의지한 결과가 무엇입니까? 경제 규모로 봐서는 미국이 세계에서 가장 잘사는 나라임에도 무려 5000만 명에 이르는 국민이 의료보험에 가입하지 못해서 병원을 마음대로 갈 수 없습니다. 이들은 일단 병에 걸리면 막대한 치료 비용을 개인이 부담해야 합니다. 많은 사람들이 비용 때문에 치료를 포기해야 하는 상황입니다. 이러한 상태가 정상입니까?

엄청난 치료 비용을 개인이 모두 부담해야 한다는 것은 그만큼 소비로 사용될 수 있는 돈이 줄어든다는 의미입니다. 또 병에 걸려도 치료할 수 없는 상황에 처한 사람들이 많아진다는 것은 그만큼 건강한 노동력이 줄어든다는 것을 의미하고요.

사회보장도 마찬가지입니다. 사회보장을 위해 개인의 임금에서 때는 돈은 단순히 비생산적, 비소비적 지출이 아닙니다. 실업 등의 이유 때문에 개인의 소비 능력이 전무한 상태로 빠져드는 것을 막아서 전 사회적인 소비의 양을 유지시키는 안전판 기능을 하는 것이죠. 또한 사회보장이나 의료보험 관련 비용을 노동자만이 지불하는 것이 아니라, 기업이 일부분을 부담하게 해서 재분배의 효과도 있는 것이고요.

그럼, 선생은 정부가 사회적 약자에 대해 아무런 일도 해서는 안 된다는 겁니까? 그들이 아무리 절대빈곤 상태에 빠져도, 그래서 사회불안 요소가 증가해도 모든 건 시장에 맡기고 국가는 방관하라는 말인가요? 그게 정의입니까?

하이에크 | 저는 보수주의자가 아닙니다. 어떤 면에서는 진보주의자예요. 산업사회에서 완전히 경쟁력을 상실해서 최악의 절망적 상태에 빠진 사람들을 보호하는 일은 국가가 담당해야 합니다. 공적 부조, 또는 공적 구제 형태로 절대빈곤에 빠진 사람들을 구제하는 일을 국가가 소홀히 해서는 안 되지요. 하지만 국가의 역할은 딱 여기까지여야만 합니다.

그런데 케인즈 선생은 더 나아가서 상대적인 빈곤 문제까지 국가가 해결 주체로 나서야 한다고 주장하기 때문에 문제입니다. 이런 문제에 대해서는 정부가 간섭할 필요가 없어요. 경쟁에 따른 자연스러운 결과이고, 개인의 능력과 노력에 맡겨야 할 부분입니다. 특정한 개인들이나 그룹들의 소득이 어떤 관청의 결단에 의해 정해지는 것이 아닌 한, 어떠한 특정 소득 분배를 놓고 이것이 다른 것보다 정의롭다거나 그렇지 않다거나 하고 말하는 것은 의미가 없습니다.

또한 국가에 의한 사회보장제도나 의료보험제도의 확대는 경제적인 문제만이 아니라 사회, 정치적인 억압의 증가를 낳게 됩니다. 점차 증대하고 있는 복지 정책 분야에서 명백하게 드러나고 있듯이, 개개인들을 위해서 특정한 결과를 달성하도록 지시받는 계획 당국이 요청하는 결과를 달성하기 위해서는, 이에 필요한 듯이 보이는 것을 개개인들이 수행하도록 강요할 수 있는, 기본적으로 자의적인 권력을 그 계획 당국에게 인정해주어야 합니다. 대부분의 인간들을 위한 완전한 평등은 이들의 업무를 관리하는 엘리트의 명령에 대중을 똑같이 예속시켜야 한다는 것을 의미하지 않을 수 없지요.

박쌤 | 휴~ 어떤 쟁점 하나도 수월하지가 않군요. 몇 가지 대표적으로 쟁점이 될 수 있는 정부 개입 사례를 가지고 두 분의 입장과 평가를 들었는데요. 워낙 경제를 바라보는 시각 자체의 차이가 존재하다 보니 모든 쟁점에서 불꽃이 튀는 것 같은 긴장감이 흘렀어요. 마치 두 분과 숨 가쁜 마라톤 경기를 함께한 것 같은 기분입니다. 오늘 논쟁은 아쉽지만 여기에서 마무리를 해야겠습니다. 세계 금융위기를 매개로 현실에서 끊임없이 벌어지고 있는 논쟁이기에 더 큰 의미가 있는 시간이었습니다. 간단한 마무리 부탁합니다.

케인즈 | 세계를 뒤흔들고 있는 금융위기를 보면서 참으로 안타까운 심정입니다. 정부의 개입이 적재적소에서 이루어졌으면 충분히 피할 수 있는 것이었는데 말입니다. 지금이라도 늦지 않았습니다. 인

류는 20세기 초에 정부의 개입을 통해 공황에서 벗어났던 소중한 경험을 갖고 있어요. 아울러 하이에크 선생이나 시장주의자들도 이번 위기를 계기로 좀 더 합리적인 방향으로 인식의 전환이 이루어졌으면 합니다.

하이에크 | 금융위기가 안타까운 것은 저도 마찬가지입니다. 원인 진단은 케인즈 선생과 정반대이지만 말이에요. 문제는 각국 정부들이 마치 금융위기가 시장의 한계에서 비롯된 것으로 이해하고 있는 겁니다. 시급한 시각 교정이 필요합니다. 현재 진행되는 방식은 더 큰 위기를 불러올 것입니다. 하지만 언제나 기회는 위기 속에서 찾아온다고 하지요. 이번 기회에 시장과 기업의 창조적인 동력을 충분히 살리는 방향으로 전환이 일어났으면 합니다.

박쌤 | 긴 시간 고생 많았습니다. 요즘에 두 분을 찾는 목소리가 워낙 많아서 한편으로는 마음의 여유도 없이 바쁠 것 같습니다. 긴 논쟁을 마무리했으니, 오늘 만이라도 편한 시간 보내시길 바랍니다. 고맙습니다.

지 식 넓 히 기 2

하이에크와 케인즈 이해

하이에크 (Friedrich A. von Hayek, 1899~1992)

하이에크는 밀턴 프리드먼과 더불어 신자유주의를 대표하는 경제학자이다. 오스트리아 빈에서 태어난 하이에크는 빈대학교, 런던대학교, 시카고대학교를 거치며 학생들을 가르쳤다. 1974년 노벨경제학상을 수상하기도 했다. 하지만 그의 관심은 경제학에 머물지 않고 심리학, 철학, 정치학 등 다양한 방면에 걸쳐 학문적인 성과를 이루었다. 저서만도 17여 권, 편저 10여 권, 팸플릿 20여 권, 논문 140여 편에 달하는 방대한 업적을 남겼다.

하이에크

하이에크는 화폐적 경기론과 중립적 화폐론을 전개하였고 자유주의의 입장에서 계획경제에 반대하였다. 그는 사회주의나 공산주의와 같은 좌익적 형태이건,

파시즘과 같은 우익적 형태이건 상관없이 시장의 자유에 통제를 가하고 중앙집권적인 계획을 경제에 도입하려는 일체의 시도에 완강하게 반대했다. 자유로운 시장 질서에 어떤 식으로든 개입하려는 것은 성장과 번영을 가로막을 뿐이라는 것이 그의 기본 입장이었다. 그런 그의 시각에서 볼 때 케인즈식 경제 정책도 위험하기는 마찬가지였다. 서구의 복지국가가 채택하고 하고 있던 케인즈의 이론에 대항하여 자유민주주의 이론과 자유시장 경제체제를 옹호하였고, 신자유주의 사상의 아버지로 불리고 있다.

그는 신자유주의에 입각하여 자유경쟁 원리가 법의 지배 아래 적절히 보장된다면, 자원 배분이 효율적으로 이루어지고 국부가 증진된다고 보았다. 그리고 소득 분배 문제나 경기 변동 문제를 해결하고자 하는 복지국가와 혼합경제는 단기적으로는 얼마간의 성과를 보일지 모르나, 장기적으로는 원래의 의도와 달리 기득권층의 이익만을 보장해주거나 스태그플레이션과 같은 크나큰 사회적 비용을 치르게 되는 결과를 낳을 수도 있다고 주장하였다.

1980년대에 영국의 수상이었던 대처가 하이에크의 자유주의를 찬양하며 자신의 정책 기조로 삼겠다고 공언했고, 미국에서는 레이건 대통령과 그 보좌관들이 하이에크 추종자임을 밝히고 공격적으로 자유주의 정책을 펼쳤다.

주요 저작으로는 대표작인 《노예의 길》을 비롯하여 《자유헌정론》, 《물가와 생산》, 《순수자본론》, 《자유주의 구조》, 《법, 입법, 그리고 자유》, 《실업과 통화정책》 등이 있다.

《자유헌정론》

《자유헌정론》은 하이에크가 자신의 생각과 주장들을 포괄적, 체계적으로 정리한 대표적인 저작이다. 지난 수십 년간 세계를 지배하고 있는 신자유주의 물결의 아버지라 불리는 하이에크의 자유주의사상을 집대성했다고 봐도 무방한 책이다. 그는 자유의 가치가 모든 도덕 가치와 문명 세계가 지향해야 할 근본원리임을 논리적으로 주장한다. 하지만 단순히 자유주의를 정리하는 데 머무는 것이 아니라, 자유주의의 가치와 원리를 사회 각 부문에 어떻게 제도화하고 현실화시켜야 하는지까지 체계적으로 정리하고 있다.

자유주의와 관련하여 많은 책들이 나왔지만 20세기의 저작들 중 이만큼 포괄적으로, 그러면서도 강력하게 자유를 옹호한 책은 드물 것이라는 평가를 받고 있다. 방대한 주제를 다루면서도 각 방면에서 일관되게 자유주의 원리를 주장하기 때문일 것이다.

이 책에서 하이에크는 서구 문명의 확립과 그 성취를 가능하게 했던 자유의 이상에 대한 신뢰가 쇠퇴하고 있다면 다시 전통을 복원해야 한다고 말한다. 또한 개인적 자유의 가치야말로 모든 도덕적 가치의 원천이자, 문명 세계가 지향해야 할 근본원리임을 재정립하고자 한다. 그는 어느 한 나라 특정 시기의 문제가 아니라, 보편타당한 원칙을 그 주된 대상으로 삼고 있다. 그리고 포괄적이고 체계적인 논의와 예시를 통해 자유 체제에 적합한 제도와 정책을 확립하기 위한 기준을 제시하고자 한다.

이 책은 총 3부로 되어 있다. 1부에서는 자유주의의 이론적이고 철학적인 기초를 제시하고 있다. 주요하게 자유문명의 창조력, 자유와 이성, 그리고 전통, 책임과 자유, 다수의 지배 등을 다룬다. 2부에서는 고대 아테네에서부터 영국 혁명, 프랑스 혁명, 독일 법치국가 전통, 미국의 헌정주의에 이르기까지 다양한 역사적 경험들을 살피면서 법치주의의 기원과 발전 및 쇠퇴를 검토하고 있다. 3부에서는 앞서 제시한 원칙들에 기초하여 현실적인 문제들을 평가하면서 그 원칙들이 지닌 함의를 구체적으로 보여주고 있다. 사회주의와 복지국가의 의미와 함께 조세, 사회보장, 노동조합, 화폐제도, 교육제도 등 다양한 제도와 정책들을 자유의 원칙에 대비하면서 자유주의의 제도적 실천을 역설하고 있다.

케인즈 (John Maynard Keynes, 1883~1946)

자유방임주의를 비판하고 시장에 대한 정부 개입을 통한 수정자본주의를 정착시킨 경제학자이다. 이른바 '케인즈혁명'으로 잘 알려져 있듯이, 그는 기존 경제학이 지지한 자유방임주의의 무기력한 모습에 정면으로 반기를 들었다. 국가의 적극적인 경제 개입을 제창한 그는 히틀러와 같은 파시즘 세력의 호감을 사기도 하고 공산주의자가 아니냐는 질문을 받기도 했다.

하지만 무엇보다도 케인즈가 추구한 것은 대공황으로 위기에 처한 자본주의를 구하고 지키는 일이었다. 정치적으로도 사회주의에 대해 매우 부정적이었다. 그는 〈나는 자유당원인가〉라는 글에서 당시 영국 지배층의 무기력과 무능력에 대한 불신을 드러냈다. 케인즈는 이렇게 말한다. "런던의 도시와 의회의 자본가 진영에 서 있는 지도자들에게는 '볼셰비즘'으로부터 자본주의를 지키는 참신한 방책을 식별할 능력이 없다. 이것이 가장 큰 문제이다."

케인즈

이 글에서 그는 사회주의에 대해서 비판적 입장임을 분명히 한다. "나는 노동당에 참가할 것인가? 표면적으로 볼 때 그것은 매력이 있다. 그러나 그것은 계급정당이며 그 계급은 나의 계급이 아니다. 만약 내가 그 무엇이든 당파적 이익을 추구한다면, 나는 나 자신의 이익을 추구한다. 계급투쟁이 일어난다면 나의 지역적 또는 개인적 애국심은 나 자신의 환경에 결부되게 되어 있다. 나는 정의 및 양식(良識)이라 생각되는 것의 영향을 받을 수도 있다. 그러나 계급투쟁에 있어서 나는 교양 있는 부르주아지의 편에 선다."

그는 여러 경제적 저작들을 집필하거나 정책을 제안하는 데에서 항상 자본주의 체제의 안위 문제를 염두에 두고 있었다. 그는 러시아와 독일에서 자본주의가 어떤 공격에 부딪혔는지 잘 알고 있었다. 영국에서도 마찬가지로 거대한 총파업 물결 속에서 자본가들이 휘청거린 바 있다. 때때로 그는 영국을 포함한 세계 자본주의 열강의 지도층을 맹렬히 비난하기도 했지만, 그것은 어디까지나 그들이 '자본주의를 지키는 참신한 방책을 식별할 능력'을 결여하고 있다는 판단에 기인한 것이었다. 어떻게 하면 자본주의를 보호하고 지속적으로 번영하게 할 것인가, 바로 이 점이 케인즈의 일생에 걸친 문제의식이었다.

케인즈의 주요 저작으로는 《고용, 이자 및 화폐의 일반이론》과 더불어 《평화의 경제적 귀결》, 《자유방임의 종언》, 《화폐개혁론》, 《화폐론》 등이 있다.

《고용, 이자 및 화폐의 일반이론》

이 책은 1936년에 출판되었다. 20세기 초반에 하이에크와 쌍벽을 이루며 세계 경제학계를 이끌어간 케인즈의 대표적인 저서이자 거시경제학의 기초가 되는 저작이다.

케인즈는 이 책에서 유효수요의 원리, 유동성 선호설, 승수효과의 이론을 제창하고 세이의 법칙을 부정했다. 또한 기존의 경제학파들을 고전학파라고 총칭하며 고전학파 경제학의 체계를 뒤집어 케인즈 혁명으로 불리는 경제학의 대전환을 일으켰다. 케인즈는 이 저작으로 케인즈 경제학이라고 불리는 체계를 수립했고, 케인즈 경제학은 그 후 거시경제학으로 발전했다.

케인즈 이전에 활동했던 여러 유명한 경제학자들의 주장을 관통하는 하나의 버팀목이 있다면, 그것은 자유방임주의 원리였다. 이들은 자본주의 경제의 운영을 각 기업가들 개인의 이기심에 의해 좌우되도록 내버려둘 것을 요구했다. 1929년의 세계 대공황은 이와 같은 전통적 사고방식의 한계를 여지없이 드러냈다. 전형적인 자유방임주의 사고방식에 사로잡힌 낡은 경제학자들은 세계 대공황과 같은 파국적인 상황이 닥쳤을 때 어찌할 바를 모르고 당황했다.

케인즈는 이때 유효수요의 원리에 근거하여 정부에 의한 공공투자의 유효성을 호소하였다. 이 이론은 현재에도 재정 정책의 이론적 기초이다. 케인즈는 이 책에서 완전고용을 실현하고 유지하기 위해서는 소비와 투자, 즉 유효수요를 확보하기 위한 정부의 보완책(공공 지출)이 필요하다고 주장하고 있다. 그러면서 경제활동 수준의 문제나 고용과 실업의 문제, 인플레이션의 원인, 재정 정책 등에 관한 접근법을 나름대로 제시하고 있다.

이 책은 모두 24장으로 이루어져 있다. 전반부에서는 고전파 경제학의 공준(公準)을 거쳐 유효수요의 원리, 산출량과 고용량을 결정하는 기대, 소득, 저축, 투자의 정의, 사용자 비용에 관한 내용을 다룬다. 중반부에서는 본격적으로 소비 성향의 객관적, 주관적 요인에 대한 분석을 거쳐 한계소비성향, 자본의 한계효율, 이자율, 고용과 임금, 가격의 문제 등을 분석한다. 후반부에서는 보다 직접적인 현실 문제를 다룬다. 경기 순환에 관한 분석을 거쳐 현실의 자본주의 경제 문제를 해결하기 위한 케인즈의 최종적인 생각으로 마무리하고 있다.

자유헌정론

자유주의와 민주주의 | 자유주의는 민주적이든 아니든 일체의 통치에 수반하는 강압적 권력을 제한하는 데 주력하는 반면, 교조적 민주주의자는 통치에 대한 유일한 견제는 당대의 다수의사뿐이라고 본다. 두 이념 간의 차이는 이들 각자의 대극을 명시해보면 가장 명확히 드러난다. 즉 민주주의에는 전제적인 정부가, 자유주의에는 전체주의가 맞선다. 두 체제 중 어느 하나가 반드시 다른 하나의 대극을 배제한다는 보장은 없다. 민주주의가 충분히 전체주의적 권력을 낳을 수 있고, 또 전제적인 정부가 자유주의적 원칙에 따라 움직이는 것도 상정해볼 수 있다.

우리 분야에서 대개의 용어가 그렇듯이 '민주주의'란 말 또한 아주 폭넓고 모호한 의미로 쓰인다. 하지만 통치의 방식, 즉 다수의 지배를 가리키는 것으로 엄격히 국한한다면, 이는 자유주의의 그것과는 다른 문제와 결부된다. 자유주의가 법이 어떠해야 하는가에 대한 원칙이라면, 민주주의는 무엇이 법이 되어야 하는가를 가늠하는 방식에 대한 원칙이다. 자유주의는 다수가 받아들이는 것만이 법이 되어야 마땅하다고 보지만, 이것이 필연적으로 바람직한 법이 된다고 믿지는 않는다. 사실 자유주의의 목표는 다수가 특정한 원칙을 지키도록 설득하는 데 있다. 자유주의는 다수의 지배를 결정의 한 방식으로 수긍하지만, 결정이 어떠해야 하는가에 대한 권위로 인정하지는 않는다. 교조적인 민주주의자에게는 다수가 무언가를 원한다는 사실만으로 그것을 선하다고 볼 충분한 근거가 된다. 그의 입장에서는 다수의 의도가 무엇이 법인지뿐만 아니라 무엇이 바람직한 법인지도 결정한다.

사회주의의 쇠퇴와 복지국가의 등장 | 대략 한 세기 동안 사회개혁을 향한 노력은 주로 사회주주의 이상으로부터 영감을 받았다. 이 기간 동안에는 주요한 사회주의 정당 하나 없었던 미국에서도 그랬다. 100여 년 동안 사회주의는 대부분의 주두적인 지식인들을 사로잡았고, 사회가 불가피하게 나아가는 궁극적인 목표로 광범하게 인식되기도 했다. 이러한 발전은 영국이 사회주의적 실험에 뛰어들었던 제2차 세계대전 이후에 절정에 달했다. 이것은 사회주의적 진보의 높은 파고를 보여주는 것처럼 보인다. 미래의 역사가들은 아마도 1848년부터 대략 1948년까지의 시기를 유럽 사회주의의 세기로 간주할 것이다.

이 기간 동안 사회주의는 상당히 엄밀한 의미와 특정한 프로그램을 가지고 있었다. 모든 사회주의 운동의 공통적인 목적은 '생산,

분배 및 교환수단'의 국유화였으며, 따라서 모든 경제활동은 일정한 사회정의의 이상을 향해 수립된 포괄적인 계획에 따라 이루어지는 것이었다. 다양한 사회주의학파들은 주로 사회적 재조직화를 시도하는 정치적 방법에서 차이점들을 갖는다. 마르크시즘과 페비아니즘은 전자가 혁명적이고 후자가 점진주의적이라는 점에서 다르다. 그러나 그들이 창조하고자 했던 새로운 사회의 개념은 기본적으로 동일했다. 사회주의란 생산수단의 공동소유와 '이윤이 아닌 사용을 위한 고용'을 의미했다.

복지국가의 의미 | 흔히 복지국가 그 자체에 대한 반대가 얼마나 부당한지를 보여주기 위해 그렇게 온건하고 순진한 정부 활동의 목표들을 언급하곤 한다. 그러나 정부는 그러한 문제들에 전혀 관심을 갖지 말아야 한다는 강경한 입장(변호할 수는 있지만 자유와는 무관한 입장)이 일단 포기되면, 자유의 옹호자들은 공통적으로 복지국가의 프로그램이 정당하고 동의할 수 있는 것으로 간주된 것보다 훨씬 많은 것을 포함하고 있다는 사실을 발견한다. 예를 들어 만일 그들이 식품위생법에 반대하지 않는다고 인정하면, 이것은 그들이 바람직한 목적을 위해 이루어지는 어떠한 정부 활동에 대해서도 반대하지 않는 것으로 간주된다. 따라서 방법보다는 목적에 의해 정부의 기능을 제한하려고 시도하는 사람들은 보통 자신들이 바람직한 결과를 가져오는 것으로 보이는 국가 행위에 반대해야 하거나 특정한 목적을 위해서는 효율적이더라도 그 전체적인 효과면에서는 자유로운 사회를 파괴하는 수단들

에 대한 자신들의 반대를 뒷받침해줄 일반규칙을 가지고 있지 못하다는 것을 인정해야 하는 입장에 처한다는 사실을 깨닫게 된다.

국가는 법과 질서의 유지와 관계없는 일에는 관여하지 말아야 한다는 입장은 우리가 국가를 단지 강제기구로만 이해하는 한에서는 논리적일지 모르지만, 우리는 그것이 서비스 제공자로서 아무 해도 끼치지 않고 다른 방식으로는 달성할 수 없는 바람직한 목표들을 달성하는 데 도움을 줄 수 있다는 사실을 인식해야 한다. 정부의 많은 새로운 복지활동들이 자유에 대한 위협이 되는 이유는 그것이 단순한 서비스 활동으로 나타나더라도 실제로는 강제력 행사를 구성하며, 특정한 분야에서 그 배타적인 권리를 주장하는 데 기초하기 때문이다.

독점과 다른 부차적인 문제들 | 나는 특정한 독점에 맞선 정부의 재량권 행사가 갖는 유익성에 대해 점차 회의적이 되었으며, 기업의 규모를 제한하려는 모든 정책이 지닌 자의적 특성을 보고 크게 놀랐다. 또한 정책이 미국의 몇몇 기업들의 경우처럼 대기업들이 반독점행위에 걸리기 때문에 가격인하를 통해 경쟁하기를 꺼리는 상황을 초래했을 때, 그것은 어리석은 짓이 되었다.
현재의 정책은 독점 그 자체, 혹은 크기 자체가 해로운 게 아니라 특정한 산업, 혹은 교역에 대한 진입 장벽과 여타의 독점적 관행들이 해롭다는 사실을 인식하지 못했다. 독점은 분명히 바람직하지 못한 것이다. 그러나 희소성이 바람직하지 못한 것과 동일한 의미에서만 그렇다. 우리는 둘 중 어느 것도 피할 수 없다. 어떤 능력이 복제될 수 없다는 것은 어떤 재화가 희소하다는 사실과 마찬가지로 삶에서 불쾌한 사실 중 하나이다. 그렇다고 이 사실을 무시한다거나 '사이비' 경쟁이 작동하는 조건들을 창출하고자 하는 것은 아니다. 법은 이러한 사태를 효과적으로 막을 수 없으며 단지 그 행위 유형들만을 막을 수 있다. 우리가 바랄 수 있는 것은 경쟁의 가능성이 다시 나타날 때마다 누구라도 그로부터 이득을 얻을 수 있어야 한다는 것이다. 독점이 인위적인 진입 장벽에 기반하고 있다면 그것을 제거할 수 있다. 만일 일반규칙의 적용에 의해 가능한 것이라면 가격 차별 역시 금지할 수 있다.

사회보장 – 공공구제와 강제보험 | 서구사회에서 그들의 통제 범위를 벗어난 환경 때문에 극한적인 빈곤과 기아로 위협받는 사람들을 위한 구제는 오래전부터 공동체의 의무로 받아들여지고 있었다. 우선 이러한 필요를 공급했던 지역시설들은 도시의 성장과 사람들의 대규모 이동이 과거의 근린유대를 해체시키면서 부적합하게 되었다. 그리고 지역당국의 의무가 이동의 장벽들을 형성하지 않는다면 이러한 서비스들은 국가적으로 조직되어야 했고 서비스를 공급하기 위해 특수기관들이 만들어져야 했다. 현재 우리가 공적 부조, 또는 공적 구제로 알고 있는 것은 모든 국가들에서 다양한 형태로 제공되고 있는데. 이것은 단지 과거의 빈민법이 현대적 조건에 적응한 것일 뿐이다.

(…중략…)

일단 우리는 본래 빈민을 구제할 목적이었던 기구가 점차 평등주의적 재분배의 도구로 전화되고 있는 과정에만 관심을 갖는다. 복지국가는 소득을 사회화하고, 그럴 만한 가치가 있다고 생각되는 사람들에게 화폐, 또는 그와 유사한 편익을 배분하는 일종의 가족국가를 만들어내면서 낡은 사회주의를 대체하게 되었다.

더 이상 신뢰받지 못하는 직접적인 생산조종 방법의 대안인 복지국가의 기법들은 사실상 낡은 사회주의의 목표를 추구하는 새로운 방법일 뿐이다. 복지국가는 스스로가 적합하다고 판단하는 비율과 형태로 소득을 배분함으로써 '공정분배'를 이루고자 하는 것이다. 복지국가가 낡은 사회주의보다 널리 받아들여지는 이유는 그것이 처음에는 특히 곤궁한 자들을 부양하는 효율적인 방법에 불과한 것처럼 계속 주장되었기 때문이다. 그러나 일견 타당해 보이는 복지기관에 대한 제안의 수용은 곧 전혀 다른 것에 대한 서약으로 해석되었다. 그러한 전화는 주로 대부분의 사람들에게는 사소한 기술적인 문제와 관련된 것처럼 보이는 결정들을 통해 이루어졌다. 중요한 차이점들은 종종 주도면밀하고 능란한 선전에 의해 고의적으로 은폐되었다. 우리는 공동체가 빈곤을 막고 최소한의 복지수준을 보장할 의무를 받아들이는 상태와 공동체가 모든 사람의 '공정한' 지위를 결정짓고 그것이 각자 받을 만하다고 생각하는 몫을 배분할 권력을 획득한 상태를 구분 짓는 경계선을 분명히 깨닫는 것이 중요하다. 정부가 특정 서비스를 제공하는 배타적 권력을 갖게 되면 자유는 심각하게 위협받는다. 목적을 성취하기 위해 권력은 개인에 대한 자의적 강제로 상용될 수밖에 없다.

사회보장기구의 확산주의 | 형식적인 의미에서 현존하는 사회보장 체계가 민주주의적 결정에 의해 만들어졌다고 하더라도, 수혜자 다수가 실제로 자신들이 처해 있는 상황을 완전히 깨닫는다면 그것을 승인할지는 의문이다. 수혜자 다수가 국가에게 국가가 선택한 목적을 위해 자신들의 소득을 유용하도록 허락함으로써 그들이 담당해야 하는 부담은 상대적으로 빈곤한 국가, 즉 물질적 생산성의 증가가 긴급히 필요한 국가에서 특히 심하다. 이탈리아에서 반숙련 노동자들이 자신들의 업무에 필요한 고용주의 총지출 중 44퍼센트가 국가로 이전되었기 때문에, 좀 더 구체적인 수치로 말하자면 그의 작업 한 시간에 대해 그의 고용주가 지불하는 액수의 49퍼센트 중에서 그는 단지 27퍼센트를 받고 나머지 22퍼센트는 국가가 그를 위해 사용했기 때문에 유복하게 되었다고 어느 누가 믿겠는가?

따라서 만약 노동자들이 이 상황을 이해하고 이 상황과 사회보장 없이 그의 가처분 소득을 거의 두 배로 올릴 수 있는 상황 중에서 어느 하나를 선택할 기회가 주어진다면 그들이 전자를 선택하겠는가? 또한 프랑스 노동자들의 경우에는 그 수치가 평균적으로 대략 총노동비용의 3분의 1에 달하는데, 이 비율은 노동자들이 국가가 반대급부로 제공하는 서비스를 위해 기꺼이 포기할 수치인가? 독일에서는 총국민소득의 약 20퍼센트가 사회보장기관의 수중에 들어 가는데, 이것은 국민들이 원하는 것 이상으로 자원 몫을 강제적으로 전용하는 것 아닌가? 그 돈이 그들에게 전해지고 개인적인 판단에 따라 자신들의 보험을 구입할 자유가 있을 때 대부분의 사람들이 좀 더 유복해진다는 것을 누가 부정할 수 있는가?

실업 | 지난 전쟁 이전 기간에 가장 중요했던 것으로 보이는 사회보장 부분인 실업구제는 최근에 상대적으로 그 중요성이 떨어졌다. 대규모 실업을 막는 것이 실업자를 부양하는 방법보다 중요하다는 것은 의문의 여지가 없지만, 우리가 계속해서 전자의 문제를 해결할 수 있을지, 그리고 후자의 문제가 다시 중요성을 갖지 않을지 확신할 수는 없다. 또한 우리는 실업자를 부양하는 것이 실업의 정도를 결정하는 가장 중요한 요소들 중 하나가 아니라고 확신할 수도 없다.

우리는 다시 궁핍이 확인된 모든 경우에 일률적인 최소 수준의 생계비를 제공해주는 공공구제 체계의 이용을 당연하게 받아들일 것이며, 따라서 공동체의 어느 누구도 음식, 또는 거주지의 결핍상태에 있지 않게 된다. 실업자에 의해 제기되는 특수한 문제는 도대체 어떻게, 누가, 그들의 정상적인 수입에 기초해서 계속 지원할 것인가, 그리고 특히 이러한 필요가 몇몇 정의 원리에 따른 강제적인 소득재분배를 정당화할 수 있는가 하는 것이다.

최소 수준 이상의 생계를 모두에게 보장하라는 주장의 근거는, 노동수요의 갑작스럽고 예측할 수 없는 변동은 노동자들이 결코 예측하거나 통제할 수 없는 환경의 결과라는 것이다. 이러한 주장은 대규모 공황기에 광범위한 실업이 만연되어 있을 때는 의미가 있다. 그러나 실업에는 다른 많은 원인이 있다. 반복적이고 예측 가능한 실업은 많은 계절적 업종에서 발생한다. 그리고 여기에서는 노동공급이 제한되어 계절적 수입으로 한 해 동안 노동자들이 충분히 살 수 있거나 노동의 흐름이 다른 직종과의 주기적인 이동을 유지하는 것이 일반적으로 이득이 된다는 것은 분명하다. 실업은 특정 직종에서는 노동조합 활동 때문이거나, 아니면 관련 산업의 쇠퇴, 혹은 너무 높은 임금의 직접적인 결과임을 보여주는 중요한 사례들도 있다. 이 두 경우에 실업의 치유책은 임금과 노동 이동의 유연성을 제고시키는 것이다. 그러나 이 유연성은 실업자 모두에게 그들이 벌었던 임금의 특정비율을 보장해주는 체계로 인해 감소된다.

조세와 재분배 - 재분배의 중심 논쟁 | 곧바로 주장될 것은 다음과 같은 것이다. 우리가 관심을 갖는 문제는 바로 누진성이고, 장기적으로 자유로운 제도들과 양립할 수 없다고 생각하는 누진성은 바로 전체적인 조세의 누진성이다.

즉 모든 세금을 함께 고려했을 때 고소득자에 대한 비례적인 중과세 이상의 조세이다. 개인세, 특히 소득세는 여러 이유로 누진적일 수 있다. 즉 많은 간접세가 저소득자에게 비례적으로 과중한 부담을 주는 경향에 대한 보상을 위해서 그렇다. 이것이 누진성을 옹호하는 유일하게 타당한 주장이다 그러나 이것은 현행의 조세구조의 일부인 특별세에만 적용되고 조세체계 전체로 확대될 수는 없다. 최근에 누진소득세가 전체 조세를 터무니없이 누진적으로 만들기 위한 주요 도구로 사용되고 있기 때문에, 우리는 여기서 주로 누진소득세의 효과를 검토할 것이다. 현재의 체계 내에서 상이한 조세들의 적절한 상호조정 문제는 우리의 관심사가 아니다.

우리는 비록 현재의 누진세가 소득재분배의 주요 도구이기는 하지만, 그것이 소득재분배를 달성하는 유일한 방법은 아니라는 사실로부터 발생하는 문제들을 개별적으로 고찰하지는 않을 것이다. 비례세체계에서도 분명히 상당한 재분배가 발생할 수 있다. 필연적인 사실은 조세수입의 상당한 부분을 특정계급에만 이득이 되는 서비스를 제공하는 데, 또는 그들을 직접적으로 보조하는데 사용한다는 것이다. 그러나 우리는 저소득자 범주에 속하는 사람들이 무료서비스에 대한 대가로 그들의 자유 가처분소득을 조세로 환원시켜야 하는 양에 놀라게 된다. 도한 어떻게 이 방법이 고소득자 집단과의 격차를 근본적으로 변경시킬 수 있을지 이해하기 어렵다. 이것이 부유한 계급에서 가난한 계급으로 상당한 소득이전을 가져올 것은 분명하지만 누진세의 주요 목적인 소득 피라미드 상층의 확대를 가져오지는 않는다.

(…중략…)

이러한 전개과정에 대해 흔히 제시되는 설명은 지난 40여 년 동안 공공지출의 막대한 증가는 엄청난 누진성 없이는 이루어질 수 없었으리라는 것이다. 또는 적어도 그것이 없었으면 가난한 이들이 견디기 힘든 부담을 져야 했을 것이고, 일단 가난한 이들의 부담을 줄여야 할 필요성이 인정되면 어느 정도의 누진성은 불가피하다는 것이다. 그러나 좀 더 검토해보면 이 설명은 순전히 신화라는 것이 밝혀진다. 고소득자, 특히 최고소득 계층에 높은 비율로 부과된 조세수입은 전체 조세수입과 비교하면 상당히 적어 나머지가 부담하는 것과 어떤 차이도 없었을 뿐 아니라, 누진성의 도입 이후 오랫동안 이득을 얻은 이들은 극빈층이 아니라 가장 많은 유권자를 제공하는 전체적으로 유복한 노동계급이거나 중간계급의 하위계급이었다.

누진세로 인해 그 부담이 사실상 부자들의 어깨로 이전될 수 있다는 환상이 조세를 그토록 빨리 증가시킨 주요 원인이었다는 것과, 이러한 환상의 영향으로 대중은 그렇지 않았더라면 그들이 짊어졌을 부담보다 훨씬 큰 부담을 받아들이게 되었다는 말은 사실이다. 이 정책의 주요 결과는 가장 성공적인 사람이 벌어들일 수 있는 소득에 대한 심각한 제한이며 이들보다 덜 유복한 사람들의 시기심 충족이었다.

(…중략…)

터무니없는 누진세가 위험스러운 자본투자를 수행하려는 의지에 미치는 영향에 대해서도 상세히 설명할 필요는 없다. 이러한 조세는 성공했을 때 그 성공이 엄청난 총손실의 위험을 충분히 보상하는 수익을 가져다주기 때문에 가치가 있는 위험자본에 대해서도 차별적이라는 것은 분명하다. '투자기회의 고갈'은 일반적으로 사적 자본이 이윤을 바라보고 뛰어들 수 있는 광활한 모험의 영역을 효과적으로 없애버린 재정 정책에 원인이 있다는 단정적인 언급 속에 진실이 있는 것은 분명하다.

고용, 이자 및 화폐의 일반이론

일반이론이 도출하는 사회철학에 관한 결언 | 1. 우리가 살고 있는 경제사회의 두드러진 결함은 완전고용을 성취하지 못한다는 점, 그리고 부와 소득의 분배가 자의적이고 불평등하다는 점에 있다. 상기의 이론이 이 두 가지

중의 전자에 대하여 가지는 관계는 명백하다. 그러나 그것은 후자와 관련된 두 가지 중요한 점이 있다.

19세기의 말엽으로부터, 특히 영국에 있어서는, 부와 소득의 대단히 큰 격차의 제거를 지향한 중요한 전진은 직접세 ─ 소득세, 부가세 및 상속세 ─ 의 방법을 통하여 이루어졌다. 많은 사람들은 이 과정이 더욱 더 추진될 것을 희망하고 있을 것으로 생각된다. 그러나 그들은 두 가지 점을 고려하여 그 생각을 실제로 펴나가지 못하고 있는 것이다. 즉 그 두 가지 생각이란, 첫째, 부분적으로는 교묘한 탈세를 아주 할 만한 가치가 있는 것으로 만들지 모른다는 우려와, 또는 위험부담에 대한 동기를 지나치게 저해할지 모른다는 우려가 그것이며, 둘째, 나의 생각으로는, 주로 자본의 성장은 개인의 저축동기의 강도에 의존한다는 관념과, 그리고 자본 성장의 대부분은 부자의 잉여에서 나오는 저축에 의존한다는 관념이 이것이다.

우리의 주장은 이 두 가지 고려의 처음의 것에 대하여는 영향을 미치지 않는다. 그러나 그것은 둘째의 것에 대한 우리의 태도를 상당히 수정할 것이다. 왜냐하면 우리가 본 바와 같이 완전고용이 달성되는 점에 도달할 때까지는, 자본의 성장이 저위(低位)의 소비 성향에 의존하는 것은 전혀 아니고 오히려 그와는 반대로 그것에 의하여 저해되는 것이며, 오직 완전고용의 상태에 한하여 낮은 소비 성향이 자본의 성장에 도움이 될 수 있기 때문이다. 뿐만 아니라 경험이 보여주는 바에 의하면, 기존의 상황 하에 있어서는 여러 기관에 의한 저축 및 감채기금(減債基金)의 형태를 통한 저축은 필요 이상으로 많으며, 소비 성향을 증가시킬 수 있도록 소득의 재분배를 도모하는 제 방안은 자본의 성장에 적극적으로 기여하게 될 것이다.

이 문제에 관한 기존의 일반적 관념이 얼마나 어지러운 것인가는, 상속세가 한 나라의 자본으로서의 부(富)의 감소를 가져오는 원인이 된다는 믿음이 매우 널리 퍼져 있다는 사실에 잘 나타나 있다. 국가가 상속세의 수입을 통상적 지출에 충당하고, 그 결과 소득세 및 소비세가 그만큼 감소 내지 철폐된다고 가정한다면, 상속세를 중과(重課)하는 재정 정책은 사회의 소비 성향을 증가시키는 효과를 가져 온다는 것은 물론 틀림이 없다. 그러나 관습적인 소비 성향의 증가가 일반적으로(즉, 완전고용의 경우를 제외하고는) 투자요인을 동시에 증가시키는 데 도움이 되는데, 이런 한에 있어서는 일반적으로 도출되는 추론은 진실과는 바로 정반대이다.

우리의 논의는 다음과 같은 결론을 도출하게 된다. 현대적 상황 하에 있어서는 부의 성장은, 일반적으로 상정되고 있는 바와 같이 부자의 절제에 의존하는 것은 전혀 아니고, 오히려 그것에 의하여 저해될 가능성이 크다는 것이다. 그러므로 부의 큰 불평등을 사회적으로 정당화하는 하나의 큰 이유가 제거되게 된다. 나는 우리의 이론과는 무관한 어떤 다른 이유가 있어서, 그것이 경우에 따라서는 어느 정도의 불평등을 정당화 할 수도 있으리라는 것을 완전히 부인하는 것은 아니다. 그러나 우리의 이론은 지금까지 우리가 조심스럽게 진행해 나가는 것이 현명하리라고 생각했던 여러 가지 이유들 중 가장 중요한 이유를 제거한 것만큼은 사실이다. 이것은 특히 상속세에 대한 우리의 태도에 영향을 미친다. 왜냐하면, 소득의 불평등을 정당화하는 데에는 약간의 이유가 있다고 하더라도 그것은 유산(遺

産)의 불평등에 그대로 적용되는 것은 아니기 때문이다.

나 자신으로서는 소득과 부의 상당한 불평등을 정당화하는 사회적 및 심리적 이유가 있다고 생각하지만, 그것이 오늘날 존재하는 것 같은 큰 격차를 정당화할 수는 없다.

2. 그러나 부의 불평등의 장래와 관련이 있는 우리의 논의, 즉 우리의 이자율의 이론으로부터, 제2의 훨씬 더 근본적인 추론이 도출된다. 어느 정도 높은 이자율이 정당하다는 주장의 근거는 그것이 저축에 대한 충분한 유인을 마련하는 데 필요하다고 하는 점에 있었다. 그러나 우리가 밝힌 바와 같이, 유효 저축의 정도는 필연적으로 투자의 규모에 의하여 결정되며, 투자의 규모는 저이자율에 의하여―우리가 완전고용과 대응하는 점을 넘어서까지 이 방법으로 투자를 자극하려고 하지 않는다면― 촉진되는 것이다. 따라서 우리가 완전고용이 있는 점까지 자본의 한계효율표에 비하여 상대적으로 이자율을 하락시키는 것이 우리에게 가장 유리하다.

이 기준에 의한다면 이자율은 지금에 이르기까지 시장을 지배해 온 수준을 훨씬 밑돌게 되리라는 것은 의심의 여지가 없다. 그리고 증가일로에 있는 자본량에 대응하는 자본의 한계효율표를 추측할 수 있는 한에 있어서는, 어느 정도 계속적인 완전고용의 상태를 유지하는 것이 실행 가능하려면 이자율은 아마도 줄곧 하락하여야 할 것이다. 물론, 총소비 성향(국가를 포함하여)에 과도한 변화가 있다면 이야기는 다르겠지만.

나는 자본의 한계효율이 매우 낮은 수치로 하락하는 점에 이르도록 자본량을 증가시키는 것이 어렵지 않으리라는 의미에서, 자본에 대한 수요는 아주 제한되어 있다고 확신한다. 이것은 자본 기구의 사용의 비용이 거의 무에 가깝게 된다는 것을 의미하는 것은 아니고, 다만 자본 기구로부터의 수익은 손모(損耗)와 진부화(陳腐化)에 의한 자본감가를 보전(補塡)함과 동시에 위험을 보상하고 기술 및 판단의 행사에 대한 대가를 보상하고 나면 별로 남는 것이 없으리라는 것을 의미할 따름이다. 요약해 말한다면, 그 존속 기간 동안에 있어서의 내구재의 총수익은, 단명한 재(財)의 경우에 있어서와 같이, 그것을 생산하기 위한 노동 비용에 위험 비용과 기술 및 감독의 비용을 가산한 것을 겨우 보상하게 된다는 것이다.

그런데, 이와 같은 사태는 어느 정도의 개인주의와 완전히 양립할 수 있는 것이기는 하지만, 그러나 그것은 또 이자생활자의 안락사를, 또 따라서 자본의 희소가치를 최대한 이용하려고 하는 자본가의 누적적인 압력의 안락사를 의미하게 될 것이다. 오늘날에 있어서의 이자율은 지대(地代)의 경우에 있어서와 마찬가지로 결코 어떤 진정한 희생에 대한 보수가 아니다. 토지가 희소하기 때문에 토지의 소유자가 지대를 얻는 것과 마찬가지로, 자본이 희소하기 때문에 자본의 소유자는 이자를 얻는 것이다. 그러나 토지가 희소하다는 데 대해서는 본질적인 이유가 있을지 모르지만, 자본이 희소하다는 데 대해서는 그런 본질적인 이유가 없다. 이자라는 형태를 갖는 보수(報酬)의 제공이 있을 때 비로소 진정한 희생이 바쳐질 수 있다는 의미에 있어서, 그러한 희소성이 존재하여야 할 본질적인 이유는 장기적으로는 아마도 존재하지 않을 것이다. 다만, 개인의 소비 성향이 자본이 충분히 풍부하게 되기도 전에 완전고용 하에서의 순(純)저축을 끝나게 하는 성격의 것일 경우에는 예외가 된다. 그러나 이런 경우에 있어서조차도 국가의 기관을 통하여 사회의 공동 저축을, 자본이 희소하지 않게 되는 점까지 자본을 성장하도록 하는 수준에서 유지할 수는 있을 것이다.

따라서 나는 자본주의의 이자생활자적인 측면은 그것의 역할이 끝날 때에는 소멸되는 과도적인 단계로 본 것이다. 그리고 그것의 이자생활자적인 측면의 소멸과 함께, 거기에 있는 그 밖의 많은 것이 상전벽해의 변모를 면치 못할 것이다. 뿐만 아니라 이자생활자의 안락사, 아무런 기능 없는 투자자의 안락사는 돌연한 것이 아니고, 최근 우리가 영국에서 보고 있는 바와 같은 점진적인, 그러나 장기적인 사태에 불과하며, 하등의 혁명을 필요로 하지 않는다는 것은, 내가 제창하고 있는 사태의 질서의 큰 이점이라 할 것이다.

이리하여 우리는 실제로, 자본이 희소하지 않게 될 때까지 자본량을 증가시켜서 기능 없는 투자자가 더 이상 보너스를 받지 않도록 지향하여야 할 것이며, 또 직접과세의 방법을 통하여 금융가, 기업가 및 기타 등등(그들은 확실히 그들의 기능을 그렇게도 좋아하기 때문에 그들의 노동은 현재에 있어서보다 훨씬 싼값으로 얻을 수 있을 것이다)의 지능과 결단과 행정기술이 합리적인 보수 조건으로 사회의 봉사적 사업에 이용될 수 있도록 지향하여야 할 것이다.

동시에 우리는, 국가의 정책에 구체화되는 사회 공동의 의지가 얼마만큼 투자유인을 강화시키고 보충시키는 데 돌려져야 하는가, 그리고 또 1세대 내지 2세대 동안에 자본으로부터 그 희소가치를 박탈(剝奪)한다는 우리의 목표를 포기함이 없이, 일반의 소비 성향을 어느 정도로 자극시키는 것이 안전한가는 오직 경험만이 밝혀줄 수 있다는 것을 인정하여야 한다. 사태의 추이에 따라서는 소비 성향이 이자율하락의 효과에 의하여 매우 쉽게 강화될 수 있기 때문에, 현재에 있어서보다 별로 크지 않은 축적률로도 완전고용은 무난히 달성될 수 있다는 결과가 나타날는지도 모른다. 이런 경우에는 큰 소득과 상속에 대하여 고율의 과세를 한다는 계획은, 그것이 현재 수준보다도 상당히 낮은 축적률을 수반하는 완전고용으로 인도하리라는 반대에 봉착하게 될 것이다. 나는 이와 같은 결과의 가능성 내지 그 개연성조차도 부정할 생각은 없다. 왜냐하면 이와 같은 일에 있어서는 보통 사람들이 달라진 상황에 어떤 반응을 보일 것인가를 예언한다는 것은 성급한 일이기 때문이다. 그러나 만일 현재에 있어서보다 별로 더 크지 않은 축적률로 완전고용에 근사한 상태를 무난히 확보할 수 있게 된다면, 하나의 큰 현안 문제는 적어도 해결을 보는 셈이다. 그리고 현재 살고 있는 세대에게, 그들의 상속자를 위하여 언젠가는 완전 투자의 상태를 확립할 수 있도록 그들의 소비를 제한할 것을 어떤 규모로, 또 어떤 방법으로 종용하는 것이 정당 내지 온당한가의 문제는 별개의 의사결정에 맡겨져야 할 것이다.

3. 그 밖의 약간의 점에 있어서는 상기의 이론은 그 함의에 있어서 알맞을 정도로 보수적이라 할 수 있다. 왜냐하면 그 이론은 현재 주로 사적인 창의에 위임되고 있는 제 문제에 대하여 어떤 종류의 중앙 통제를 확립하는 것이 매우 중요하다는 것을 시사하기는 하지만, 그 반면

에 광범위한 분야의 활동에는 아무런 영향이 없을 것이기 때문이다. 국가는, 부분적으로는 과세를 통하여, 부분적으로는 이자율을 정함으로써, 그리고 또 부분적으로는 아마도 다른 방법을 통하여, 소비 성향에 대하여 지도적인 영향력을 행사하여야 할 것이다. 그것뿐 아니라, 이자율에 대한 은행 정책의 영향력이 그 자체로서 최적 투자율을 결정하기에 충분하리라는 가능성은 희박한 것으로 보인다. 따라서 나는 상당히 광범위한 투자의 사회화가 완전고용에 가까운 상태를 확보하는 유일한 수단이 되리라고 생각한다. 다만 이것은 반드시 정부당국이 개인의 창의와 협조하기 위하여 여러 가지 방법으로 타협하거나 고안하거나 하는 것을 모두 배제할 필요는 없다. 그러나 이 점 이외에는 사회의 대부분의 경제 생활을 포괄할 국가사회주의의 체제를 옹호할 만한 분명한 이유는 없다. 국가가 인수할 중요한 사항은 생산용구의 소유가 아니다. 만일 국가가 생산 용구를 증가하기 위하여 투입되는 총자본량과 그것을 소유하는 사람에 대한 보수의 기본율을 결정할 수가 있다면, 국가는 그것으로써 필요한 모든 일을 다 성취하게 되는 셈이 된다. 뿐만 아니라 사회화를 위하여 필요한 조처는 점진적으로, 그리고 사회의 일반전통을 파괴하지 않고 도입될 수가 있는 것이다.

  일반적으로 용인되고 있는 고전파 경제 이론에 대한 우리의 비판은, 그 분석에 어떤 논리적 하자가 발견된다는 데 있다기보다는 오히려 그 이론의 암묵적인 제 가정이 거의 또는 전혀 충족될 수 없는 것이기 때문에, 고전파 이론은 현실 세계의 경제 문제를 해결할 수 없다는 데 있는 것이다. 그러나 만일 우리의 중앙 통제가 완전고용에 실제 가능한 한 가장 근사하게 대응하는 총산출량을 달성하는 데 성공한다면, 고전파 이론은 이 점 이후로는 또다시 그 자신의 본령으로 되돌아오게 된다. 만일 우리가 산출량이 일정하다고 가정한다면, 즉 그것은 고전파의 사상체계 이외의 제력(諸力)에 의하여 결정된다고 가정한다면, 특히 무엇을 생산할 것인가, 그것을 생산하기 위하여 생산요소가 어떤 비율로 결합될 것인가, 그리고 최종 생산물의 가치는 그들 사이에서 어떻게 분배될 것인가를 결정하는 것은 개인의 이기심이라는 고전파의 분석 방법에는, 반대할 만한 하등의 이유가 없을 것이다. 또 만일 우리가 절약의 문제를 고전파 이론과 달리 취급하기만 한다면, 완전경쟁 및 불완전경쟁의 각각의 상태에 있어서, 개인의 이익과 공동의 이익 사이의 일치의 정도에 관한 근대 고전파 이론에 대해서도 반대할 만한 하등의 이유가 없다. 이와 같이, 소비 성향과 투자유인 사이의 조절을 도모하기 위한 중앙 통제의 필요성을 별도로 한다면, 종래 이상으로 경제 생활을 사회화할 이유는 없는 것이다.

　이 점은 구체적으로 기술하자면, 나는 현존의 제도가 현재 사용되고 있는 생산요소를 크게 잘못 사용하고 있다고 생각할 이유는 없다고 생각한다. 물론 예견이 잘못될 수는 있다. 그러나 이것은 중앙집권화된 결의에 의해서도 피할 수는 없을 것이다. 노동할 의향과 능력을 가지고 있는 1000만 명 가운데서 900만 명이 고용되고 있는 경우에, 이 900만 명의 노동이 잘못 사용되고 있다는 증거는 없다. 현재의 체제에 대한 비난은 이 900만 명이 다른 일에 고용되어야 한다는 데 있는 것이 아니라, 나머지 100만 명에 대하여 일자리가 주어져야 한다는 데 있는 것이다. 현존의 체제가 무너지고 있는 것은 실제 고용의 방향을 결정하는 점에서가 아니라, 그 양을 결정하는 점에서인 것이다.

이리하여 나는, 고전파 이론의 결함을 메우는 결과는, '맨체스터 학파의 체계'를 버리는 것이 아니라 경제제력(經濟諸力)의 자유로운 활동이 생산의 총 잠재 능력을 실현하기 위하여 요구되는 환경이 어떤 성질의 것인가를 지적하는 것이라고 하는 겟셀의 의견에 동의한다. 완전고용을 확보하기 위하여 필요한 중앙 통제는, 물론 정부의 전통적인 기능의 현저한 확대를 수반할 것이다. 나아가서는 근대 고전파 이론도 경제 제력의 자유로운 활동을 억제 또는 지도하는 것이 필요하게 되는 여러 가지 상황에 주목해왔다. 그러나 아직도 개인의 창의와 책임이 작용하여야 할 광범위한 영역은 남아 있을 것이다. 이 영역 내에 있어서는 개인주의의 전통적인 여러 가지 이점이 여전히 그 효력을 지니는 것이다.

잠시 말을 멈추어서, 그 이점이 어떤 것인가를 상기해보자. 그 이점이란, 일부는 능률의 이점 — 분권화의 이점과 이기심의 작용의 이점—이다. 의사결정의 분권화와 개인의 책임이 능률에 대하여 미치는 이점은 아마도 19세기에 상상했던 것보다도 오히려 더 클 것이고, 또 이기심에 대한 호소에의 반동은 너무 지나치게 되었는지 모른다. 그러나 무엇보다도 개인주의는, 만약 그 단점과 남용을 일소할 수가 있다면, 다른 어떤 체제와 비교해보더라도 개인적 선택이 작용할 수 있는 영역을 크게 확대한다는 의미에서, 개인의 자유에 대한 최량(最良)의 방패가 된다. 개인주의는 또한 생활의 다양성을 위한 최량의 방패이기도 하다. 이 생활의 다양성은 바로 개인적 선택이 작용하는 영역이 확대된 결과이며, 이것의 상실은 획일적인 또는 전체주의적인 국가의 모든 손실 중에서 최대의 것이다. 왜냐하면 이 다양성은 과거 몇 세대에 걸친 가장 확실하고 가장 성공적인 제 선택을 구현하고 있는 전통을 보존하고, 형형색색의 기호(嗜好)로 현재를 채색하며, 또 전통과 기호의 시녀일 뿐 아니라 실험의 시녀가 되기도 하기 때문에, 장래를 개선하는 가장 유력한 수단이 되기 때문이다.

그러므로 소비 성향과 투자 유인의 상호관계를 조정하고자 하는 일에 관련되는 정부기능의 확대는 19세기의 정치평론가나 현대 미국의 금융업자에게는 개인주의에 대한 가공할 침해로 보일지 모르나, 나는 그와는 반대로, 그것이 현존의 경제 제 형태의 발본적인 파괴를 회피하는 유일한 실행 가능한 수단이라는 이유로, 또 개인의 창의가 성공적으로 기능을 발휘하기 위한 조건이라는 이유로, 나는 이것을 옹호하고자 한다.

왜냐하면, 만일 유효수요가 부족하면, 자원을 낭비한다는 공공의 비방이 참을 수 없는 것이 될 뿐 아니라, 이들 자원을 활용하려고 하는 개인 사업가는 그의 진로를 가로막는 불리한 조건 하에서 활동하여야 하게 되기 때문이다. 그가 참여하는 주사위 도박에는 영점이 많고, 따라서 도박자들은 만일 그들이 도박을 끝까지 할 정력이 있고 또 하기를 원한다면 전체로서는 손해를 보게 될 것이다. 지금까지는 세계의 부의 증가분은 개개인의 정(正)의 저축 총액에 미달하였다. 그리고 그 차이는 용기와 창의는 가지고 있으면서도 그것이 특별한 기술과 이상적(異常的)인 행운 등에 의하여 보충되지 않은 사람들의 손실에 의하여 메워져왔던 것이다. 그러나 만일 유효수요가 충분하다면, 보통의 기술이나 보통의 행운으로도 충분하다.

　오늘날의 전제주의적인 국가통제는 능률과 자유를 희생하여 실업문제를 해결하고 있는 것으로 보인다. 짧은 흥분의 기간을 별도로 한다면, 금일(今日)의 자본주의적인 개인주의와 관련되어 있는 ― 나의 의견으로는 불가피하게 관련되어 있는 ― 실업사태를 세계는 그리 오래 참지 못하게 되리라는 것은 확실하다. 그러나 문제에 대한 올바른 분석만 한다면 능률과 자유를 보지(保持)하면서 병폐를 치료하는 것도 가능하리라 생각된다.

　　-출전 : 《고용, 이자 및 화폐의 일반이론》, 조순 옮김, 비봉출판사, 1997

키워드

● **간접세** 간접세는 직접세에 대응한다. 조세를 간접세와 직접세로 구별하는 것은, 조세의 전가(轉嫁)가 예정되어 있는지를 기준으로 한다. 직접세는 납세 의무자가 조세 부담자가 되어, 조세의 전가가 예정되어 있지 않은 것을 뜻한다. 간접세는 납세 의무자가 일단 납세를 하되, 그 조세가 물품의 가격에 포함되는 등의 방법으로 조세 부담자에게 전가된다. 대표적인 예로 주세가 있다. 주세의 납세 의무자는 주조업자이지만, 그 주세를 실질적으로 부담하는 자는 주류의 소비자이다. 주조업자가 부담한 주세가 주류의 가격에 포함되어, 결과적으로 주류의 소비자에게 전가되는 것이다.

● **경기 순환** 공황, 불황, 회복, 활황처럼 연속적인 국면들로 이루어지는 자본주의적 생산의 운동을 말한다. 하나의 순환 주기가 끝나면, 새로운 순환 주기가 시작되어 불황 국면을 거쳐 회복기와 활황이 뒤따른다. 1900년과 1907년에 공황이 발생하였고, 1913~1914년의 공황은 제1차 세계대전으로 진정되었다. 그러나 곧이어 1920~1921년에 공황이 시작되었고, 자본주의 역사에서 가장 파괴적이었던 1929~1933년에 다시 공황이 뒤따랐다. 4년 후 또 다른 불황(1937~1938)이 자본주의 체제를 뒤흔들었다. 제2차 세계대전 후에도 1948~1949, 1953~1954, 1957~1958, 1960~1961, 1969~1971, 1974~1975년에도 불황기를 겪었다.

• **경영참여** 자본주의 사회에서 종업원이 자기 회사의 기업 경영에 참가하는 것을 말한다. 좁은 뜻의 경영참여제도는 노동자 대표나 노동조합이 경영상의 의사결정에 참여하는 제도로, 나라마다 역사적·사회적 조건의 차이에 따라 여러 가지 형태로 발생하고 있는데, 그 성격에 따라 노사협의회와 노사공동결정의 두 가지 형태로 구분된다.

• **공기업** 국가 또는 지방공공단체의 자본에 의해서 생산, 유통 또는 서비스를 공급할 목적으로 운영되는 기업을 말한다. 공기업은 영리 목적을 직접 추구하는 것은 아니지만, 국가나 지방자치단체의 재정 수입 조달의 수단이 된다. 또한 공익성과 공공성이 강한 거액의 고정 자본이 소요되는 독점적 성질이 강한 분야의 사업을 주로 담당한다. 필요 투자액이 거액이면서도 이익을 기대할 수 없는 분야를 담당한다. 사회정책적인 목적의 사업(예를 들면 실업대책 등)도 실시한다. 이러한 기능에 의해 자본주의 기업에 대하여 대량 수요자 또는 원료 공급자로서 개별 기업의 이윤을 위해 봉사하며, 또 자본주의 기업이 담당할 수 없는 분야를 보완해준다. 즉 공기업은 자본주의 체제를 지키며, 총자본의 총이윤을 위해 봉사하게 된다.

• **교환가치** 교환 행위 속에서의 가치의 표현 형태를 말한다. 특정 재화를 다른 재화와 등치시키는 것만이 상품생산에서의 노동의 사회적 성격을 드러내는 유일한 형태이기 때문에, 교환가치는 가치의 외적 표현을 의미한다. 상품 생산자가 교환 가능한 재화를 창출하는 것에 지출한 사회적 노동이 상품의 교환가치를 결정한다. 가치의 표현인 교환가치는 생산관계를 표현한다. 단순 상품경제에서는 소상품생산자들 간의 관계를 표현하며, 자본주의적 생산에서는 주로 자본가와 임노동자 간의 관계를 표현한다.

• **사용가치** 사용가치는 만들어진 물건의 유용성을 의미한다. 사용적 측면에서 본 재화 또는 용역의 가치를 사용가치라고 한다. 인간이 재화와 용역을 추구하는 이유는 근본적으로 그 사용가치를 획득하기 위해서인 것이다. 각종 식료품, 의류, 가옥, 가구, 서적, 연극, 영화 또는 의사의 진료와 처방 등 소비생활과 관련된 재화와 용역으로부터 각종 기계, 설비 또는 노동 등과 같은 생산요소에 이르기까지 인간 생활에서 필요로 하는 재화와 용역은 각각 나름대로의 사용가치를 가지고 있다.

• **생산수단** 물질적 부를 창출하는 사회적 생산의 과정에서 사용되고 결합된 노동수단과 노동대상을 말한다. 생산수단 중에는 노동수단, 특히 노동 도구가 결정적인 위치를 차지한다. 한편 현대의 조건 아래에서는 노동대상의 역할이 더욱 커지고 있다. 노동대상의 상당 부분이 인공 및 합성원료로 제조된 반제품으로 됨에 따라, 노동대상은 생산수단의 발전 수준을 제시해준다. 생산과정은 항상 어떠한 사회경제적 환경에서 일어나고, 그 기초는 생산수단의 소유관계에 의해 만들어진다. 생산관계의 전 체계와 결합된 소유관계는 생산수단의 사회경제적 형태를 확립한다.

• **신자유주의** 국가권력의 시장 개입을 비판하고 시장의 기능과 민간의 자유로운 활동을 중시하는 이론. 1970년대부터 케인즈 이론을 도입한 수정자본주의의 실패를 지적하고 경제적 자유방임주의를 주장하면서 본격적으로 대두되었다. 신자유주의는 자유시장, 규제 완화, 재산권을 중시한다. 신자유주의론자들은 국가권력의 시장 개입을 완전히 부정하지는 않지만, 시장 개입이 경제의 효율성과 형평성을 오히려 악화시킨다고 주장한다. 따라서 '준칙에 의한' 소극적인 통화정책과 국제 금융의 자유화를 통하여 안정된 경제성장에 도달하는 것을 목표로 한다. 또한 공공복지 제도를 확대하는 것은 정

부의 재정을 팽창시키고, 근로 의욕을 감퇴시켜 이른바 '복지병'을 야기한다는 주장도 편다. 신자유주의자들은 자유무역과 국제적 분업이라는 말로 시장 개방을 주장하는데, 이른바 '세계화'나 '자유화'라는 용어도 신자유주의의 산물이다.

● **유효수요** 구매자의 구매력을 통해 확보되는 물질적 편익과 용역에 대한 수요를 말한다. 여기에는 생산수단과 소비재에 대한 사회적이고 개인적인 요구의 대부분이 포함된다. 인간이 물질을 가지고자 하는 욕구는 무한하지만, 구매력을 수반하지 않는 욕망은 단지 잠재적 수요에 지나지 않는다. 유효수요는 크게 두 종류로 나누어진다. 하나는 소비물자에 대한 수요인 소비수요, 다른 하나는 공장 설비나 원료를 증대시키기 위한 수요인 투자수요이다. 이런 경우 기업이 경영적인 생산 활동을 계속하기 위하여 필요로 하는 원료 등의 중간수요는 포함되지 않는다. 소비와 투자로 이루어지는 유효수요의 크기에 따라 사회 경제활동의 수준이 결정된다는 이론을 '유효수요의 이론'이라고 한다.

● **인클로저** 미개간지, 공유지 등 공동 이용이 가능한 토지에 담이나 울타리 등의 경계선을 쳐서 남의 이용을 막고 사유지화 하는 일을 말한다. 15~16세기에는 곡물 생산보다 모직공업을 위한 양모생산이 수익을 올리는 데 더 유리했다. 그래서 공유지와 농민 보유지를 사유화하는 일이 횡행했다. 이로 때문에 농민의 실업, 이농, 농가 황폐, 빈곤이 심각한 문제가 되었다. 17세기 중엽 이후에는 경작능률을 증진시키기 위해 개방경지, 공유지, 미개간지의 사유화가 대규모로 행해졌는데, 특히 18세기 중엽 이후에는 산업혁명으로 농산물 수요가 급증하게 되어 이런 현상이 더욱 심해졌다. 심지어는 정부가 나서서 사유화를 위해 힘썼고, 의회를 통해 합법적으로 시행되기도 했다.

● **자유방임주의** 개인의 경제활동의 자유를 최대한으로 보장하고, 이에 대한 국가의 간섭을 가능한 한 배제하려는 경제사상 및 정책을 말한다. 애덤 스미스는 《국부론》에서 개인의 이익을 추구하는 자유로운 경제활동이야말로 사회적 부를 가져오는 것이며, 또 그 활동은 '보이지 않는 손'에 의해 부의 공정하고 효율적인 배분도 실현하며, 사회적 조화가 실현된다는 것을 이론적으로 논증하고자 하였으나 자본주의의 진전이 가져오는 현실 상황은 그들의 신념을 뒤엎었다. 특히 19세기 제국주의 시대에 자본주의가 독점 단계에 들어서면서부터 자유방임주의는 지지를 잃고 말았다.

● **종업원지주제** 기업이 종업원에게 특별한 조건과 방법으로 자사 주식을 분양, 소유하게 하는 제도를 말한다. 제1차 세계대전 후 산업민주화의 풍조 속에서 생긴 제도로, 종업원주식매입제도 또는 우리사주제라고도 한다. 특별한 조건이나 방법으로는 저가격, 배당우선, 공로주, 의결권 제한, 양도 제한 등이 있다. 종업원이 증권시장을 통하여 임의로 자사 주식을 취득하는 것은 종업원지주제라고 하지 않는다. 기업은 이 제도의 목적을 종업원에 대한 근검 저축의 장려, 공로에 대한 보수, 자사에의 귀속의식 고취, 자사에의 일체감 조성, 자본 조달의 새로운 원천 개발 등이라고 한다. 그러나 주목적은 소유 참여나 성과 참여로 근로의욕을 높이고, 노사관계의 안정을 꾀하는 데 있다.

● **파리코뮌** 1871년 3월 28일부터 5월 28일 사이에 파리 시민과 노동자들의 봉기에 의해서 수립된 혁명적 자치정부를 말한다. 코뮌은 짧은 기간에 징병제, 상비군을 폐지하고 인민에 의한 국민군을 설치했다. 또 집세 미지불분의 일시 연기, 관리봉급의 최고액 결정, 종교, 재산의 국유화, 공장주가 방기한 공장에 대한 노동조합의 관리, 부채의 지불유예와 이자폐지, 노동자의 최저생활보장 등 여러 가지 정책과 법령을 발표했다.

● **한계효용** 어떤 재화의 소비량의 추가 단위분 혹은 증가분으로부터 얻는 효용을 말한다. 소비자가 재화를 소비할 때 거기서 얻어지는 주관적인 욕망 충족의 정도를 효용이라 하고, 재화의 소비량을 변화시키고 있을 경우 추가 1단위, 즉 한계 단위의 재화의 효용을 한계효용이라 한다. 일반적으로 어떤 재화의 소비량이 증가함에 따라 필요도는 점차 작아지므로, 한계효용은 감소하는 경향이 있다. 한계효용 체감 아래에서 몇 종류의 재화를 소비할 경우에 만약 각각의 재의 한계효용이 같지 않다면, 한계효용이 낮은 재화의 소비를 그만두고 한계효용이 보다 높은 재화로 소비를 바꿈으로써 똑같은 수량의 재화에서 얻어지는 효용 전체는 더 커지게 된다.